丁玲传

DINGLING ZHUAN

坎坷人生染红霞

KANKE RENSHENG RAN HONGXIA

河北出版传媒集团
河北人民出版社
石家庄

图书在版编目（CIP）数据

丁玲传 ：坎坷人生染红霞 / 郑连保著. -- 石家庄 ：河北人民出版社，2022.1
（近世人文书系 / 姜瑞云，路程主编）
ISBN 978-7-202-15651-3

Ⅰ. ①丁… Ⅱ. ①郑… Ⅲ. ①丁玲（1904-1986）—传记 Ⅳ. ①K825.6

中国版本图书馆CIP数据核字(2021)第151208号

书　　名	**丁玲传：坎坷人生染红霞**
著　　者	郑连保
责任编辑	王云弟　刘大伟　王　珏
美术编辑	于艳红
责任校对	付敬华
出版发行	河北出版传媒集团　河北人民出版社 （石家庄市友谊北大街330号）
印　　刷	河北新华第一印刷有限责任公司
开　　本	880毫米×1230毫米　1/32
印　　张	12.875
字　　数	265 000
版　　次	2022年1月第1版　　2022年1月第1次印刷
书　　号	ISBN 978-7-202-15651-3
定　　价	68.00元

丁　玲

①②	④⑤
③	⑥

①1923年丁玲在常德
②丁玲与王剑虹（右）
③1923年丁玲与母亲在常德
④1927年丁玲、胡也频在北京
⑤丁玲在前线
⑥丁玲与陈明

①

② ③

①丁玲、陈明在北大荒
② 1981 年丁玲重访北大荒留影
③ 晚年丁玲

目 录

童年的回忆

丁玲生于 1904 年 10 月 12 日，祖籍湖南临澧（原安福县）黑胡子冲。沈从文说，“她生长的地方是湘西，同我所生长的地方并不很远。我们家乡所在的地方，一个学习历史的人都会知道，那是‘五溪蛮’所在的地方。”

丁玲的祖上蒋家是一个官宦世家，人丁兴旺。丁玲在《遥远的故事》开头便说：“安福县蒋家，是一个有钱的人家，是一个人丁兴旺的人家，在我的爷爷时代，据说那些爷爷们，这房、那房、远房、近房究竟有多少房，多少人，连姓蒋的自己人也分不清楚，外人就更无从知道，只知凡是安福县的大房子，一片一片的，都姓蒋。这些人都是财主，大财主、小财主，家家都做官，这个官、那个官，皇帝封敕的金匾，家家挂，节烈夫人的石牌坊，处处有。”①

① 书内引文除个别特殊情况予以修订，均保持历史原貌。

丁玲的祖父叫蒋定礼，少有才华，12 岁考取秀才，4 年后便得了拔贡，26 岁参加乡试合格，之后在贵州为官 9 年，可惜 35 岁便辞世。他生有三子，丁玲的父亲蒋保黔最小，因出生时其父正在贵州为官，故取名“黔”。蒋家广有田产，家财丰裕。丁玲的父亲从小聪敏，天分很高，从小饱读诗书，15 岁便考中秀才。但丁玲的祖父一死，便没有了把一家人维系在一起的权威，只好分家，这正是蒋保黔考中秀才的那一年。从此他便开始了独立门户过日子，母亲和妹妹跟着他一起过。在这样的大家庭中，一个 15 岁的官宦人家的少年，还没有学会独立经营门户并照顾母亲、妹妹的本事,他的母亲又在他 17 岁时去世。在家庭琐事的消磨下，他原有的抱负便慢慢放下，学业多半荒废，仕途也慢慢离他远去，只能靠收租来维持家用生计。

丁玲的母亲叫余曼贞，19 岁嫁到蒋家，此时蒋保黔的母亲已去世，跟着他的还有一个妹妹。蒋保黔为人善良、随和，他尊重妻子的意旨，给了妻子许多的自由，余曼贞得以常常回娘家去住。余曼贞也因为丈夫父母早亡，无人疼爱，而且还要受伯叔之欺凌、兄嫂之蔑视，因此同情他的遭遇，两人可以说是相敬如宾，但兴趣爱好悬殊。为免麻烦，蒋保黔不让妻子过问家务，余曼贞虽名为家中主妇，却也并不过问家政，加上她在娘家学的都是作诗、吹箫、画画、下棋之类，并非持家技艺，因此家政长短之事能不问就不问，初以读书打发时光，有了孩子后，孩子自然又成了她关注的中心。

蒋保黔从小体弱多病，经常需要看医生。乡间请医生看病并不容易，所以他有点小病就自看医书，病大了就把医生请来，不懂之处就向医生请教，慢慢地久病成医。他先是给亲戚们瞧病，后来慢慢给住得近的人瞧病，后来远近都有人来找，他成了家乡一带的名医。只要有人请他去看病，无论刮风下雨，随叫随到，开药时还替人做经济上的打算，能用普通药治病决不用花钱多的药，甚至帮着守护病人。为了方便病人拿药，还开了一个药铺。蒋保黔心地善良却不懂得经营，他的药铺可以赊账，穷苦的人可以赊账，熟悉的人碍于情面也常常赊账，这样拿药的人多是记账赊欠并不给钱。管药铺的先生知道，如此下去迟早会倒闭，后来干脆把药铺存钱和存药一并卷走，他也并不报官追究，关门了事。以后就自备一些难买之药，放在家里供病人所需。他喜爱骏马，曾花重金买了一匹好马。后来，这匹马被一个朋友看中，他就豪爽地将骏马赠给了这个朋友，美其名曰："神兵需人懂，宝刀配英雄。"蒋保黔很有生活情趣，人缘不错，出手大方，家里常常人来人往，加上他喜食鸦片，这样，他既不会经营又不吝钱财，家道便每况愈下。丁玲在《遥远的故事》中说："据我母亲说，分家时可能有一百来石田（即六七百亩地），在我们家算中下等地主，后来卖来卖去，祖母去世，卖一点。他自己结婚，卖一点。姑姑出嫁，卖一点。当我母亲在他家做媳妇时，她以为还剩四五十石田（因为她不管事），但年年卖，等到他死后，只剩十来石。"

蒋保黔死于 1908 年，年仅 32 岁，这时的丁玲才三岁半，还是混沌无知的年纪，大人们告诉她父亲去了很远的地方。丁玲出生时蒋保黔给她取名蒋冰姿（后丁玲以冰之为名，盖取其音，在上海求学时改名丁玲），他对这个“眉长而秀，眼大而黑，两颊有酒窝”既聪明又活泼的女儿，一向喜爱有加，平时一有空闲便把女儿放在膝上，逗她玩乐，教她诗词，其乐融融。1908 年初，蒋保黔一病不起，虽遍请名医，病情却日益严重，到 5 月便撒手人寰。他临终前嘱咐妻子道：“我诸事没有做好，把你苦了，你自己好好地去做。此女很聪敏，天资亦不错，你又善教，男女现在是一样的。”余曼贞强忍眼泪，劝他安心养病。在嘱咐这些话之后的第二天，蒋保黔便离开了人世。丈夫的死，使余曼贞极度绝望。她此时已有 7 个月身孕，3 个月后生下一个男孩，这个小生命的到来给了余曼贞些许安慰。然而不久，另一件不幸的事又接踵而来，她的弟弟来信说：“母已于九月仙去，并嘱迟告姊，现已浅葬祖山。”她悲痛至极，哭得晕厥数次。丈夫亡故，家境败落，谁是可以依靠之人呢？虽然父亲在她婚后不久离世，但还有母亲可以接纳自己、帮助自己、安慰自己，谁知连这一丝可怜的希望也意外地破灭了。在这一次又一次的打击下，她再也支持不住，一病月余。

丈夫死后，讨债的人便找上门来，多是丈夫家族的叔伯兄弟，别人欠丈夫的账，余曼贞无账目、票据、凭证可查，丈夫欠别人的债则任凭别人说多少。她只好把剩余不多的田产，甚至连同田里的青苗抵出去替丈夫还债。她知道家财已空，蒋家已经没有人可以依靠，自己和一双小儿女难以在蒋家生存下去。她更清楚，丈夫不在了，蒋家没有可依靠之人，唯有自强自立才能为一双儿女撑起一片天。她一度给自己取名蒋胜眉，从夫姓以纪念丈夫，胜眉，则是“胜过须眉”之意，可见余曼贞的心志。日子在清贫、苦涩中一天天挨过去。转过春节，她的弟弟来信说，他们几个从日本回来的留学生要筹办一所女子师范学校，学期两年，现在正在招生，问她想不想去读书。这消息给她带来了新的希望，她思忖再三，决定变卖家当，离开蒋家回常德，走自立之路：“即携子女，一肩行李，凄然离别此伤心之地。一路悲悲切切，奔返故里。”4岁的丁玲便随母亲离开黑胡子冲，此后与蒋家彻底断绝了来往。她在《遥远的故事》中说：“我同这家人割断了联系。我虽然姓蒋（后来连蒋也不姓了），同这家人实在是没有关系的。”因此丁玲的童年及其人生，更多是与母亲及外祖父家相关联。

丁玲的外祖父姓余，名鹗，字泽春，是湖南常德人。曾开馆授业，40余岁步入仕途，52岁得了拔贡，先任贵州知府，后任云南大理、楚雄、普洱知府。丁玲的母亲余曼贞，生于1878年，她有4个姐姐、两兄一弟。她是余泽春52岁时在贵州知府任上所生，也是最小的女儿，深得父亲宠爱。她9岁时随父亲到云南。3年以后，余泽春因不愿与官场上的贪赃枉法者同流合污而引退辞职回常德，在城西置了一处宅院，是一所两进的房屋，有花园、藏书楼，有佣人，养过孔雀、鹦鹉，从云南运回来很多大理石的屏风、桌椅茶几。

余曼贞自幼体弱，父母对她的管束较少。出生在这样一个书香之家，又有较为优裕的物质生活条件，余曼贞6岁便随兄侄入学发蒙学习，课余则读小说、作诗、吹箫、作画、下棋乃至于喝酒划拳。不幸的是她新婚不久，父亲便患急病，只三五日便撒手人寰。总体上说，余府也算是一个封建官僚家庭，但余曼贞的婚前生活是自由快乐的，婚后生活也没有受到太多约束，女儿的天性得到了最大的保全。丈夫去世，家境败落，族人的白眼，更唤醒了她独立、自由的意识和自立奋发的精神。所以她作为封建大家族里死了丈夫的年轻女性，才能够得风气之先，在得知新式学校招生的信息后，迅即做出回故乡读书的决定，从而走上了一条与中国旧式女性不同的人生之路。

余曼贞回常德后，只能住在原先也是她的，现在却是弟弟的家里，以她早年的知识储备顺利被常德女子师范学校录取。经过筹备，1910 年新年刚过，常德女子师范学校开学了。这时正是辛亥革命前夜，中国的封建帝制还没有结束，女子进学堂读书那是破天荒的事，丁玲还记得开学那天的情形："三十岁的母亲在师范班，七岁的我在幼稚班。这事现在看来很平常，但那时却轰动了县城。开学那天，学生们打扮得花枝招展，有的坐着绿呢大轿，有的坐着轿行的普通的小轿，一乘一乘鱼贯地来到学校的大门内、二门外停下来。围着看稀罕的人很多。我们幼稚班也排成队，挤在礼堂两边。我母亲穿得很素净，一件宝蓝色的薄羊皮袄和黑色的百褶绸裙。她落落大方的姿态，很使我感到骄傲呢。她们整齐地排列着，向'至圣先师孔子'的牌位叩头，向校里一群留着长须、目不斜视、道貌岸然的老师叩头。空气严肃极了。"这以后，丁玲和她的表姐、表哥、表弟都随着母亲步行上学、下学。街道两边常常有人从大门缝里张望他们。有些亲戚族人就在背后叽叽喳喳，哪里见过一个名门的年轻寡妇这样抛头露面！但余曼贞不理这些，在家里灯下攻读，在校里广结女友。常常有同学到她家里来，她们总是谈得很热闹，丁玲和弟弟也玩得很开心。

在常德女子师范，给余曼贞影响最大的是日后来成为著名革命家、妇女运动领导人之一的同学向警予。向警予，原名向俊贤，1895 年生于湖南溆浦县商会会长之家，有几个兄长曾留学日本，自幼受他们影响追求新知识，6 岁入私塾，8 岁时就进入长兄在县城开办的新式小学，成为全县第一个入学的女学生，且品学兼优。不到 17 岁便入常德女子师范学校，与余曼贞成为同学。她们经常在一起，谈论新思想、新观念、新事情，讨论妇女解放，国家的出路，成为忘年交。常德女子师范学校为余曼贞展现了一个全新的天地，她因此经常留宿在学校学习讨论，有时则把同学请到家里。

春天到了。这一天，余曼贞把她的同学请来做客，7 个同学占了整个书楼，她们在藏书楼向天礼拜，分发兰谱。兰谱印着烫金的花边和誓约，约定余曼贞、向警予等 7 个同学结拜为姐妹，对天起誓："姐妹七人，誓同心愿，振奋女子志气，励志读书，男女平等，图强获胜，以达教育救国之目的，如有违约，人神共弃！"在这七姐妹中，向警予年龄最小，但是，她卓尔不凡的气质、眼界和奇志，给幼小的丁玲留下了深刻的印象。因她在家排行老九，所以余曼贞让两个孩子称她为九姨，常常对孩子们说："要多向九姨学习。"

她们向天叩拜后，互相鞠躬道喜，丁玲的舅妈也来向她们祝贺。她们就在书楼上饮酒，凭栏赏花，畅谈终日，既热闹，又严肃，幼小的丁玲在心里充满了敬爱和羡慕。丁玲也从这以后有了这么多亲爱的阿姨。余曼贞将自己的名字改为蒋慕唐，即仰慕盛唐之意。

辛亥革命那几天，借宿在学校里的向警予和另外几个同学都住在丁玲家里，一同经受那场风暴中的紧张、担心、忧郁、兴奋和喜悦。辛亥革命过后，常德女子师范学校停办，余曼贞与几位好友商量，决定去长沙继续求学。寒假过后，丁玲和弟弟便随母亲搭上去往长沙的木船。

1912 年春，余曼贞进入湖南省立第一女子师范学校，这是一所有名气的老学校，更让她高兴的是向警予等好友也都来了。余曼贞在这里求学十分不易，既要上课，又记挂着两个孩子，她没有经济来源，举债求学，生活十分拮据。她把丁玲安置在女子师范学校附属小学部读二年级，把小儿子寄放在她的姨母家，把御寒的卧具几乎都留给了两个孩子，晚上只盖一床根本不能御寒的薄薄的被子。向警予见状，便把自己的被子抱来，与她同挤一床，两人合盖两床薄被，这样更暖和些。向警予一向是余曼贞思想和学习上的引路人，在生活上也常常对她伸出援手，两人关系一直十分密切。

1914 年春，桃源县创办女子小学，邀请余曼贞去执教，她也正需要一份工作挣钱来养活一双儿女，这样便结束了在长沙的两年学业，带着 6 岁的儿子去桃源任教，10 岁的丁玲暂且留在长沙，寄宿在女子师范幼稚园，托好友向警予等人照料。丁玲每天放学回来，幼稚园里静悄悄的，她常独自留连在运动场上，坐会儿摇篮，荡会儿秋千。这时，向警予就来看她了，带两块糕，一包花生，更好的是带一两个故事来温暖她这幼稚的寂寞的心灵。

余曼贞在桃源安顿好以后，就把丁玲接去她任教的桃源县立女子小学。自此，她靠自己的劳动自立于社会，开始了自食其力的生活，并且从此以校为家。她在桃源县女子小学工作了一年，便回到常德女子小学担任舍监（即宿舍管理员），同时兼任美术教员，丁玲也随母亲转到常德女子小学就读。每到寒暑假，向警予回溆浦或去长沙，必定要经过常德。从溆浦到常德坐帆船，从常德到长沙坐小火轮，在等候班轮的时候，就可以在常德住几天。在余曼贞的学校里，向警予就像一只传粉的蝴蝶，把她在长沙听到的、看到的、经历过的种种新闻、新事、新道理，把个人的抱负、理想，都仔细地讲给余曼贞听。余曼贞则如饥似渴地把她讲的这些，一点一滴吸收过来，指导自己的行动，并且拿来教育丁玲和她的学生们。

1918 年，向警予决定去法国勤工俭学，赴长沙途经常德，邀余曼贞同行，余曼贞也颇为动心，但是她得靠薪水维持生活，路费无法筹措并有两个孩子牵扯，只得放弃。

这一时期，丁玲的弟弟被安置在一所寄宿小学，母亲工作很忙，也住在学校，丁玲被安置住在三舅家。外祖母在世时，曾指定她给三舅家的表哥做媳妇，母亲和舅舅也都默认这个约定，因此丁玲住在舅舅家似乎是理所当然的。但余曼贞回到故家时，从弟弟和弟媳的接待中，已经明显感觉到自己原来的家已经不是自己的了，自己在这里只能是客居。丁玲那颗小小的心里，也已经感觉到寄人篱下的压抑。这使她学会了察言观色，小心谨慎，对人情冷暖异常敏感。她的舅妈人很漂亮，精明干练，大有王熙凤之风，虽常常面带笑容，但丁玲知道舅妈并不喜欢她，她也不愿做舅舅家的儿媳妇，常常为此烦心。因此，她在舅舅家喜欢独处，只有母亲在家时才说话多些。她最大的乐趣是读书，最喜欢的地方是后花园外祖父留下来的藏书楼，它虽然因多年无人打理显得死寂，但却成了丁玲的乐园，她常悄悄跑去躲在那里看书，读了《红楼梦》《三国演义》《西厢记》《再生缘》等。暑假里舅舅请了个先生来教表弟学《论语》《孟子》《大学》《中庸》，丁玲跟着也一起学。她说，这一个时期她几乎把舅舅家里那些草本旧小说看完了，而且还看了商务印书馆的《说部丛书》，就是那些翻译的外国小说也看了不少，《小说月报》和包天笑编的《小说大观》也常常读到。她的母亲很不满意，因为她为了看这些书耽误了不少其他的事。

丁玲的弟弟继承了父亲多病的体质，经常生病，余曼贞因此没有少受煎熬，请医吃药，百般呵护。但 1918 年春天，他还是因急性肺炎夭亡，母女二人悲痛欲绝，从此丁玲就成了妈妈唯一的亲人和指望。

〇〇二

少女的烦恼

1918 年夏天，丁玲小学毕业，她已经出落成一个亭亭玉立的少女。她按照母亲的意愿，报考了桃源县省立第二女子师范学校，这是湖南省三所省立女子师范学校中的一所，创建于 1912 年，是湘西的最高女子学府。桃源县因桃花源而得名，桃花源离县城约 20 里。晋代的陶渊明在他的《桃花源记》里，藉此描写了一个与世隔绝、没有皇权、没有战乱、人人平等自由的世界，寄托了他的乌托邦思想。

丁玲在 1978 年 9 月给孙女胡延妮的长信里，回忆了母亲送她入学的情景："桃源县离常德约九十里，是乘轮船（小火轮）去的。学校的校舍很整齐，临沅江，风景很好，运动场也大，我非常高兴。我妈妈住了一天，把我托给学校的一个女管理员（像现在学校里的生活指导员），并且交给她一个金戒指。妈妈说没有钱交保证金（如果我考取了就要交十元保证金，这个保证金要到毕业时才能退还），这个戒指留下，如果我考取了，开学时，妈妈有钱就寄来；如果没有，就请这位女管理员朋友代卖代交；如有多的，就留给我零用。”

丁玲对入学考试自信心很足，因为她读的书多，基础扎实，在小学时，又经常是考第一名的，所以不把考试看得多重。考试成绩张榜后，她果然名列第一。别的同学也为她高兴，常德来的高年级同学纷纷向她祝贺。这时，她母亲却无钱寄来，那位管理员只好变卖了她母亲留下的戒指，交了保证金，把剩余的3元多钱给了她，叮嘱她不要乱花，说妈妈生活很艰苦。她以前从未拿过这么多钱，现在拿着这3元多钱，想着她和母亲的困苦生活，想着母亲的艰难，不禁眼眶都红了。她小心地把钱放在床下的小木箱里，压在衣服下面，一点都没有花，直到放寒假回常德时才用了几角钱买船票。

进入桃源女师后，丁玲学习非常刻苦用功，加上她天资聪明和原本基础扎实，所以各门功课都很优异，学期考试总得第一名，深得老师们的喜爱，也常常受到老师们的表扬和鼓励，母亲也很欣慰。她各门功课都是一百分，只有语文成绩不很理想。这是因为她不像其他同学那样抄写范文，抄写范文能使作文显得逻辑清楚，字句通顺，之乎者也用得都是地方，易得高分。而她不想抄范文，都是用自己的话，以自己的所思所想，信笔所至，虽联想丰富，却也拉杂重叠，不合规矩。又因为她的才情和想象力，老师总喜欢在她的作文后面加很长的批语，这常被那些得高分的同学羡慕，其实这是不易得到的。特别是校长代上语文课时，常常分析丁玲的作文，加批，加点，鼓励很多，还经常说她是学校的一颗珍珠，但也总是要指出她写得拉杂的原因是写得太快，字又潦草，要她多用心。以致晚年丁玲还说：校长对我的批评，即使到现在看仍然是有用的。

丁玲喜欢画画。她画的每幅画都被放在学校的玻璃橱窗里展出。有些同学常找她代画，她还是很愿意代同学画的，常常是画了一张又一张，而且她还很有心计地把每张画画得有些不同，好使老师看不出是出于她一个人之手。因此，在玻璃展柜里虽有很多张画，名字不同，其实都是丁玲一人画的。这对一个 14 岁的少女来说，内心的得意可想而知！

这时的丁玲，积极上进，朝气蓬勃。她喜欢唱歌和体育，她们班上每天早晚都做柔软体操，都是她喊口令，有时是别人值班，也常常托她代喊。开运动会时，也是她带队喊口令。因为丁玲的妈妈就曾当过体育教员，受妈妈的影响，她对别的同学感到难为的喊口令之事，看得很平常。数学是丁玲最喜欢的课，作文得 80 分，她不觉得怎样，但数学如果得了 98 分，她就得流眼泪，恨自己疏忽了。至于其他的功课，她感到不用花什么脑子，随随便便就过去了！学期考试，也总是第一名。

丁玲乐观向上，积极上进，很受老师同学喜爱，这是她度过的一段新鲜、快乐而又充实的时光。但她有时又不免伤感，一是她们母女相依为命，孤苦伶仃，再则是对自己的婚姻之事不满。外祖母在世时做主把她订亲给三舅家的表哥，大人们又维护这个亲事，而她却万分不愿给舅舅家做儿媳妇，却又无法摆脱。这件事在她幼小的心灵中，就像一根扎得很深的刺一样，即使在快乐的时候也会忽然感到痛楚。所以丁玲虽对学校的一切都满意，但常常要为怎样才能挣脱这个枷锁而烦心。

第一学年快结束的时候，“五四”运动的风暴也波及到了湘西小城桃源，桃源女师沸腾了起来。高年级学生王一知、王剑虹等发起成立了桃源学生联合会，组织学生上街游行、演讲，声援北京的爱国学生。王剑虹以出众的口才和影响力很快成为全校学生运动的领头人物。这个日后成为丁玲重要挚友的人物，丁玲早就注意到她了。丁玲考入桃源女师的时候，王剑虹已经是二年级的学生了，那时她的名字叫王淑瑶。她们的教室、自修室相邻，二人每天都可以在走廊上相见。丁玲觉得王剑虹好像非常严肃，昂首出入，目不旁视。丁玲则不喜欢在显得有傲气的人面前笑脸相迎，所以二人从来都不打招呼。但王剑虹一双智慧、犀利、坚定的眼睛，常常引得丁玲悄悄注意她，觉得她大概是一个比较不庸俗、有思想的同学。

果然，在1919年“五四”运动爆发后，桃源女师的同学行动起来时，王剑虹就成了全校的领头人物了。特别是在有校长、教员参加的一些辩论会上，她口若悬河，讲词和临机应变中一些尖锐、透辟的言论，常常激起全体同学的热情。她的每句话，都引起雷鸣般的掌声，把一些思想保守、极力要稳住学潮、深怕发生越轨行为的老校长和教员们问得瞠目结舌，使他们不知如何说如何做。这时的王剑虹“像一团烈火，一把利剑，一支无所畏惧、勇猛直前的队伍的尖兵”。后来，丁玲也跟在许多同学的后边参加了学生会的工作，游行、开讲演会、教夜校的课，但她们两人仍然没有说过话，丁玲总觉得王剑虹是一个浑身有刺的人。同样，随父亲居住在常德的王剑虹，肯定也是知道丁玲的，或许她也觉得丁玲同样是一个不容易接近的人吧。

学生会经常组织集会讲演，有全校的，也有班级自行组织的，丁玲是这些活动的积极参与者。学生会动员学生剪辫子，以破除封建旧俗，这一惊世骇俗的倡议得到 60 个学生的响应，其中就有丁玲。剪发后的丁玲，越发显得端庄清新，如月的脸庞配上秋水般的大眼睛，更显得美丽而有朝气。学生会办了贫民夜校，向附近的贫苦妇女宣传反帝反封建的道理，给她们上知识课。丁玲在夜校里教珠算课，每次上课前她都认真准备，反复试讲，一丝不苟。因为她年龄小，个头比讲台才高出一点儿，但清新的面貌，精心的讲解和热情，深得大家喜爱，学生们都叫她“崽崽先生”。

作为女师校长的彭施涤，曾留学日本，思想开明，并不绝对反对学生参加声援北京的爱国活动。但作为校长，自然要对学生的安全负责，要维持学校的教学和生活秩序，所以对学生放下学业参加运动持反对态度，但和学生会辩论时又不能说服学生，只好用提前放暑假的办法来阻止学生们的活动。放假了，多数学生回家了，留在学校里的少数人也就闹不出什么名堂，于是丁玲也就回到了常德。

丁玲乘船从桃源回到常德，从码头到她母亲的学校要经过她的三舅家，她便想先去三舅家看看，不想三舅父一见她剪了发辫，便怒火冲天：“哼！你真会玩，连个尾巴都玩掉了。”三舅母也在一边帮腔，说什么发肤得之父母不敢损伤之类。这时的丁玲，经过“五四”运动的洗礼，已然不像过去那样温顺胆小。她直怼三舅说：“你的尾巴不是早就玩掉了吗？你既然可以剪发在先，我为什么就不能剪发在后？”这是针对她三舅留学日本时，也曾经像鲁迅一样剪去了发辫，以示洗心革面，只是回国后面对强大的旧势力又不得不拖一条假辫子。她又怼三舅母说：“你的耳朵为何要穿一个眼？你的脚为何要裹得像个粽子？你那是束缚，我这是解放。”丁玲的回怼，让她三舅和舅母简直比看到她剪了辫子还要惊讶错愕，二人气得说不出话来，只是也奈何她不得。丁玲便转身走出三舅家到母亲的学校去了。

丁玲的母亲听她讲学校里的各种事，她并不像那些守旧的家长，对子女的进步行为持批评阻止的态度，相反很理解支持女儿的这些行为。其实在“五四”运动中，她的母亲也领着自己的学生上街游行、宣传。但是她知道，纵然自己心怀远志，想有作为，但怕也难有大的发展。她看女儿已经出落成一个亭亭玉立的少女，有思想，功课好，求上进，不乱花钱，不爱穿，非常喜欢。

经过“五四”运动的洗礼，丁玲不再安于在桃源女子第二师范读书，她向母亲提出希望转学到省城长沙的周南女子中学去。周南女中是湖南有名的学校，思想活跃、进步，提倡妇女解放。“五四”运动期间，这所学校的活动很有名。周南女中的校长朱剑凡曾是丁玲母亲在长沙念书时第一女子师范学校的校长。他于 1905 年初创办了周南女子中学。母亲从心里同意女儿的要求，但周南女子中学是私立学校，要收学费、食宿费、书本纸张费。因为她的母亲刚刚辞去工薪较丰的县立女校的职务，去做几乎是尽义务的妇女俭德会办的女校的校长，学费自然是成了问题。但是她又想，一个人要为社会做事，首先得改革这个社会，如何改革这个社会，是今天必学的学问，一般师范学校的课程是不能解决这个问题的，而周南女中要进步得多，所以她仍答应了女儿，并且亲自送她去长沙参加考试。

丁玲到周南女中的当晚就接受了入学考试，主考是语文老师陈启民，作文题目是“试述来考之经过”。丁玲没有按题目的要求写来考经过，而是写了她对周南女中的向往和她的理想抱负，她是为求新的知识而来，为寻找救国的道路，为成为国家有用的人而学习。这篇跑题的作文，以真情实感和发自内心的抒写而被陈启民欣赏，立即批准她插班在二年级学习，并且关心地询问她过去学习的情况。丁玲高兴极了，认定这是个好老师，当晚就把这个印象告诉了母亲。她的母亲也很高兴，把她托给周南女中的管理员——她以前在第一女子师范学校的同学陶斯咏，便赶回常德忙她学校的事去了。

在“五四”新文化运动的推动下，周南女中的语文课已经使用白话文教学。陈启民是新民学会的会员，思想进步，他常常把《新青年》《新潮》介绍给同学们。还从陈独秀主编的《新青年》杂志上摘录文章做教材，宣传新文学和新思想。丁玲常被他所讲的那些反封建、颠覆现有封建伦理道德的言论所鼓动。他也选一些思想性好的外国文学作品入教材，如都德的《最后一课》等，这都是切合中国实际并能深深打动学生的作品。他还给学生们推荐了不少外国小说，如《茶花女》《三剑客》《悲惨世界》等，丁玲和同学们也很喜欢。陈启民对丁玲很好，给了她很多帮助和鼓励。一次，丁玲到他宿舍去玩儿，他问她要不要借书看，丁玲看了他书架上的文学书只有《二十年目睹之怪现状》未读，就借了这本。周启民惊讶她读书之多，便推荐她读梁启超的《饮冰室文集》和吴稚晖的《上下古今谈》，说读了这些书你的文章将会比较雄浑。在陈启民的引导下，丁玲的思想更开阔，更关注社会问题了。他鼓励丁玲多写，于是她就开始动手写诗歌和散文，一学期就写了3本作文，5本日记，并且请陈启民指点。陈启民还把丁玲写的一首白话诗拿到报上去发表。从此，丁玲对文学真正发生了兴趣。

和全国的形势一样，"五四"运动之后便是旧势力的反扑。校长朱剑凡迫于形势，不得不把经常宣传新思想的陈启民解职，换了一位腐儒接替语文课。丁玲看着这位咬文嚼字的冬烘先生，想着陈启民教她们读都德的《最后一课》和秋瑾的"秋风秋雨愁煞人"、范仲淹的"先天下之忧而忧，后天下之乐而乐"等名句时，教室里的那种融融之气，想着在他宿舍聊谈《今古奇观》《儒林外史》《红楼梦》，以及当时《新青年》《新潮》上的时兴白话小说时的情景，心里感到十分苦闷与惆怅。她虽然还常写日记，却只压在桌子的抽屉里。在这种压抑的心情下，她继续关注社会问题，并积极参与社会活动。她回忆道："英国教育家罗素来华讲演。他在长沙讲了几次；我每次都去听。在听讲中认识了第一女子师范学校的几位同学，随她们到第一女师去玩，互相探讨教育问题。"那时"许多著名的学者到长沙来演讲，我去听了杜威、罗素、吴稚晖等人的演讲"。

丁玲参加的具有广泛社会影响的一次社会活动是“驱张运动”。她说:“我们全校参加反对张敬尧的运动,是由学生会领导的,我们整队游行包围省政府。后来知道驱张运动也是由毛主席领导的。”张敬尧乃北洋皖系军阀，曾拥护袁世凯称帝。1918 年任湖南督军，统治湖南后横征暴敛，无恶不作，贪婪地吞噬搜刮民财，甚至向帝国主义出卖湖南地矿权，激起民众不满。1919 年 9 月，毛泽东以学生联合会为基础,联络教育界、新闻界人士发动了“驱张运动”。到 12 月，长沙教员、学生万余人总罢课，并派代表分赴北京、上海、衡阳等地扩大驱张宣传，并且利用地方军阀与张敬尧之间的矛盾。在人民的反对和湘军的进逼下，张敬尧被迫辞职，“驱张运动”取得了胜利。

1920 年夏，丁玲因不满学校无理解聘陈启民，愤而从周南女子中学退学。暑假时，一些要求进步的学生在毛泽东支持下，由第一师范学校的部分教员和毕业生协助，办了一个多月的暑期补习班。丁玲在这个补习班，认识了杨开慧、杨开秀（杨开慧的堂妹）等，她就是这时知道毛泽东的。补习班结束后，部分同学转读岳云中学。岳云是男子中学，这次接受女生就读在湖南也是革命性创举。丁玲也进入岳云中学，一道去的有许文煊、周毓明、王佩琼、杨开慧、杨没累、徐潜等。毛泽东对杨开慧等人转入岳云读书之事也极为称赞，说:“男女共学，亦一新生面也。”

1922 年初，学校放寒假，丁玲回到常德，同母亲一起住在三舅家。一天，桃源女师的校友王剑虹和她姑妈一起来看丁玲的母亲和丁玲。丁玲在惊讶和寒暄之后才知道，原籍四川酉阳的王剑虹，现在随父亲居住在常德。她们两人之前一直没有交集和来往，离开女师，丁玲几乎已经把她忘记了。

原来王剑虹和丁玲一样，“五四”运动后也从桃源女师退学，然后去了上海。在上海她没有进学校，认识了为中国共产党做妇女工作的王会悟（李达夫人）、孔德沚（沈雁冰夫人）、高君曼（陈独秀夫人）等，她参加她们的工作，还为王会悟负责的刊物《妇女之声》写过文章。她热忱于社会主义，热忱于妇女解放，热忱于进取求知。这次回常德，就是为陈独秀、李达办的平民女子学校招生的。这次见面，使她和丁玲之间的感情一下子亲密起来，她们如同久别的挚友，谈社会革命，谈文学，谈理想，特别相投，彼此有了很深的了解。这时，丁玲正对岳云中学感到失望，对人生的道路感到彷徨。王剑虹本来就是一个口才流利、很会宣传鼓动的人，在她的劝说鼓动下，丁玲决定放弃只差半年就可拿到毕业文凭的岳云中学，同王剑虹一起到上海去见见世面。对丁玲的决定，母亲也赞同。余曼贞知道，儿子没了，她需要女儿的陪伴，但也知道女儿要有出息，就必须去更广阔的天地里闯荡。她对丁玲说：“学校不毕业就不毕业，到处流浪就到处流浪，你去闯吧！”就这样，共同的社会理想、共同的人生追求和志趣把丁玲和王剑虹联结在了一起，从此二人成为了生死不渝的挚友。

丁玲要去上海读书却遇到了一个巨大的阻力，就是她三舅的坚决反对。三舅说：“不行，上海是个坏地方，那里你没有亲戚，身边没有大人，那怎么行。你现在十七岁了，明年十八，毕了业就可以在家完婚。要去上海，那就不行！”

三舅的反对虽然显得蛮横了些，但站在他的角度却也并非全无道理。本来丁玲和她的表兄是有婚约的，这个婚约是丁玲的母亲在丈夫去世后主动提出，然后由外祖母做主订下的，两家一直承认这个婚约。旧时女子 16 岁就到了婚嫁的年龄，现在丁玲已经 17 岁，故她三舅说“明年十八，毕了业就可以在家完婚”也并非过分。另外，她的三舅觉得丁玲与自己的儿子从小青梅竹马，年龄相当，眼看着一年年长大，出落得端庄美丽，五官有玉雕之美，又多年求学在外，眼界开阔，谈吐不俗，早就打定主意把丁玲给儿子做媳妇。他担心在上海十里洋场的环境里丁玲的安全，或者在这样的环境里她会变坏。再者，虽然并不情愿，也做得不很到位，他还是承担了照顾她们母女的一些责任，现在三舅继续主张这个亲上加亲的婚约，我们不能一味地说他思想守旧。

这个一直让丁玲烦恼不已的婚约，在这一年的春节前却有了转机。丁玲的三舅在春节前，请了她的母亲、二舅，还有一个表哥等几个亲友吃饭，想让大家帮助挽回这个婚约。余曼贞思想开明，很理解女儿，但她也不能直接否定这个婚约，强调说：“她去上海不是去学坏，她们是去寻找她们年轻人的理想，不是到十里洋场、花花世界去玩。她是要去找一个希望，找一条路，我们完全可以相信她。我自己的女儿，我就相信她，她到哪里我都放心。”丁玲的三舅问：“那婚姻问题怎么办？”丁玲的母亲这才说：“婚约可以解除嘛。他们如果有感情他们就好，他们没感情就算了。这件事原是我们大人包办的。”丁玲的三舅听罢有些恼羞成怒，很不理智地说：“你们对我们家不满意，那你们可以自由了！”既然话说到了这个份上，等于他自己先宣布解除婚约了，在座的亲友也不好再劝说什么。得知婚约解除，丁玲自然高兴得不得了，她本就极不愿意在她三舅家做媳妇。婚约是在春节前两三天解除的，丁玲的母亲心里想，要过年了，马上搬走不好，毕竟是姐弟，以后还要来往的，所以就留下来，打算过了正月十五元宵节以后再搬回学校。但没有等到元宵节，家里就发生了一场大的冲突。

这天，丁玲的三舅请了几个朋友在后花园里打牌，丁玲和来看她的王剑虹等几个女伴去后花园玩儿。第二天，丁玲的三舅因解除婚约而来的一肚子不满就发作了，大声责备丁玲的母亲："太不像样子了！怎么把她放任到这个样子。应该讲点规矩。这样像什么人家，男女不分，跑到后面抛头露面，太惯她了！"丁玲的母亲解释道："她们不知道后面有客人。"她的三舅仍责备不已。这时丁玲从屋子里跑出来，向三舅说："不准你说我母亲，对我有气，你就对我说。"她的三舅就骂她："你上学读书读到哪里去了，读到狗肚子里去了？越来越不像话了。"丁玲就回嘴道："这家里谁男女不分，有人嘴里讲仁义道德，肚子里男盗女娼呢！"丁玲知道她的三舅在男女关系上有些见不得人的丑事。三舅一听就跳了起来，喊道："你再说，我就打你！娘亲舅大，我打不得你吗？"丁玲说："你打打试试，你打我，我就上街喊冤，让全城都知道你欺负我们孤儿寡母。"这一场大吵后，丁玲卷着铺盖，搬到她母亲的学校去了，丁玲的母亲碍于姐弟情面不好立刻搬走，过了元宵节才回学校。

丁玲一到母亲的学校，就开始写文章揭露她三舅的"劣迹"，以发泄心中的积郁。她把他管理公益事业,从中捞钱(多是猜疑),虐待佣人，生活享受，和他那些男女间事一起抖搂了出来。当时常德有两家报纸，一家是地方办的，不登她的文章。她和王剑虹就到另一家报纸《民国日报》(上海《民国日报》的分社)。开始他们也不登，两个女孩子就说:“你们这里不登，我们就拿到上海去，就说你们不肯登，不维护民众利益，在地方上不起作用。”报社畏于舆论只好登了丁玲的文章，但把蒋冰之的名字打了三个叉叉，把她三舅的名字打了三个框框，隐去了真名实姓。这篇文章一出来，她的三舅就看到了，他向丁玲的母亲大发脾气，说:“你们母女俩商量着登我一报!”他还指着丁玲说:“她以后还回常德‘吃饭’吗?”自此以后，丁玲再也没有进过她三舅的家门。

1922 年 2 月，春节过后，丁玲和另外 4 个女友一起跟着王剑虹到上海去了。

三

求学在上海

1922 年 2 月，丁玲怀着梦想随王剑虹从湖南常德前往上海，同去的还有王一知、王醒予、王佩琼、薛正源，一行共 6 人。

上海，对丁玲来说是一个全新的世界。她在上海没有一个亲戚可以投靠，除了王剑虹，也没有熟悉的朋友，但凭着独立、坚强的个性，加上王剑虹的帮助，她顺利地在上海安顿了下来，并如愿进入上海平民女校。

1921 年 7 月中国共产党成立后，一项重要的工作就是推进妇女解放。平民女子学校就是为妇女受教育而创办的，1922 年 2 月成立，名义创办人是中华女界联谊会，实际筹备人是陈独秀和李达。李达的夫人王会悟任工作部主任，对外由她出面联络协调。茅盾说："平民女学是党办的第一个学校""目的是培养一批妇运工作者。"初入女校的丁玲对这里的一切都感到新鲜、好奇。她一直对新文化运动的倡导者陈独秀十分仰慕，对陈独秀创办的《新青年》杂志也十分喜爱。更令丁玲惊喜的是，著名文学家沈雁冰

（即茅盾）也在这里任教。他从 1920 年起开始主编《小说月报》，1921 年发起组织“文学研究会”，中国共产党成立时，也是上海为数不多的党员之一。

平民女学分设高级班和初级班，一共三十几个学生。丁玲和王剑虹、王一知、王醒予等 6 人都在高级班。在这里讲课的大多是有声望的共产党人。陈望道、邵力子教她们语文，沈雁冰、沈泽民教她们英语，李达教她们数学，陈独秀教她们社会学、历史学等课程。每周有两小时的讲演，由学校的教员轮流担任，讲的都是关于平民女子的切身问题。这些都让丁玲内心有按捺不住的激动、喜悦。这里的一切似乎都与她的人生向往和思想认知高度契合。这里有志同道合的同学，有让她仰慕敬佩的老师，还有开明民主的校风，这些都让她充满了畅想。富有才情的王剑虹继续为《妇女之声》写文章，协助组织劳工运动，思想觉悟和组织能力都大大提高。丁玲也不甘落后，积极参加学校组织的社会活动，跟着共产党员张秋人去浦东纱厂讲演，背着竹筒为罢工的女工沿街募捐。她对这些事蛮有兴趣，认为这就是革命。她还废掉了自己的姓，只以“冰之”为名。可这也给她带来了麻烦，中国的传统是人都要有姓，而她有名无姓，每有人问还得解释半天，为免麻烦，她便选了一个笔画少、便于书写的字“丁”作为自己的姓。

但过了一段时间后，丁玲开始对平民女校感到失望。首先，这所学校的教学很不正规，没有固定的教员、教材和教学计划，老师们大都是兼职，什么时候有空就什么时候来，有时夜里来了，学生们便从床上爬起来听课。其次，学生的水平参差不齐，讲课要照顾那些文化基础低的同学，如陈独秀讲的古代史概述，丁玲说“他教的我们都学过，也不想听”；陈望道、邵力子讲的白话文，她早就读过，不感兴趣。茅盾教英文，教材是英文版的陀思妥耶夫斯基的小说《穷人》。茅盾回忆说，他的学生就是湖南来的王剑虹、王一知和丁玲等6个，“一星期去三次，都是在晚上，每次一小时三十分钟。因为她们都学过一点英文，所以不教文法等等，只拿英文的短篇小说来讲解。大约教了半年，因为彼此忙于别事，教英文的事也就停止了。”教员的报酬很少，大都是尽义务，各学科“并无固定的教学大纲和教材，教员分到一个题目，准备一下（甚至不做准备）就去讲，因此所谓讲课，实际上是演说”。另外，平民女校表面上是一所学校，实际上还是共产党的一个秘密交通站，常常有人来找陈独秀、李达等人，来来往往的共产党人很多，一会儿这个来，一会儿那个来，有时还在这里开会，很是热闹。所以丁玲认识了不少早期共产党人，除了上述教员外，还有张太雷、施存统、刘少奇、张秋人、柯庆施等等，平民女校不太像严格意义上的学校。这样半年下来，她和王剑虹觉得，这样东跑西跑，东听一课西听一课，有些浪费时间，还不如自己读些书。

丁玲说：“我们对当时的平民女校总感到不满，我们决定自己学习，自己遨游世界，不管它是天堂或是地狱。当我们把钱用光，我们可以去纱厂当女工、当家庭教师，或者当佣人、当卖花人，但一定要按照自己的理想去读书、去生活，自己安排自己在世界上所占的位置。”于是，这年暑假过后，丁玲和王剑虹这两位品性都有些孤傲的少女就退学了，而平民女校也因为学生太少，没有经费，只办了半年就结束了。

退学后丁玲和王剑虹便开始了每天读书自学的生活。二人互相鼓励，互相监督，也互相切磋，相互砥砺。丁玲沉迷在外国文学作品中，特别喜欢商务印书馆出版或刊登在《小说月报》上的耿济之等人翻译的俄国小说。丁玲后来在《鲁迅先生于我》中回忆说："我那时偏于喜欢厚重的作品，对托尔斯泰的《活尸》《复活》等，都能有所领会。这些作品便日复一日地来在我眼下，塞满我的脑子，使我原来追求革命应有所行动的热情，慢慢转到了对文学的欣赏。我开始觉得文学不只是消遣的，而是对人有启发的。我好像悟到一些问题，但仍是理解不深，还是朦朦胧胧，好像一张吸墨纸，把各种颜色的墨水都留下一点淡淡的痕迹。"成材的路有千万条，自学也是其中的一条，如果自持能力够好，能静修自学，久了也能成正果，但对丁玲、王剑虹两个灿如春花的女孩子来说却太难了，她们正处在喜欢热闹而不擅长独处的年龄，她们经不住书本以外大千世界的诱惑，自学一段时间后，两人决定到南京去闯一闯。

1922 年秋天，丁玲和王剑虹二人来到南京。到南京后，她们没有进学校，继续自修。南京这座历史文化名城确实太有吸引力了，她们犹如出笼的小鸟，两个人天天跑、玩，今天上鸡鸣寺，明天上莫愁湖，后天上玄武湖，再后天上明孝陵。她们最初是住在一个学生公寓里，那里住着金陵大学、南京高师、东南大学的不少学生。那时候女学生时兴穿新式的裙子，而丁玲和王剑虹都穿长裤，即普通妇女穿的那种裤子；两人每天吃了早饭就出门了，晚上才回来。公寓里有的学生便对老板说“她们两个是坏人”，一定要她们走。她们吵不过他们，才决定去租房子。她们两人找熟人借钱租了一间屋子同住，过着极度简朴的生活，如果能买一角钱一尺的布做衣服的话，就决不买两角钱一尺的布，没有买过鱼、肉，没有品尝过冰淇淋，去哪里都是徒步，把省下来的钱全买了书。她们生活得很有兴趣，很有生气。冬天到了的时候，她们二人都没有钱了，只好一起回了常德。

王剑虹一回常德便生病了，且一时不见好转，丁玲则在春节过后帮助母亲修复因火灾被毁的常德妇女俭德会小学校舍，二人延迟到 1923 年 6 月才返回南京。二人回到南京后准备复习参加考试。一天，她们在上海平民女校的老熟人柯庆施来看望她们，后又带了施存统和瞿秋白来。谁也没有想到，她们与瞿秋白的相识，又一次极大地改变了两个人的人生轨迹。

原来，1923 年 8 月 20 日至 25 日，中国社会主义青年团第二次代表大会在南京召开，原上海平民女校的施存统（时任青年团中央书记）、柯庆施（在青年团中央工作）和瞿秋白一起来南京出席大会。瞿秋白是江苏常州人，1920 年以北京《晨报》特约记者身份访问苏联，著有《俄乡纪程》和《赤都心史》，以亲身的见闻向国人报道苏联十月革命后的真实情况，开了中国现代报告文学的先河。1922 年加入共产党，1923 年初从苏联回国后经李大钊推荐，担任上海大学社会科学系主任。

丁玲在《我所认识的瞿秋白同志》中，详细记下了她和瞿秋白相识的经过和情景：一天，有一个老熟人来看我们了。这就是柯庆施，那时大家都叫他柯怪，是我们在平民女子学校时认识的。他那时常到我们宿舍来玩，一坐半天，谈不出什么理论，也谈不出什么有趣的事。我们大家不喜欢他。但他有一个好处，就是我们没有感到他来这里是想追求谁，想找一个女友谈恋爱，或是玩玩。因此，我们尽管嘲笑他是一个“烂板凳”（意思是他能坐烂板凳），却并不十分给他下不去。他也从来不怪罪我们。这年，他不知从什么地方知道我们在这里，便跑来看我们，还雇了一辆马车，请我们去游灵谷寺。这个较远的风景区我们还未曾去过咧。跟着，第二个熟人也来了，是施存统。我们认为他是一个好人，他是最早把我们的朋友王一知找去作了爱人的，他告诉我们他和一知的生活，他们已经有了一个女儿。这些自然引起了我们一些旧情，在平静的生活中吹起一片微波。后来，他们带了一个新朋友来，这个朋友瘦长个，戴一副散光眼镜，说一口南方官话，见面时话不多，但很机警，当可以说一两句俏皮话时，就不动声色地渲染几句，惹人高兴，用不惊动人的眼光静静地飘过来，我和剑虹都认为他是一个出色的共产党员。这个人就是瞿秋白同志……不久，他们又来过一次。瞿秋白讲苏联的故事给我们听，这非常对我们的胃口。过去在平民女校时，也请另一位从苏联回来的同志来讲过苏联的情况。两个讲师大不一样，一个像瞎子摸象，一个像熟练的厨师剥笋。当他知道我们读过一些托尔斯泰、普希金、高尔基的书的时候，他的话就更多了。我们就像小时候听大人讲故事似的都听迷了。

瞿秋白刚从苏联回国不久，他才华横溢，知识渊博，眼界开阔，谈吐不俗，浑身散发着诱人的魅力。他很有兴趣地听这两个女孩子讲她们“这一年来的东流西荡的生活”和“不切实际的幻想”，他也从她们身上看到了中国女性的新气象，多有赞赏。开会期间，瞿秋白没事就来和她们聊天，他们在一起，总有说不完的话题。瞿秋白鼓励她们去上海，到上海大学文学系听课，说那是一个正规的学校，可以学到一些文学基础知识，可以接触到一些文学上有修养的人，可以学到一点社会主义，又说这个学校原是国民党办的，于右任当校长，共产党在学校里只负责社会科学系，负责人就是他自己和邓中夏，并保证她们到那里可以自由听课，自由选择。她们有些犹豫，深怕可能会是第二个平民女子学校，是培养共产党员的讲习班，但又不能不认真加以考虑。施存统、柯庆施也加入了劝说，在他们的耐心解释和动员下，她们才同意了。代表大会结束后瞿秋白等三人也就回上海去了。这时的丁玲和王剑虹才感到，瞿秋白好像把她们的一切都带走了，她们已经对瞿秋白产生了难以割舍的微妙感情。瞿秋白他们一走，南京好像成了一座空城，待在这里已经没有了意义。所以在瞿秋白三人回上海没几天，她们二人也就到上海去了，她们进入上海大学，在中文系做旁听生，丁玲在一年级，王剑虹在二年级。

上海大学在闸北青云路，前身是东南高等专科学校，校舍都是一幢幢旧的弄堂房子，并不引人注意。1922 年 10 月改名为上海大学，于右任出任校长。中共中央认真分析后，决定让上海大学成为培养党的干部的学校。由邵力子实际负责学校的日常工作，邓中夏任总务长，主持学校政务。瞿秋白从苏联回来后，被聘请来担任教务长兼社会学系主任。陈望道被聘任为中文系主任。教员中共产党人就更多了，如茅盾、蒋光慈、沈泽民等。茅盾说，上海大学“是党办的第二个学校”，校舍比较简陋，“它没有校门，不挂招牌，自然没有什么大礼堂了。把并排的两个房间的墙壁拆掉，两间成为一间，算是最大的讲堂”。师生关系民主，学习风气活泼，“培养了许多优秀的革命人才，在中国的革命中有过卓越的贡献”。到 1924 年初，学生人数增加到 300 人。

丁玲和王剑虹发现上海大学的确不同于平民女校。这里的确比较正规，教员不大缺课，同学们也一本正经地上课。更让她们高兴的是，在平民女校她们喜欢的一些老师，如陈望道、茅盾、施存统等也来这里教学。丁玲迷恋上了茅盾讲授的希腊神话，她从《奥德赛》《伊利亚特》这些远古的、异族的离奇美丽故事中产生许多幻想，并去翻阅欧洲的历史地理，把它们拿来和中华民族的远古的故事来比较。她还读茅盾在《小说月报》上翻译的欧洲小说。不过，茅盾虽然是她的偶像，是她喜欢的老师，但却并没有多少交往，丁玲说：“他那时给我的印象是一个会讲故事的人，但不会接近学生。他从来不讲课外的闲话，也不询问学生的功课。所以我以为不打扰他最好。”

王剑虹则喜欢听俞平伯讲宋词。俞平伯先生每次上课，全神贯注于他自己的讲解，摇头晃脑，手舞足蹈，口沫四溅，在深度的近视眼镜里，极有情致地左右环顾。他的确沉醉在那些“独倚望江楼，过尽千帆皆不是，斜辉脉脉水悠悠……”既深情又蕴蓄的词句之中，他的神情并不使人生厌，而是能感染人的。王剑虹原来就喜欢旧诗旧词，常常低回婉转地吟诵，所以她乐意听他的课，却对俞平伯先生的白话诗没有兴趣。

田汉是讲西洋诗的，讲惠特曼、渥兹华斯，丁玲认为他可能是一个戏剧家，讲课却不太内行，效果不大好。陈望道讲古文，邵力子讲《易经》，因为语言的关系，她们也并不能听懂。同学有戴望舒、施蛰存、孔另境、王秋心等，这些同学对她们很好，很友善，她们二人则保持着原来就有的一点傲气。

丁玲和王剑虹都认为，“最好的教员却是瞿秋白，他几乎每天下课后都来我们这里”。瞿秋白一来，她们的亭子间就热闹了。瞿秋白的谈话面很广，讲希腊、罗马，讲文艺复兴，也讲唐宋元明文学和普希金的诗，他既懂艺术又懂人生，见多识广，很快就征服了两个女孩子的心。丁玲不仅感到他学识渊博，而且觉得他讲话的方式也与人有别。他不是对小孩讲故事，也不是对学生讲书，而是把她们当作同游者，一同游历上下古今，东南西北。瞿秋白是社会科学系主任，但他不同她们讲哲学，他只讲文学；他也不同她们讲社会科学的高深理论，却讲社会生活中的形形色色。丁玲常常怀疑地自问：他为什么不在文学系教书，而在社会科学系教书呢？后来，瞿秋白为了帮助她们很快懂得普希金语言的美丽，教她们读俄文的普希金诗作。他的教法很特别，稍学字母拼音后，就直接读原文的诗，在诗句中讲语法，讲俄文用语的特点，讲普希金用词的美丽。为了读一首诗，要记 200 多个生词，用许多语法知识，但由于和诗句结合在一起讲，这些生词，这些语法，就好像完全地记熟了。当丁玲和王剑虹随着他读了三四首诗之后，她们自己简直以为已经掌握了俄文。

当时的瞿秋白 24 岁，风华正茂，博学多才；王剑虹 22 岁，秀外慧中，气质不凡；丁玲 20 岁，亭亭玉立，活泼可爱。作为一个青年老师，“几乎每天下课后”都来两位花季女生的住处谈天，这似乎不太正常，不免会使人想到歌德的名言：“哪个少年不善多情，哪个少女不善怀春。”他们会不会真的也不能脱俗，演绎出一段美丽的爱情故事？

成全王剑虹

当时的瞿秋白，风华正茂，才情横溢，文雅倜傥。他“几乎每天下课后”都来年龄相仿的女生的住处，谈中说西，评古论今，这不太正常的举动已经预示着他们将会演绎出一段爱情故事。秋天一过，瞿秋白和王剑虹便先堕入了情网中，但二人谁都不肯先开口。作为同室密友，丁玲注意到王剑虹的变化，却不知她内心的秘密，而她们之间本来不应该有秘密，丁玲为此不快，而瞿秋白也开始有一些反常行为。

一天傍晚，她们二人与住在间壁的施存统夫妇和瞿秋白一道去附近的宋教仁公园散步赏月。丁玲在公园里玩得很高兴，没有注意沉默而忧郁的瞿秋白。当施存统提议回家时，瞿秋白没有和她们告别就和施存统从另一条道走了。

第二天瞿秋白没有来她们的住处，第三天丁玲在施存统家遇见他，瞿秋白很不自然，随即走了。施存统问丁玲：“你不觉得秋白有些变化吗？”丁玲摇摇头。施存统又说：“我问过他，他说他确实堕入恋爱里边了。问他爱谁，他怎么也不说，只说你猜猜。”丁玲便和施存统开玩笑说：“他会爱谁，是不是爱上你的老婆了？王一知是很惹人爱的,你小心点。”当他翻起诧异的眼睛看丁玲时，她已经笑着跑走了。

丁玲对于施存统的话是相信的，她也觉得瞿秋白可能真的爱上一个他的“德瓦利斯”，一个什么女士了，她和施存统的玩笑中，也似乎在掩盖着什么，因为冰雪聪明的丁玲朦胧中可以猜出，瞿秋白的这个“德瓦利斯”可以肯定是她和王剑虹中的一个。那么瞿秋白的这个“德瓦利斯”是谁呢，会不会就是……，当她把她听到的和所想到的说给王剑虹时，让她很意外，王剑虹回答她的竟是沉默：“于是我们的小亭子间寂寞了。”

过了两天的傍晚，王剑虹欲言又止地告诉丁玲说，她的父亲来上海了，住在国民党元老、同为四川人的谢持家，现在回四川，她要去看他，并打算随他一道回四川。她说，她非常怀念她度过了童年的四川酉阳。丁玲要她把话讲清楚，这到底是为什么？你怎么能说走就走呢？她只苦苦一笑：“一个人的思想总会有变化的，请你原谅我。”她甩开丁玲就出去了。

丁玲感到这是她们两年来的挚友生活中的一种变态。她完全不理解，很生王剑虹的气。她躺在床上苦苦思索：这是为什么呢？两年来，我们之间从不隐瞒自己的思想，我们总是互相同情，互相鼓励，互相支持的。她现在怎么能对我这样呢？已经习惯了和王剑虹相依相伴、一起生活的丁玲现在方寸大乱，她无法想象，如果王剑虹走了她的生活会是什么样子的。怎样才能让她留下来呢？唉！我这个傻瓜，对她的变化怎么就毫无感觉呢？……

正在烦躁不已的时候，她听到一双皮鞋声慢慢地从室外的楼梯上响了上来，无须分辨，她知道这是瞿秋白的脚步声，不过比往常慢点，带点踌躇。而丁玲一下子感到有一个机会可以发泄自己心头的怒火了。她站起来，猛地把门拉开，吼道："我们不学俄文了，你走吧！再也不要来！"立刻就又把门猛然关住了。看到瞿秋白一副惊愕而带点傻气的样子，她虽心有戚戚，但感觉舒坦多了，她听着一双沉重的皮鞋声从楼梯上下去又慢慢地远去。"我无聊地躺在床上，等着剑虹回来。我并不想找什么，却偶然翻开垫被，真是使我大吃一惊，垫被底下放着一张布纹信纸，纸上密密地写了一行行长短诗句。自然，从笔迹、从行文，我一下就可以认出来是剑虹写的诗。她平日写诗都给我看，都放在抽屉里的，为什么这首诗却藏在垫被底下呢？我急急地拿来看，一行行一节节。啊！我懂了，我全懂了，她是变了，她对我有隐瞒，她在热烈地爱着秋白。她是一个深刻的人，她不会表达自己的感情；她是一个自尊心极强的人，她可以把爱情关在心里，窒死她，她不会显露出来让人议论或讪笑的。我懂得她，我不生她的气了，我只为她难受。我把这诗揣在怀里，完全为着想帮助她、救援她，惶惶不安地在小亭子间里踱着。至于他们该不该恋爱，会不会恋爱，他们之间能否和谐，能否融洽，能否幸福，还有什么不妥之处，在我的脑子里没有生出一点点怀疑。剑虹啊！你快回来呀！我一定要为你做点事情。"

丁玲现在终于明白了，王剑虹已经热烈地爱上了瞿秋白。她知道，王剑虹虽然行事果敢，不让须眉，但在爱情上却非常传统，含蓄不露。她深知她的高傲、自尊，如果吐露爱情被拒绝，那将是怎样的不堪？因此，她宁可窒息这爱情，也不会去主动表白，她明白了她要回四川，就是要以这种方式挥剑断情。也许是从父亲那里继承的豪爽，使她顾不上想更多，她觉得必须帮助剑虹，成全她和秋白的爱情。她决定去做信使，把剑虹的诗送到离学校不远的瞿秋白的住处，这样也就可以顺理成章地把剑虹留在上海。

丁玲来到瞿秋白的住处，“我从前门进去，看见秋白正在楼下客堂间同他们的房东——一对表亲夫妇在吃饭。他看到我，立即站起来招呼，他的弟弟瞿云白赶紧走在前面引路，把我带到楼上一间比较精致的房间里，这正是秋白的住房。我并不认识他弟弟，他自我介绍，让我坐在秋白书桌前的一把椅子上，给我倒上一杯茶。我正审视房间的陈设时，秋白上楼来了，态度仍同平素一样，好像下午由我突然发出来的那场风暴根本没有一样。……秋白站在书桌对面，用有兴趣的、探索的目光，亲切地望着我，试探着说道：‘你们还是学俄文吧，我一定每天去教。怎么，你一个人来的吗？’他弟弟不知什么时候走开了。我无我无声地、轻轻地把剑虹的诗慎重地交给了他。他退到一边去读诗，读了许久，才又走过来，用颤抖的声音问道：‘这是剑虹写的？’我答道：‘自然是剑虹。你要知道，剑虹是世界上最珍贵的人。你走吧，到我们宿舍去，她在那里。我将留在你这里，过两个钟头再回去。……你们将是一对最好的爱人，我愿你们幸福。’”

瞿秋白握了一下丁玲的手，似是无言的遗憾，似是心照不宣的默契，然后按丁玲的指导，去她们的宿舍找王剑虹去了。两个小时后，当丁玲回到宿舍的时候，一切都如她想象的，她看到宿舍的气氛非常温柔和谐，满桌散乱地放着他们写的字，她知道他们是用笔谈话的。秋白要走了，丁玲从桌子前的墙上取下王剑虹的一张全身像，送给了秋白。他把像揣在怀里，意味深长地望了她们两人一眼，就迈出她们的小门，下楼走了。

1924 年 1 月，瞿秋白和王剑虹正式结婚，王剑虹成为瞿秋白的第一位妻子。

随着学生的增多，上海大学因校舍不够而在寒假里搬到慕尔鸣路。丁玲也随瞿秋白和王剑虹及瞿秋白的弟弟瞿云白，加上施存统一家，一起住到慕尔鸣路一幢两楼两底的房子里。施存统住在楼下统厢房，中间客堂间做餐厅。楼上正房住的是瞿云白，统厢房放着瞿秋白的几架书，瞿秋白和王剑虹住在统厢房后面的一间小房里，丁玲住在过街楼上的小房间里。厨房上边亭子间里住的是他们合雇的保姆阿董。阿董给这一大家人做饭，收拾屋子及洗衣服。这屋里九口之家的吃饭等，全由瞿云白当家。丁玲和王剑虹均按学校的膳宿标准每月交给他 10 元，别的事他们全不管。这自然是瞿秋白的主张，是他为王剑虹的新婚生活和丁玲方便所做的精心安排。

瞿秋白和王剑虹新婚燕尔，笙磬同谐，沉浸在新婚的幸福里。瞿秋白出门较少，开学以后，也常眷恋他们的爱巢。他每天穿着一件舒适的、黑绸的旧丝棉袍。他每天写诗，一本又一本，全是送给王剑虹的情诗。也写过一首给丁玲，赞美她是安琪儿，赤子之心，大概是感谢丁玲对他们恋爱的谦让与帮助。王剑虹也天天写诗，一本又一本。二人还一起读诗，他们每天讲的就是李白、杜甫、韩愈、苏轼、李商隐、李后主、陆游、王渔洋、郑板桥……，瞿秋白还会刻图章，他把他最喜爱的诗句，刻在各种各样的精致的小石块上。爱情带给瞿秋白动力与激情，“他西装笔挺，一身整洁，精神抖擞，进出往来”。瞿秋白作为上海大学的教务长兼社会学系主任，在学校的工作不少，他还是早期共产党人和重要的社会活动家，有繁重的党务工作，白天在外忙了一整天，夜间还能翻译上万字文稿，稿纸上“一行行端端正正、秀秀气气的字，几乎连一个字都没有改动”。

瞿秋白和王剑虹深怕冷落了丁玲，也常到她的小屋来坐坐，并把瞿云白买来送给他们的一只取暖煤油炉拿给她用。丁玲曾生动地描写了在寒冷的夜晚，三个人在她的小屋中围坐在煤油炉旁的美好时光：“炉盖上有一圈小孔，火光从这些小孔里射出来，像一朵花的光圈，闪映在天花板上。他们来的时候，我们总是把电灯关了，只留下这些闪烁的微明的晃动的花的光圈，屋子里气氛也美极了。”就在这美的气氛里，她们听瞿秋白侃侃而谈，听他谈文坛趣事，谈文学研究会和创造社的论争，谈沈雁冰、郑振铎，谈徐志摩、郁达夫等等，丁玲对他谈话的内容与见解虽然不能完全理解，但充满兴趣，瞿秋白引领着她们往前走。丁玲曾经问瞿秋白，自己将来究竟做什么好，现在又如何做起。瞿秋白毫不思考地昂首答道：“你么，按你喜欢的去学，去干，飞吧，飞得越高越好，越远越好，你是一只需要展翅高飞的鸟儿，嘿，就是这样……”瞿秋白对她才情不加掩饰的肯定和期待，给了丁玲信心和力量。

这样温暖的场景毕竟还是太少了，且有些难以言说的“心结”，丁玲虽然也随着他们吹吹箫，唱几句瞿秋白教的昆曲，“但心田却因不能不离开他们的甜蜜的生活而感到寂寞。”几十年后，丁玲曾经和儿子蒋祖林说：“其实那时瞿秋白是更钟情于我，我只要表示我对他是在乎的，他就不会接受王剑虹。……我看到王剑虹的诗稿，发现她也爱上瞿秋白时，心里很是矛盾，最终决定让，成全她。”可以说，丁玲成就了王剑虹的爱情和婚姻，却一点点失去了王剑虹，二人开始无形地疏远了，有点貌合神离，王剑虹只属于瞿秋白了。

1924 年的上半年，丁玲经历了人生中一段情绪落寞的时光。夏天，丁玲在上海又见到了她一直敬仰的九姨——向警予。向警予从法国归来后，加入中国共产党，1922 年 7 月，在党的“二大”上当选为中央第一任妇女部长。九姨依然像当年一样，穿着布短衫，系着黑色的褶裙，温文沉静。也依然像当年那样，给丁玲带来了许多好吃的。这次见面，向警予叮嘱丁玲说：“你母亲是一个非凡的人，是一个有理想、有毅力的妇女。她非常困苦，她为环境所囿，不容易有大的作为，她是把全部希望寄托在你身上的……”九姨的话句句都说到了丁玲的心里。丁玲知道自己是母亲精神的寄托，是她唯一的希望。九姨是怕她一事无成，辜负了母亲的期望。她决心振作起来，把精力放在功课上。

丁玲除上课外，这一时期读了不少外国文学作品并深入思考着文学与人生与社会的关系，思考着今后的路。她静想自己这些年来的闯荡，究竟得到了什么呢？王剑虹得到了瞿秋白，有了归宿，而自己却依然是两手空空，甚至连最亲密的挚友都失去了。她很寂寞，“我向往着广阔的世界，我怀念起另外的旧友。我常常有一些新的计划。而这些计划却只秘藏在心头。我眼望着流逝的时日而深感惆怅”。“上海大学也好，慕尔鸣路也好，都使我厌倦了。我要飞，我要飞向北京，离开这个狭小的圈子，离开两年多一天也没有离开过、以前不愿离开的挚友王剑虹。我们之间，原来总是一致的，现在，虽然没有什么分歧，但她完全只是秋白的爱人，而这不是我理想的。”

暑假将到的时候，丁玲终于将悄悄秘藏在心底的计划变成了实际行动，她向瞿秋白和王剑虹提出要回湖南看望母亲，而且她已经同在北京的周敦祜、王佩琼等同学约好，看望母亲之后，就直接去北京求学。丁玲提出这个意见后，瞿秋白和王剑虹“没有理由反对，他们同意了，然而，却都沉默了。都像是有无限的思绪”。几十年后，丁玲还对离开上海时的情景记忆犹新：“我走时，他们没有送我，连房门也不出，死一样的空气留在我的身后。阿董买了一篓水果，云白送我到船上。这时已是深夜，水一样的凉风在静静的马路上漂漾，我的心也随风流荡：‘上海的生涯就这样默默的结束了。我要奔回故乡，我要飞向北方，好友呵！我珍爱的剑虹，我今弃你而去，你将随你之所爱，你将沉沦在爱情之中，你将随秋白走向何方呢？’”以三人如此密切的关系，又以这样异乎寻常的方式离别，应该如何解释呢？难道仅仅是因为王剑虹和瞿秋白都被与好友的离别之情击垮，不堪面对分别时的“泪沾襟”？应该另有隐情。丁言昭在其所著的《丁玲传》中说：“在这儿恐怕要引用一下郑超麟的回忆了。1924年秋，郑超麟刚回国，就听到施存统、王一知、彭述之等很多朋友说：冰之和王剑虹同时追求瞿秋白，结果王剑虹胜利了，冰之，也就是丁玲，一气之下就离开了上海。”

丁玲独自从上海回到常德母亲身边，住在母亲的学校。长期在外漂泊，又经历了因自我牺牲成他人之美而给自己带来的心灵创伤，她需要在母亲的安抚下休养疗伤。母亲敏锐地觉察出女儿的状态与以往不同，她在自己的回忆录中写道：“不日女回，吾心甚慰，惟伊悒悒不乐，非复往日之态度。……吾不胜忧虑，对伊百般体贴，任其所欲，曲尽慈母之职，殷勤如育幼孩，常把伊拥抱怀中，或任她郊外闲逛。”母亲对女儿的体察与呵护，让我们感受到母爱的温馨与伟大。

丁玲一边享受和母亲相聚的快乐，一边思念自己的好友。不久，她收到王剑虹的来信，说她病了。丁玲说：“这不出我的意料，因为她早就说她有时感到不适，她自己并不重视，也没有引起秋白、我或旁人的注意。我知道她病的消息之后，还只以为她因为没有我在身边才对病有了些敏感的缘故，我虽不安，但总以为过几天就会好的。”只是瞿秋白却在她的信后附写了如下的话，大意是这样写的：“你走了，我们都非常难受。我竟哭了，这是我多年没有过的事。我好像预感到什么不幸。我们祝愿你一切成功，一切幸福。”这话让丁玲大感不解，瞿秋白预感到了什么样的可怕的不幸呢？何至于还大哭了呢？她不敢多想。

果然，过了大约半月的样子，丁玲接到王剑虹的堂妹从上海发来的电报："虹姊病危，盼速来沪！"丁玲的母亲也是非常爱怜王剑虹的，急忙为她筹措路费，整理行装，丁玲只得离开刚刚领略到温暖的家，而又匆忙独自踏上惶惶不安的旅途。丁玲赶到上海慕尔鸣路时，已是物是人非，既见不到王剑虹，也没有见到瞿秋白，只有王剑虹的两个堂妹泪眼相迎，还有一个是有点不知所措的瞿云白，王剑虹的灵柩已停放在四川会馆。恰在此时，国民党中央政治局委员会举行第一次会议，瞿秋白当选为中央政治局委员，他不得不强忍着巨大的悲痛南下广州去领取新任务，只留下他写在王剑虹照片上的题诗，首句是："你的魂儿我的心。"这年，王剑虹年仅 23 岁。

丁玲悲痛欲绝之外，还对瞿秋白疏于照顾王剑虹又传染其肺病致使王剑虹英年早逝甚为不满，又为瞿秋白在王剑虹死后尚未安葬便到广州参加会议不能原谅，她觉得她与瞿秋白的"关系将因为王剑虹的死而割断"。特别是她到北京时间不长，得知瞿秋白与上海大学女生杨之华结婚的消息，更是受不了，"我的感情很激动，为了王剑虹的爱情，为了王剑虹的死，为了我失去王剑虹，为了我同王剑虹的友谊，我对瞿秋白不免有许多怨气。"多少年她几乎不主动与其往来，对瞿秋白的来信或是来看她都是礼貌性地敷衍。丁玲是一个重感情的人，好友的音容笑貌久久难以忘怀。事隔 5 年后，即 1929 年，丁玲以王剑虹和瞿秋白为原型，写了一篇以恋爱与革命矛盾为内容的小说《韦护》，以纪念好友王剑虹，而她对瞿秋白看法的转变，则是很久以后的事了。

其实瞿秋白除在上海大学任教务长兼社会系主任外，还参加了许多不为外人知道的重要社会活动，经常在上海和广州之间穿梭往来，周旋于共产国际、国民党、共产党三方之间，既要参与共产党最高领导层的决策研究，还担任了共产国际代表鲍罗廷等苏联顾问的口头翻译和文件笔译工作。比如，1924 年 1 月，瞿秋白与王剑虹新婚不久，便不得不告别爱妻，到广州参加中国国民党第一次全国代表大会。大会通过了瞿秋白参加起草的宣言，确定了联俄、联共、扶助农工的三大政策。李大钊被选为中央执行委员，瞿秋白、林伯渠、毛泽东、张国焘被选为候补中央执行委员。大会结束后，瞿秋白又留下来，代表中国共产党与国民党继续协商，直到 2 月初才回到上海。而这时的丁玲，多是从友情、爱情、人之常情等方面来感受理解瞿秋白的。随着阅历的增加，她对瞿秋白才有了更全面的了解，看法也慢慢转变。这需要一个过程。

丁玲参加完好友的葬礼，便怀着巨大的悲痛乘船去往北京。在上海她得到了很多，但却永远失去了她的挚友王剑虹。再见了剑虹，再见了上海。

五

漂泊在北京

1924 年 7 月末，丁玲怀着对新生活的憧憬来到北京。她在上海时，通过长沙周南女中时的同学王佩琼、杨没累知道，北京有一个湖南新民学会办的备考大学的预备班，她被动员去参加。丁玲在北京没有亲戚，没有像王剑虹那样志趣相投的朋友，所以只好先进了这个补习班。起初，她在这里补习数学、物理、化学，做通过考试进入高等学府的准备，但不久就觉得毫无兴味。同她一起住的曹孟君的男友左恭，是一个兴趣广泛的青年编辑，正想学习绘画。而丁玲很有绘画的才情，在桃源女师时她的画作常常放满了学校的玻璃展橱，现在她想重拾画艺。于是，丁玲同左恭一起到西城辟才胡同一个画家办的私人美术学校去学素描，准备报考美术院校。素描班的学生不多，学生还是在不同的时间来上课，因此显得十分冷寂。在这里，学生每月只需交两元学费，自带纸笔，画些瓶瓶罐罐和维纳斯的石膏像或瓶花之类。左恭来了几次后也不来了，只她一人去。她去上了十几次课，只有两三次碰到过其他人来学画。老师的情绪也不高，他总是默默地看着丁玲画画，有时连看也不看，有时随便指点一下鼓励几句。面对冰冷的石膏或瓶瓶罐罐，丁玲感到十分的寂寞。

这时的丁玲，正处于从上海到北京生活的适应期，一方面是王剑虹去世带给她难以愈合的伤痛，虽然这里也有几个旧日朋友，如王佩琼、杨没累等，但在性格、气质、眼界、修养等方面，谁也替代不了王剑虹。二是她来北京的一个重要因素是为躲避瞿秋白和王剑虹，仓促中并没有做好切实的准备，放弃学习数理化而转学美术，实是对自己考学实力没有信心。三是她没有经济来源。有一个从法国勤工俭学回来的学生劝她去法国，说只要筹划 200 元旅费，到巴黎以后，他能帮助她找到职业。可是她的朋友们都不赞成，说这个人的历史、人品都不清楚，跟着他去万一沦落异邦，语言不通，又不认识别的人，实在危险，她只能放弃了这个远行的幻想。她又从报纸上的广告栏里，看到一个在香港等地经商的人征求秘书，工资虽然只有 20 元，却可以免费去上海、广州、香港，她又心动了。可是朋友们更加反对，说这可能是一个骗子，甚至是一个人贩子。母亲来信也不同意她去当这个秘书，认为这是无益的冒险。“可是，我怎么办呢？我的人生道路，我这一生总得做一番事业嘛！我将何以为生呢？难道我能靠母亲微薄的薪水，在外面流浪一生吗？我实在苦闷极了！”失去挚友的悲痛与生活无着的愁苦使她对北京开始感到厌倦。但她没有退路，上海不想再回去，回常德依靠母亲的微薄薪水生活也不是她心里的意思。丁玲的心愈发深沉，深沉的心境适合深刻的文字，她开始读鲁迅了。她说自己“如饥似渴地寻找他的小说、杂文，翻旧杂志，买刚出版的新书，一篇也不愿漏掉在《京报副刊》《语丝》上登载的他的文章，我总想多读到一些，多知道一些，他成了唯一安慰我的人”。她尤其喜欢鲁迅 1923 年 12 月在北京女子高等师范学校所作《娜拉走后怎样》的演讲，鲁迅认为如果没有经济做后盾，出走的娜拉便只有两条路：不是堕落就是回来。丁玲从自己的经历更加深刻体会到鲁迅观察问题的独特和深刻的一面。丁玲研究专家张永泉先生说：“鲁迅曾经说过，他的书没有一定的人生阅历是读不懂的。丁玲正是以她对社会的不满，以她对理想的追求和追求不得的苦闷，读懂了鲁迅，接受了鲁迅精神。”

1925 年春天，丁玲果然落考，虽然不出意料，却还是给了她重重一击。在走投无路的情况下她想到了鲁迅：“在苦闷中，我忽然见到了一线光明，我应该朝着这惟一可以援助我的一盏飘忽的小灯走过去，我应该有勇气迈出这一步。我想来想去，只有求助于我深信指引着我的鲁迅先生，我相信他会向我伸出手的。于是我带着无边的勇气和希望，给鲁迅先生写了一封信，把我的境遇和我的困惑都仔仔细细坦白详尽地陈述了一番。”她把信首次以“丁玲”之名邮寄出去，但信却如石沉大海，她等了两个星期也没有得到鲁迅先生的回音，这更加重了她的苦闷和焦虑：“鲁迅就是没有给我回信。这件事一直压在我的心头。我更真切地感到我是被这世界遗弃了的。我觉得自己是一个渺小的人，鲁迅原可以不理我；也许我的信写得不好，令人讨厌，他可以回别人的信，就是不理睬我。他对别人都是热情的，伸出援助之手的，就认为我是一个讨厌的人,对我就要无情。我的心受伤了,但这不怪鲁迅,很可能只怪我自己。”

其实，丁玲寄出的信鲁迅收到了，没有回信的原因，既不是她的信写得不好，也不是鲁迅认为她令人讨厌，也不是鲁迅没有时间回复,而是发生了误会。1925 年 4 月 30 日鲁迅日记写道:“得丁玲信。”当时正好荆有麟在旁边，看了一眼说这是休芸芸（即沈从文）的字，是他化名写的。

了解现代文学史的人都知道，1924 年下半年以来，围绕女师大学潮，在教育部任职而又在女师大兼课的鲁迅，因为同情支持学生被开除公职。在此过程中，鲁迅与站在政府的立场上批评学生的现代评论派发生了激烈论争，论争中双方都有些失风度，而沈从文与现代评论派关系很近。因此，鲁迅对沈从文冒名丁玲给他写信存有戒心。没过几天，胡也频又拿了一张“丁玲的弟弟”的名片去访鲁迅，只听鲁迅在室内大声说:“我不在家！”甚至两个多月后,鲁迅在 7 月 20 日致钱玄同的信中又提及此事:“且夫‘琴琴阿文’（指沈从文），确尚无偷文如欧阳公之恶德，而文章亦较为能做者也。然而敝座之所以恶之者，因其用一女人之名，以细如蚊虫之字，写信给我，被我察出为阿文手笔，则又有一人扮作该女人之弟来访，以证明实有其扮。”可见鲁迅对冒名丁玲的人来信来访之事是多么的不快。假如没有这场误会，丁玲与鲁迅的交往甚至见面可能会提前，丁玲的人生轨迹也许会因此发生变化，但这无法假设了。

这时，丁玲与好友曹孟君、谭惕吾同住在一起，曹孟君正同左恭谈恋爱，三位女友常常一起去左恭那里。在丁玲给鲁迅写信不久，她认识了与左恭同住在一个公寓的文学青年胡也频。胡也频对端庄大方、气质高雅的丁玲颇有好感，尤其是丁玲身上的书香气质，深深吸引了他。他知道丁玲写信给鲁迅没有得到回复时，便以“丁玲的弟弟”之名去访问鲁迅，胡也频没有想到的是，他的好心却给丁玲帮了倒忙。丁玲知道后很生气：“他和我认识才一星期，怎么能冒用我弟弟的名义，天真幼稚地在鲁迅先生面前开这种玩笑。但责备他也无用了。”丁玲没有想到，将来的日子里她将与胡也频发生怎样的纠葛，更没有想到，这个她仅见过几面也没有太多印象的文学青年将成为她的丈夫。

胡也频，祖籍江西省新建县，1903 年出生在福建福州。他 5 岁时入私塾读书，由于家庭经济状况不佳，私塾读得时断时续。15 岁时，为了减少家庭负担，他便去福州一家叫“祥慎金铺”的首饰店当学徒。老板见他秀气伶俐，便让其在柜台上做事，负责收拾打扫铺面，替掌柜、先生们打水、铺床、倒夜壶，来客了装烟倒茶，实际就是做仆役。有一天，铺子里丢失了一对金戒指，店铺老板怀疑是他偷了。开始他们暗示他，要他拿出来，用各种好话来骗他，后来就威胁他，骂他，羞辱他，并且把他捆了起来。他辩白，他哭，他求他们，一切都没有用；后来他不说了，也不哭了，任凭别人摆布。他恨恨地望着那些首饰，心里想：“总有一天要偷掉你们的东西！”后来戒指找到了，是掌柜的拿到后边太太那里去看，忘了拿回来。他们放了他，没有向他道歉。没人意识到这在幼小的胡也频心里已经种下了报复的种子。一个月后，这个小学徒失踪了，同时也失踪了一副很重的大金钏。首饰店老板问他的父母要金钏，他的父母问首饰店老板要人。大家打官司、告状，事情一直没有结果。

胡也频怀着一颗愉快的、颤栗的心，也怀揣着那副沉重的金钏，惶惶然搭上了去上海的船。他到上海后随着同船上的一个同乡住到一个福州人开的小旅馆，改名胡崇轩，谎称他是来找舅舅的。在住了些天后，身上的钱花完了，他一直不敢去兑换那条金钏，他拿不准该不该用它。在小旅馆的来客中，他遇到一个比他大不了一两岁的男孩子。胡也频知道了他是“小有天酒馆”的少东家，在浦东中学上学。他们做了朋友，这个男孩劝他到浦东中学去读书，这曾经是他不敢有的幻想啊！于是他听从了男孩的劝告，兑换了金钏，把大部分钱存在银行，小部分交了学费和伙食费，还了旅馆的债。从此，他由一个学徒成了一个学生了。这是1920年春天的事。

一年多后，父亲还是找到了他。但父亲知道实情后没有责备他，也不敢要他一起回家，如果回去，金钏的事还会被追究，这钱的数目他是无法还上的。胡也频只得留在这里读书。1921年7月，他的父亲通过熟人，把他送进大沽海军学校，他学的是机器制造，从此他成为了一个海军学校的学生，这里是免学费的，也不愁膳食费。两年后，即1923年冬，大沽海军学校的校舍毁于直奉战争的炮火，学校停办，他想成为海军技术人才的梦想破灭了，从而漂泊到北京。他希望能投考一个官费的大学，没有成功。他不能回家，又找不到事做，就流落在一些小公寓里。因为他的勤苦，公寓老板简直无法把他赶走，他常常帮助他们记账、算账、买东西，晚上还替老板的儿子补习功课，以抵住宿费。

北京是政治和文化名城，也是“五四”新文化运动的中心。那时北京有《晨报》副刊，后来又有《京报》副刊，常常登载一些名人的文章。公寓里住的大学生们，都是一些歌德、海涅、拜伦、鲁迅的崇拜者，也常常谈起莫泊桑、契诃夫、易卜生、莎士比亚、曹雪芹……他们似乎对学校的功课并不十分注意。很多来求学的苦寒学子和年轻文人就住在大学周围这些小公寓里。他们逛旧书摊，游览名胜古迹，聚在茶馆、小酒馆，谈论古今，写点诗文小说，四处投稿，以换取生活费。这些青年人的名士生活与艺术气质，一天一天侵蚀着这个孤单的流浪青年，把他引向美丽的、英雄的、神奇的文学世界。

胡也频结交了公寓里一些志趣相同的年轻人，在这些年轻人的鼓励下，他渐渐开始尝试创作。他的第一篇小说《雨中》，发表在 1924 年 8 月 10 日的《京报》副刊上。后陆续发表了小说《希望》《梦后》《前夜》和散文《心曲》等，得到《京报》副刊主编孙伏园的赏识。孙伏园是鲁迅的学生，文学研究会发起人之一，与鲁迅关系密切。经孙伏园举荐，胡也频和他在海军学校的同学项拙、荆有麟为《京报》副刊合编《民众文艺》周刊。胡也频在编辑《民众文艺》之余，也奋力创作，半年的时间，发表了十几篇小说及散文、诗歌、杂文。

刊物也是胡也频和其他文学青年联系的纽带。比如，1925 年 1 月 13 日的《民众文艺》上发表了笔名为“休芸芸”的文学青年的文章。随后，胡也频和项拙又一起到西城庆华公寓去探望了文章的作者，这样便结识了沈从文。

沈从文出生于1902年，湖南凤凰县人，自幼聪明好动，私塾功课难不住他，经常逃学闲逛，热衷于社会这本“大书”，学会了捉蛐蛐、钓鱼，也学会了打架、骂脏话。老师和家里的管教约束不了他，15岁便被送到军队，他随湘西旧军队辗转于长达千里的沅水、辰河流域。22岁那年，他为寻求知识和人生来到北京，因为文化程度太低没有转为正式学生的机会，又不肯回湘西，便流落在北京，在贫困中做着文学梦。沈从文在饥寒交迫之下不停地写作、投稿，然而又不断地被退稿。正当他绝望到对自己的文学才能都产生疑问时，《民众文艺》发表了他的稿子，这当然使他喜出望外。他在《从文自传》中说：“我那时的文章是没有人齿及的。我在北京等于一粒灰尘。这一粒灰尘，在街头或任何地方停留都无引人注意的光辉。但由于我的冒险行为，把作品各处投去，我的自信，却给一个回音证明了，当时的喜悦，使我不能用任何适当言语说得分明，这友谊同时也决定了我此后的方向。”文章发表后，胡也频和项拙的来访使沈从文很感动，说：“我有了朋友，我的生活，就快有日头的光照及了。有了朋友，把生活的困难以及以后的一切也暂时忘掉了。”自此，胡也频与沈从文成为知己并建立了深厚的友谊。

胡也频来访大约一个多星期后，再来看沈从文时，身后便跟着一个年轻女子，她是因听说沈从文“长得好看”而特来看看的。沈从文在《从文自传》中记述了他初见丁玲时的情景：“一天早上，我正坐在窗下望到天井中没有融化的积雪，胡也频带来了一个圆脸长眉的年青女人，来到我的住处。女人站在我的房门外边不动，穿了一件灰布衣服，系了一条短短的青色绸类裙子，什么话也不说，只望到我发笑。教育同习惯使我永远近于一个乡下人，当时是一点不会客气的，我就问她，'你姓什么？'那女子就说，'我姓丁。'好了，这就得了，于是我房中就多一个女人了。坐下时，女人还是笑，我那时候心里想：'你是一个胖子的神气，却姓丁，倒真好笑咧。'因此我也笑了好一会。"

当丁玲知道了沈从文是湖南凤凰县人，沈从文知道了丁玲是湖南福安县人时，彼此都有些惊讶，原来我们都是湘西人呀！一聊起来又知道，丁玲就是福安的蒋家，沈从文说，他的哥哥当兵时驻扎的就是她的伯父家里。丁玲在桃源女师有个杨姓的同学，就是凤凰得胜营人，沈从文说那是我大表嫂，我还替她送过情书呢！这样便越说越近了。三个人都是跑到北京来谋生的外省人，境遇相似，同病相怜，就有很多共同的话题。从此，沈从文成了他们二人来往最多的朋友。

在鲁迅与丁玲的误会中，起关键作用的是荆有麟。他也是沈从文在《民众文艺》周刊上发表作品的编审人之一，对沈从文的字迹肯定有印象，因此，鲁迅在"得丁玲信"时看了一眼便说这是沈从文的字，是他化名写的。这个判断是错的，但不能说荆有麟有恶意，只能说太粗心武断了。当年沈从文在军队奋发练字，也因他写一手好字而从副兵升为司书。荆有麟的这个错误说明丁玲的字也写得相当不错。

可丁玲知道了误会的原委时却感到很无语："后来，我实在忘记是什么时候的后来了，我听人说，从哪里听说也忘记了，总之，我听人说，鲁迅收到我信的时候，荆有麟正在他的身边。荆有麟说，这信是沈从文化名写的，他一眼就认得出这是沈从文的笔迹，沈从文的稿子都是用细钢笔尖在布纹纸上写的这种蝇头小楷。天哪，这叫我怎么说呢？我写这封信时，还不认识胡也频，更不认识沈从文。我的'蝇头小楷'比沈先生写的差远了。沈先生是当过文书，专练过字的嘛。真不知这个荆有麟根据什么做出这样的断言。"

鲁迅研究界专家从多种资料互证中确认鲁迅与丁玲的这一误会确实存在。后来，荆有麟从胡也频处得知丁玲确有其人，而且在北京无以为生，已回湖南老家去了，便将这情况告诉了鲁迅。鲁迅心中的疑团和误会遂断然冰释，他很抱歉地说："那么，我又失败了。既然不是休芸芸的鬼，她又赶着回湖南老家，那一定是在北京生活不下去了。青年人是大半不愿回老家的，她竟回老家，可见是抱着痛苦回去的，她那封信，我没有回她，倒觉得不舒服。"但这都是后话了。

胡也频虽然对丁玲一见钟情，却没有在丁玲的心里激起感情的波澜。丁玲此时想的主要是事业、自立、前途，收不到鲁迅的回信，失望之下，还是准备离开北京暂时回到她母亲的身边。这时，王剑虹的父亲在北京，他是来参加孙中山病逝吊唁活动的，正准备回去，便邀丁玲一起回湖南。此时正值直奉战争，老先生说，东北军正入关，如果打起仗来你一个女孩子就不好走了。丁玲对北京本已绝望，待在北京似乎只是为等鲁迅先生那已经等了两个星期都没有等到的信了，除此之外，她在北京好像已再无牵挂，于是便随着王剑虹的父亲登上南下的火车回常德了。后来，丁玲在《我的创作生活》中回忆这段生活时说：“一个年轻人，有着一些糊涂的梦想，像瞎子摸鱼似的，找出路，却没有得到结果，不能说是灰心，也实在是消沉地住在北京了。”但丁玲这一走却急坏了不明就里的胡也频，他不明白丁玲的突然离去是不是因为因讨厌他而起。

这时正值暑假，丁玲住在母亲任教的俭德会附属女子小学，只有她们母女两个。母亲每天写字，读古书，同时“孜孜不倦地啃着几本刚买来的唯物辩证法的书籍”，丁玲则“好像一个战败的勇士，归林的倦鸟”，“用极复杂的心情反刍着近几年来自己所遇到的人和事”。她用琵琶来排遣烦恼，空旷的院子里整日响着并不熟练的《梅花三弄》《十面埋伏》。这种情况不久就被打破了：“有一天，听见大门咣咣的响，我与母亲同去开门。我们不得不诧异地注视着站在门外的那个穿着月白长衫的少年。我母亲诧异这是从哪里来的访问者，我也诧异这个我在北京刚刚只见过两三次面的、萍水相逢、印象不深的人，为什么远道来访。但使我们更诧异的是这个少年竟是孑然一身，除一套换洗裤褂外便什么也没有，而且连他坐来的人力车钱也是我们代付的。”

胡也频的贸然来访使丁玲深感意外，对他的冒失莽撞心存不快，但是这个22岁的小伙子的勇气与直率却让她暗暗喜欢。丁玲不敢相信，他是怎样凑足路费，急促慌忙地找来的，下了火车在语言不通的情况下，又是怎样辗转打听到自己家的。虽然丁玲并没有向母亲介绍胡也频是谁，来干什么，但经历过风雨而善良的母亲已经从胡也频的眼神中明白了大半，想起自己早夭的儿子，如果活着也应该是如此光景，便赶紧把他让进屋里，热情相待。

胡也频的到来，给这个寂寞的校园增添了朝气，劈柴、挑水、扫院子、修缮维补都是他这个苦出身的小伙子拿手的事。丁玲的母亲满心喜欢，已经把胡也频当准女婿对待，变着花样给他做好吃的。与丁玲的抑郁忧伤不同，胡也频“像一只漂流的小船停靠在风和日丽的小港。他一天到晚，似乎充满了幸福的感觉，无所要求，心满意足，像占满了整个世界一样那么快乐。过去，他很少知道我母亲所经历的身世，对我们家庭所处的社会也是陌生的，对我过去在上海的朋友们更是没有接触过。他津津有味地听着，后来曾摄取其中的某些片断写过小说。但他最熟悉的是一个漂泊者的生活，饥饿寒冷，孤单寂寞，冷淡的人世，和求生的奋斗。但他很少喋喋饶舌，他常常痴痴呆坐，咬着手指，然后写下几首悲愤的、惆怅的诗篇。只有从他的诗里面才能理解他为人世困苦、冷酷和缺少天伦之乐、缺少友谊而感到刺痛，并从而铸成了一颗坚强的心。他虽然在我们这里，在这所空廓的庙堂里，日子过得无忧无虑，但他的心仍沉沦在长久的漂泊生活中，不过，他似乎又并不以为意。”丁玲经过这些年的人生历练已经很善识人，她看得出来，虽然“我们的思想、性格、感情都不一样，但他的勇猛、热烈、执拗、乐观和穷困都惊异了我，虽说我还觉得他有些简单，有些蒙昧，有些稚嫩，但却是少有的‘人’，有着最完美的品质的人。他还是一块毫未经雕琢的璞玉，比起那些光滑的烧料玻璃珠子，不知高到什么地方去了。因此我们一下就有了很深的友谊”。

胡也频在常德住了一个暑假，加深了二人彼此间的了解，加深了友谊，感情也在渐渐靠近。尽管如此，丁玲对胡也频火一般的热情，并没有给以相应的回应。见证了瞿秋白和王剑虹爱情的悲剧之后，她此时心灵上的创伤还没有完全愈合。但胡也频的到来，使得她不得不再回到北京。丁玲觉得，胡也频是她的客人，身无分文，她总不能让母亲用她微薄的工资长时期地供养他们两个人吧！住了一段时间后，丁玲就向胡也频说：“我们一起回北京吧。”

丁玲就这样怀着复杂、矛盾的心情，不知道自己到底是以朋友的身份还是情侣的身份，半推半就地跟随着胡也频回到了北京。她对和胡也频恋爱毫无思想上的准备，也不愿意用恋爱和结婚来羁绊自己，她想自由自立，所以她打算到北京后即和胡也频分手。但到了北京之后，她却和胡也频同居了，这个结果就连她自己也是没有想到的。

六

登上新文坛

胡也频千里寻芳，虽然莽撞，但还是让丁玲感动。感动和爱情还是有着质的区别的，她在内心还没有做好接纳胡也频的准备。在内心矛盾的状态下她随胡也频回到了北京，原本想到北京就和胡也频分手，但事情并没有按照她意愿发展。

丁玲回忆说:“1925 年暑假，胡也频到了湖南。我那时对恋爱毫无准备，也不愿意用恋爱和结婚来羁绊我。我是一个要自由的人。但那时为环境所拘，只得和胡也频做伴回北京。本拟到北京后即分手，但却遭友人误解和异议。我一生气，就说同居就同居吧。我们很能互相谅解和体贴，却实在没有发生夫妻关系。我那时就是那样认识的。我们彼此没有义务，完全可以自由。”

胡也频和丁玲在香山脚下的一个村庄里租了一间房子。这里环境优美、清净，便于写作、读书，重要的是房租比较便宜，一个月 9 元钱。他们之所以大老远地跑到香山来租房子，和此时沈从文已经在香山慈幼院图书馆找到了做管理员的工作有关。1925

年春，沈从文在《晨报副刊》上发表了散文《遥夜——五》，叙述自己乘坐公交车的一段经历，在与有钱人的对比中，倾诉自己窘迫的处境和内心感受。文章正好被北京大学林宰平教授看到了，这位富有同情心的学者不仅写文章引用了沈从文《遥夜——五》中的一节，呼吁社会关注逆境中的贫寒学子，还托人找到沈从文，邀他到自己家里聊天。沈从文不平凡的经历和现实处境深深打动了他，在林教授和梁任公推荐下，1925 年 5 月沈从文终于找到了一份工作——到香山慈幼院图书馆做了一名管理员，月薪20元。丁玲和胡也频从常德回北京后，经沈从文介绍推荐，到房租廉价的香山附近租了房子住下。

沈从文描述了二人当时的生活状态："他们住的地方每月应缴九块钱房租，并不很大，但土地却十分干爽。这房子有井，屋前屋后全是枣树。饮食由两人自己处置，所以买小菜，买油买盐，皆两人自己上街。蹲到廊下用一把鬼头刀劈柴，两手当撮箕捧了煤球向炉子里放下，全是主妇日常的职务。男主人则为一点儿醋同一点儿辣椒，也常常忙匆匆的跑到街口去。到把饭吃过后，一切完事了，还争着到井边去提水，洗碗洗锅子，毫不显得疲倦，这新鲜生活，使两人似乎都十分兴奋，两人皆不觉得还有什么别的更重要的事，比日常生活还有价值。那时两人皆并不写什么文章，又不曾作别的事情，经济的来源，好像全从湖南方面寄来。""我们既然有了机会同在一处，相去不远，我在那学校里，又没有一个可以说话的人，所以到他们那里晚饭的日子就很多了。"可以看出，丁玲和胡也频同居后的幸福甜蜜中，有着浓重的人间烟火的味道。丁玲与胡也频像所有年轻恋人一样，时常闹点小别扭，沈从文理所当然地成为他们的和事佬。

胡也频和丁玲都没有发表文章，没有稿费收入，日子肯定过得拮据，二人同居后既从柴米油盐中寻找温暖，也时常从风花雪月中寻找浪漫。沈从文说:“在香山那一阵，两个年轻伴侣的生活，有些方面恰比《儒林外史》上的杜家夫妇还潇洒些。天落过了雨，想起卧佛寺后面泉水那时节一定很好，就饭也不吃跑去看一会子泉水。听我说看晚霞应到小团城较好，于是一吃过饭，天空中有霞时，就来回走四里路看晚霞。大家谈到天快亮时流星特别可观，两人也常常半夜里爬起，各披了衣走到院中枣树下去看流星。”当冬天快到的时候，他们从香山搬回到城里，住在北大附近的一个公寓里。

在很长的一段时间里，胡也频和丁玲在生活上都很窘迫。1925 年 11 月《民众文艺》周刊又停办了，胡也频和他的朋友们失去了发表作品的主要阵地，稿费收入也就大为减少。创作不仅受制于刊物，他们也常常感到某些刊物的编辑用稿并不公平，因此，三人梦想着有一天能有一份自己的刊物。沈从文在《记丁玲》说:“总得找出一个办法，方有希望不至于为一时不良风气习惯所糟蹋。因此怎样来办一个刊物，是我们常常皆打算到的事情。我们做梦也只想有那么一个刊物，由自己编排，自己校对，且自己发行，寄到中国内地各处地方各个读者手中去。我们只希望各人自己拿出一部分钱来，做这费力而不讨好的事情。但一个刊物最需要的就是金钱，我们当时最缺少的也正是金钱。我们的刊物于是便在幻想中产生，又复在幻想中夭折了。”

丁玲虽然蛰居在北京，但她自中学时代就参加学生运动，在平民女校和上海大学时一直对时代和社会保持热情，只要一遇到时机，它就会爆发出来。1926 年 3 月 18 日，北京发生了“三一八”惨案。丁玲参加了天安门前的集会，又跟随李大钊游行到铁狮子胡同，一路呼喊着反对帝国主义和惩办卖国贼的口号。当一些群众冲进执政府大门时，她也冲了上去，刚刚冲到大门口，枪声就响了。她目睹倒在血泊中的烈士，心里充满了愤怒和悲哀，她又一次经历了时代风雨的煎熬。

“人必须活着爱才有所附丽”，没有经济来源的丁玲一直在为找不到职业而苦恼。当时在北师大任教的戏剧家洪深，把电影从上海带到了北京。丁玲看过电影后，就萌生了当电影演员的念头。她写信给洪深，希望他能帮助自己实现这个愿望。洪深约她在北海公园见面。丁玲表示，她想演电影是喜欢电影这种艺术形式，可以充分运用想象力，并且把它形象地表现出来。洪深看她态度很诚挚，从外形容貌、言谈举止也都具有做演员的条件，便慨然相助，答应介绍她去上海明星电影公司。丁玲的女友们很支持她去当电影演员，并且凑钱给她作路费去上海应试。胡也频起初反对，但拗不过丁玲，也就同意了。

然而，丁玲到上海明星电影公司试演了两次后就失望了。她完全不适应当时电影演艺圈里的那种商业习气和低级趣味，甚至厌恶之极。当她听到有人品评着她说“她倒是挺漂亮的，演戏一定能赚钱”时，她怒道：“我不是商品。”她拒绝了签约，原来同洪深说好签一年合同试试，但是公司要她签 3 年，她本已感觉到当时演艺圈丑陋的一面，干脆一年的合同也拒签了。总之，她认为这里不是合乎自己志趣的地方。

丁玲去拜访她在上海大学时的老师田汉。田汉当时是南国剧社的负责人。丁玲本想看看是否可以走通做一个戏剧演员的路，但她看到南国剧社的状况与电影公司一般无异，她也失望了。田汉去看望了她，后来还写信给她，希望她忍耐、等待，并说他将特意为她写一个表现崭新的、前进的女性的剧本，由她来演。但是丁玲去意已决，她写信给田汉，谢谢老师的好意，同时表示她以后不想走演艺之路了。丁玲回到北京，才体会到胡也频的意见是对的。

1926 年 6 月，丁玲同胡也频一起回湖南常德看望母亲，这是她结婚后第一次回家，丁玲的母亲十分高兴，她记述道："接女来函云：端午节后回里。吾甚慰，托琳找一栋小屋子，有十多间，余下数间租人，离校很近，预先打扫洗刷毕，将什物迁移新居，还没清楚，他们已经到了。……至八月（阴历），各校才开学，女见时局未定，伴我未走，婿自北上，依依不舍，嘱咐寒假早回。……女伴我曲尽天伦之乐。数年来唯此次相伴较久。至冬月，女决意北上。"胡也频这次在常德住了两个月，丁玲住了 5 个月。两个年轻人这次回常德，给多年来常自己一个人生活的母亲，在精神上带来了巨大的快慰。

1926 年的下半年，胡也频的创作小有成就，共发表了 8 篇小说及 18 首诗，作品大多发表于《晨报》副刊。胡也频生性豪爽热情，在他周围聚集了不少志同道合的文学青年。胡也频和沈从文等一些有点儿名气的青年作家组织了一个文学社团——“无须社”，顾名思义就是本社成员是一些没有胡子的青年，参与者还有蹇先艾、焦菊隐、徐霞村、王三辛等。丁玲并没有参加这个社，此时她还没有进入创作阶段，她只是一个“夫唱妇随”的文学青年的妻子，在他们聚会时，她在一旁或是看自己的书，或是漫不经心地听他们高谈阔论，偶尔发表一点意见，却也令人吃惊佩服。其实，丁玲从小学到大学接受的是比较正规的教育，尤其是上海大学中文系的学习经历，是胡也频、沈从文等文学青年们所不具备的，厚积待发的丁玲早具备了成为作家的条件和评论文学作品的能力。所以，她偶尔发表的意见也常常是一语中的且见解独特。沈从文在《记丁玲》中说：“在文字方面没有显出这个作家的天才时，在批判上却先证明了她某种惊人的长处，业已超过了男子，什么作品很好，好处在某一点上，好中小小疏忽处又在某章某段，由她口中说出皆似乎比我们说的中肯。我们既然正在写作，对于一切作品皆极容易堕入偏见里去，对于本国的作品，容易从人的生熟爱憎上决定好恶；对于国外作品的标准，也容易以作风与译者的爱憎决定好恶，故难得其平，也实为事所当然。丁玲女士则因为同人相熟较少，自己又不写作，并且女人通性，每一篇文章总那么细心地看了又看，所看的书又那么纯，因此对于好坏批评，比起两个男子来实在公正一些。不拘什么成篇成本的小说，给她看过以后，请她说出点意见时，这意见必是非常正确，绝不含糊。”

1926年以后，中国革命的中心转向南方，国共两党合作的北伐战争在南方开展得如火如荼，大革命进展神速，热血朋友都南下追慕革命去了，“而我们却蛰居北京，无所事事。也频日夜钻进了他的诗，我呢，只拿烦闷打发每一个日子”。但是风云突变，1927年春天，上海有“四一二”政变，长沙有“马日事变”，在北京，李大钊被军阀张作霖杀害，反动势力猖獗，革命很快陷入低潮。丁玲说：“我精神上苦痛极了。除了小说，我找不到一个朋友。于是我写小说了，我的小说就不得不充满了对社会的鄙视和个人孤独的灵魂的倔强挣扎。”“我那时为什么写小说，我以为是因为寂寞，对社会不满，自己生活无出路，有许多话需要说出来，却找不到人听，很想做些事，又找不到机会，于是便提起了笔，要代替自己给这社会一个分析。”可以说，从一开始，写小说便是丁玲介入社会生活的一种方式。

丁玲登上文坛的第一篇小说是《梦珂》，取材于她投考电影演员那段生活的体验与感受。创作的过程有点像少女绣花，不到完成时不肯轻易示人。沈从文回忆说：“那个时候，《梦珂》初稿，已常常有一页两页摆在一个小小写字桌上，间或为熟人见到了，问这是谁的文章，打量拿到手中看看时，照例这女作家一句话不说，脸儿红红的，轻轻的喊着：‘唉，唉，这可不行！’就把那几张草稿抢去，藏到她自己那个装点信件一类的抽屉里面去了。若是好奇一点，无意的问着，‘这莫非是想作第二个冰心的人写的？’那一面一定将说，‘没有的事，文章自然是你们男子做的事，女人哪里有分？’”

《梦珂》创作完成后，她以“丁玲”为笔名，把稿子寄给了上海《小说月报》主编叶圣陶先生，得到叶先生的高度赞赏，他复信说，她的《梦珂》写得非常好，一定刊用。他没有给她修改，只订正了几个错别字，并且问她，还有稿子没有，有多少寄多少给他。受到叶先生如此赞赏，丁玲备受鼓舞，非常高兴。《梦珂》1927 年 12 月在《小说月报》上首篇发表,成为她登上文坛的标志。

小说的主人公梦珂是一个接受了“五四”新思想启蒙，向往平等自主生活的少女。她从偏僻的家乡来到十里洋场求学，因为援助一个受到教师侮辱的女模特儿遭人诬陷，被迫离校，寄居在姑母家。在这个表面上温暖、和谐的家庭中，梦珂领教了虚伪和丑恶。表哥晓淞是从法国回来的留学生，对她体贴温存。一个专门学校的图画教员澹明，也想方设法追求她。但梦珂对表哥晓淞很有好感。在一个偶然的机会，梦珂发现晓淞和章太太在大东旅舍鬼混，使她终于识破了晓淞的虚情假意，同时也看透了澹明的卑劣面貌。梦珂从姑母家不辞而别，仍然渴望靠自己的力量立足于社会。她化名林琅，进了“圆月剧社”当电影演员，却又发现在这“纯肉感的社会”里，她必须忍受“非常无礼的侮辱”。梦珂从影的经历中，有着丁玲自己想求职做电影演员的经历作依据。这篇现实色彩很浓的处女作表明，丁玲是满怀对社会的强烈不满，以控诉者的姿态开始创作生涯的。

丁玲收到叶圣陶先生刊用《梦珂》并且还向她催要稿子的复信后，备受鼓舞，决定赶紧再写一篇，她仅用了两个星期的时间就一挥而就，完成了长达 26000 字的小说《莎菲女士的日记》，经叶圣陶先生发表于 1928 年 2 月《小说月报》首篇，轰动文坛。人们通常把《莎菲女士的日记》看成是丁玲早期小说的成名作和代表作。

小说由 33 则日记构成。前三则写莎菲单调的生活和孤寂的心境，从第四则起主要写莎菲与凌吉士邂逅后的狂热、矛盾和痛苦。莎菲是一个走出家庭、漂流异地的女青年。去年，与她相伴相依的蕴姐结婚后，她便一个人到了北京。虽与几位关心她的朋友常相往来，但与社会格格不入而带来的心灵寂寞和痛苦不时袭来。生活既单调又空虚，以至于有时一天把牛奶煮几次来消磨时光，把报纸一字不漏地读遍来打发日子。没有人来看望她，她便感到恼恨；有人来探访她，她又觉得很厌烦。蕴姐表露婚后生活并不幸福的来信，引起她无限的人生感喟，于是，便以酗酒作践自己，以至于吐血住院。她渴望获得一种“真的爱情”，但当比她大 4 岁的苇弟真诚热烈地爱她时，她又不接受，认为他是一个性格怯懦、没有阳刚之美的男人。一个偶然机会，她认识了新加坡大学生凌吉士，便立即为其风流倜傥的外貌所倾倒。她虽只有 20 岁，但于男女间事所知不少，并颇为自负地说：“不是我自夸，我所受的训练，至少也有我几个朋友的相加或相乘。”为了征服凌吉士，她用了许多心计，如找借口搬到凌吉士的住所附近，请凌吉士补习英语；有时大胆主动进攻，有时欲擒故纵。但凌吉士高雅的躯壳中包藏着一个卑劣的灵魂——他所追求的是金钱、肉欲和享受。他既是一个有钱的纨绔子弟，也是一个情场老手——他已有妻室，还拈花惹草。莎菲在理智上鄙视他、拒斥他，但又经不起他的诱惑，内心充满矛盾，有时肉战胜灵，不顾一切地爱，为有凌吉士这个“传奇中的情人”感到快乐；有时灵又战胜肉，为自己的堕落自责和痛苦。最后她决计离开凌吉士搭车南下，在无人认识的地方，去消磨自己余剩的生命。

《莎菲女士的日记》发表后得到了许多评论家的好评。钱谦吾说丁玲:“因着她的《莎菲女士的日记》的发表，而震惊了一代文艺界。”茅盾说:“人们于是更深切地认识到一位新起的女作家在谢冰心女士沉默了的那时以一种新的姿态出现在文坛。在《莎菲女士的日记》中所显示的作家丁玲女士是满带着‘五四’以来时代烙印的；如果谢冰心女士作品的中心是对于母爱和自然的赞颂，那么，初期丁玲作品全然和这‘幽雅’的情绪没有关涉，她的莎菲女士是心灵上负着时代苦闷的创伤的青年女性的叛逆的绝叫者，……是‘五四’以后解放的青年女子在性爱上的矛盾心理的代表者！”

虽然评论界曾有人说，莎菲即作者，此说早就被丁玲否认，也没有得到评论界的认同。但小说的创作过程却正好与她和冯雪峰的感情风波同期，小说中融入了来自于这场风波的心理体验和认知则是无疑的。小说中莎菲的苦闷主要不是出自“性”的需要，而是对“情”的追求，是对一种心心相印的爱情的渴望。她强烈祈求别人的理解，“总愿意有那么一个人能了解我清清楚楚的，如若不懂得我，我要那些爱，那些体贴做什么？”可是，“莎菲活在世上，所要人们了解她体会她的心太热烈太恳切了，所以长远的沉溺在失望的苦恼中，但除了自己，谁能够知道她所流出的眼泪的分量？”正因为莎菲执着地追求相互理解基础上的爱，她才能够忍受着情欲的折磨，最终一脚把凌吉士踢开。这是一个有着鲜明的自我意识的女性，她已不是在礼教的范围内追求爱情，满足于婚姻自主的半新半旧的女性，而是要在迷惘的人生中寻找知己，寻找精神支柱，在爱情中找到个人同社会的邪恶、庸俗抗衡的积极力量。

在莎菲身上，凝聚了丁玲对女性的社会地位，女性独立，“性”与“情”，“欲”与“爱”，传统与现代等问题长期的思考与积淀，所以她仅用了两周时间便一挥而就。但若考察莎菲与苇弟、凌吉士的关系，又透露出在这场感情风波中，丁玲与胡也频、冯雪峰的情感印痕。这场感情风波的起始，则缘于沈从文、胡也频和丁玲三人的日本留学梦。

七

伟大罗曼史

丁玲登上文坛即获成功，这让她备受鼓舞，异常兴奋。胡也频、沈从文也在1927年下半年多有收获，经济拮据的情况大为改善，尤其是沈从文，1926年北新书局还出版了他的小说、诗歌、散文合集《鸭子》。于是三个人做起了凭稿费到日本读书的梦。最初三个人只是口头上说说，1928年1月沈从文独自到上海后，丁玲便试图把到日本读书的梦想变成现实。要到日本读书，学日语是必须要过的一关。为了学日语，她通过朋友王三辛的介绍，请来冯雪峰教她学日语。

冯雪峰生于1903年，浙江义乌人。1921年考入杭州浙江省立第一师范学校，开始写作新诗。1922年初，与应修人、潘漠华、汪静之成立了“湖畔诗社”，他们出版了诗合集《湖畔》和《春的歌集》，四人被誉为“湖畔四诗人”。1925年冯雪峰到北京大学旁听日语，1926年开始翻译日本、苏联的文学作品及文艺理论专著并结识鲁迅。1927年6月加入中国共产党并受党中央派遣到北京从事地下工作。

丁玲第一次见到冯雪峰有些失望。她原以为这位著名的“湖畔诗人”，又在北大旁听进修日语的青年人会像瞿秋白一样，儒雅倜傥、谈吐不凡，不曾想他看上去却有些潦倒，且不修边幅，像个乡下人。虽然因为王剑虹，她已和瞿秋白断绝了往来，但她无法否认的是，瞿秋白已经成了她判断男人的一个标尺。但随着交往的加深，丁玲发现冯雪峰不仅文学素养深厚，且谈锋犀利，对很多作家的作品和时事都有独到而深刻的见解。与之交谈，总能令她受益良多。相识不到一周，冯雪峰的形象便在她心目中发生了奇妙的变化，他身上的那些缺点都不见了。

这一年冯雪峰 24 岁，比丁玲大一岁，他身上不乏这个年龄人的热情朝气，更有一般青年人不具备的文学修养、政治素养和对时局的高明见解，理所当然地吸引了丁玲。王三辛还告诉她，冯雪峰是共产党员，“这是最重要的一点，我那时实在太寂寞了，思想上的寂寞。我很怀念在上海认识的一些党员，怀念同他们在一起的生活，我失悔离开了他们。那时留在北京的文人都是一些远离政治的作家，包括也频在内，都不能给我思想上的满足。这时我遇见一个党员了。我便把他当成一个老朋友，可以谈心的老朋友那样对待。我们很谈得来。”她后来在《悼雪峰》中说：“我认识雪峰是在 1927 年冬天，王三辛介绍他来教我日文。那时，留在北京的左倾知识分子较少，我们都因种种关系，限于条件，未能到火热的革命的南方去，既感到寂寞，又十分向往。特别是在国民党反共的‘四一二’事变以后，经常听到一些使人沉痛的消息时，我们像飘零在孤岛上的人，四望多难的祖国，心情无比愤慨、惆怅。因此，我们相遇，并没有学习日语，而是畅谈国事、文学，和那时我们都容易感受到的一些寂寞的情怀。”

可以说，冯雪峰不是以相貌或日文，而是以学识、信仰和人格魅力深深吸引了丁玲；而丁玲也以斐然的才情、端庄的相貌、开朗的性格和她那春水般的双眸，深深地吸引了冯雪峰。二人便很快坠入情网不能自拔。

沈从文后来说：“自然的，这先生上课一礼拜后，两人之间便皆明白了这种学习有了错误，她并不适宜于跟这个人学日文，他却业已起始跟她学习爱情了。”这样的学习没有多久，丁玲便深深地意识到她遇到了真爱——灵与肉两方面都能让她得到满足的真爱！她已经离不开冯雪峰了。她说：“因为我们是太好，我们的相互的理解和默契，是超过了我们的说话，超过了一般人所能理解的地位，其实我不告诉你，你也知道，你已经感觉到。”“然而对于你，真真是追求，真有过宁肯失去一切而只要听到你一句话，就是说‘我爱你’！你不难想着我的过去，我曾有过的疯狂，你想，我的眼睛，我不肯失去一个时间不望你，我的手，我一得机会我就要放在你的掌握中，我的接吻。我想过，我想过（我到现在才不愿骗自己说出老实话）同你到上海去，我想过同你到日本去，我做过那样的幻想。”

丁玲与冯雪峰的感情之火是那样难以阻遏，到了日思夜想，难舍难分的地步。若要让这样的感情继续发展，那么她首先要面对的是，如何处理她与胡也频的关系。可以说，丁玲与胡也频之间本来就存在着不和谐，本来“我们的思想、性格、感情都不一样”，她只是被“他的勇猛、热烈、执拗、乐观和贫穷”所感动，不好立马拒绝。1925 年暑假她和胡也频从常德回北京时就作了打算，到北京后就和胡也频分手。因到北京后“遭到友人的误解和异议，我一生气，就说同居就同居吧，我们很能互相谅解和体贴，却实在没有发生夫妻关系”。丁玲与胡也频同居而没有真正结为夫妻的理由是为了自由，不愿意用恋爱或婚姻来羁绊自己，实则是她还没有从内心做好接受胡也频的准备。胡也频以极大的热情追求丁玲，并且和丁玲生活在了一起，但他有些自卑，他甚至不敢奢求丁玲能嫁给自己，只求丁玲不拒绝他对她的好就够了，他甘愿做一个护花使者，一直等到丁玲完全接纳他为止。但这样的关系，还是给胡也频带来了巨大的痛苦。胡也频在《自祷》中写道：“呵，我的隐痛，如深谷之黑暗，永不见光明来抚摩”，因为“我终是弱者，不敢仰天狂呼，说出我的损失之重大，我只能悄悄的哀恳：恳求你，我的爱，赐我以恩典，表现你心之趋向，好使我成一个幸福的歌者或不幸的流落之穷徒！”胡也频对丁玲的感情是深厚的，在他心目中，曼伽（对丁玲的爱称）是他的生命，他的魂和他的心。在 1925 至 1928 年期间，“也频日夜钻进了他的诗”，他所写的 200 多首诗，大部分是献给丁玲的。如《别曼伽》《愿望》和《寄曼伽》等诗，直接倾诉了他对丁玲的思念。《皮靴》《痛哭之因果》《爱情与苦恼》《给爱》等诗，则表现了他们之间“不可救药”的关系带给他的感伤、烦恼和虚无。现在丁玲身边出现了一个令她着迷的男人，胡也频当然十分不乐意，并已经开始对二人的交往采取了一些不太理性的行动。

丁玲晚年曾和朋友说："有一天晚上冯雪峰走的时候，下楼梯胡也频走在后面一点，我跟冯雪峰说，明天早晨在北海碰头。第二天我们两个人就上北海，胡也频还没起来。我在北京寂寞得很，我有一点话想讲，又不能跟胡也频讲，因为他不是共产党员，没有革命的生活，两个人讲不起来，平常不讲那些话。我跟冯雪峰讲完了，我们两个人就到中山公园的来今雨轩去吃饭，我就打了个电话回去，找胡也频来吃饭。电话是徐霞村接的，他说，可不能告诉胡也频，他正在到处找你，正在发脾气，待会等他气消了，你再回来吧！我们就到来今雨轩吃饭了。待了一会，就回去。那时是冬天，五点多就天黑了，四点半钟的时候，我们走到北河沿。我和胡也频住在沙滩，红楼的对门。走到北河沿正往北走的时候，胡也频冲过来了。我一看他来，就赶快叫三轮停车，我坐在前面，雪峰坐在后面，我说停车吧。三轮一停下来，胡也频一下就扑上来打了，不分青红皂白，一顿拳头就来了。那个车夫都吓死了，忘了要钱了。这样就把我接回去了。冯雪峰也跟回去了，他大约在徐霞村那里坐了一会。我跟胡也频说，你这样没道理，干嘛这样，这多不好呀！后来又把冯雪峰请到这里来，我说，今天就这样一件事，闹成这个样子，有什么了不起！几个人就过去了。"

事实上，事情并非那么容易"就过去了"。对丁玲而言，一边是对她有着深厚感情的胡也频，一边是自己第一次遇到的真正喜欢的男人冯雪峰，她虽然和胡也频有约定，同居而不以婚姻约束对方，不是真正的夫妻，各自都是自由的，都有另作选择的权利，但是，她毕竟和胡也频从 1925 年夏天认识并同居，二人在艰苦的生活中已经建立了深厚牢固的关系，互相依赖、互相支持，胡也频是真心爱她的，为她也有过很多的牺牲和付出，对此，她是怀有愧疚之心的。这样来看，她无论如何选择都难以两全。如果继续她和冯雪峰之间的爱情，怎样才能把对胡也频的伤害降到最低，是她必须要考虑的。

由于丁玲和冯雪峰之间爱情之火焰愈燃愈炽，冯雪峰原本要回上海，现在准备继续留在北京。但丁玲不同意，她让冯雪峰先离开北京，给自己一些时间。这样，冯雪峰便于 1928 年 2 月离开北京去了上海。冯雪峰到上海后，第一时间读到了刊发于 1928 年 2 月《小说月报》上首篇《莎菲女士的日记》。丁玲说："他先到上海，读到我的《莎菲女士的日记》后，给我写了一封长信，我那个时候写《莎菲》也有点像现在一些青年女作家一样，很出风头，很有读者。我收到很多很多来信，把我恭维到天上去了。当然高兴啰！冯雪峰的来信，说他是不大容易哭的，看了这篇小说他哭了。他不是为'莎菲'而哭，也不是为我而哭，他为这个时代而哭！他鼓励我再写小说。他对我的估价也是高的。……但他说这篇小说是要不得的，因为是带着虚无主义倾向的。"

冯雪峰在来信中还告诉她，《梦珂》《莎菲女士的日记》发表后，上海的编辑家著作界正四处探问丁玲是谁。她一听这话就很烦：自己在北京困厄寂寞时没有朋友，现在写文章有点成就了就来过分吹捧，于是她倔强地想，你们管我是谁呢！丁玲于是给冯雪峰写信说，她不想去上海，想到杭州，躲在一个清静的地方写文章。于是冯雪峰又去杭州给丁玲找房子。作为“湖畔诗人”之一的冯雪峰，杭州是他读书时就熟悉的地方，他在葛岭替丁玲租好了房子。丁玲在陕北时曾接受美国记者斯诺夫人采访，谈起这段感情时说：“在我一生中，这是我第一次看上的人。这人本来打算到上海去的，但他现在决定留在北京。我不同意这个，而要他离开，于是，他离开了。两星期后我追了去——胡也频也追了来。”从丁玲的这一描述来看，丁玲试图劝说胡也频离开她的努力是失败了，胡也频毫无退缩放手之意。丁玲为了追求冯雪峰而离开北京南下，胡也频便也追随丁玲一起南来。

1928 年 2 月，丁玲和胡也频离开北京前往杭州，途经上海时他们先到了早他们一个月来到上海的好友沈从文那里，想暂时歇一歇脚。

沈从文是 1928 年 1 月独自先行来到上海的，住在法租界善钟里的一个亭子间。这一天，胡也频和丁玲突然出现在沈从文面前。由于二人只是小住歇脚，所以便不顾沈从文住处的简陋，除去一桌一椅一个木床外，别无他物，便在地板上摊开被盖卷将就住下了。

他们一来，沈从文就发现，这两位朋友的言辞间发生着不明所以的龃龉。第二天一早，两人便爆发了激烈的争吵。对此，沈从文已经不再感到突兀，以为这争吵不过是两人在北京时的旧戏重演，属于年轻情侣间常见的为一点小事的斗气任性。那时，每逢沈从文在场，他总是极力从中斡旋、劝解，让两人平静下来。从已有的经验中，他知道这是青年夫妻间容易发生的事，双方稍稍冷静下来，又会重归于好。……他常将主要责任归于胡也频，以为两人发生误会的原因，一定出于胡也频的偏执热情与不必要的猜疑与妒忌。然而这次争吵，似乎有点不同了。沈从文在《记丁玲》中描述道：

男的说："我知道你不爱我，已爱了别人。"

女的说："你不爱我你才那么不信任我。"

男的又说："我就因为太信任你，你就去会他。"

女的又说："你那么多疑自私，还说在爱我！"

男的又说："我信任你，你就成天到他住处去……"

女的又说："我到他那儿去，你不是明知道为了什么事情吗？"

话说得再重点时，于是女的就把大衣脱去，把皮夹中所有的货币倒出，一面哭泣一面伤心地说："频，频，你莫说了，你瞧，我一个钱不要，空着这两只手，我自己走了，你不必再找我！"

男的也仿佛有理由十分生气，接着就说："好，美美，你走你的，我知道你离开我就到什么人的身边。"

女的气得脸色发青，一面开门答着："是的，我就是去他那里。我爱他，我讨厌你。"

…………

沈从文终于从二人的争辩与诘难中，明白了这次争吵的起因和问题所在。沈从文当然记得住在北京汉花园公寓时，他们曾幻想有一天可以凭了稿费收入到日本去读书，那时还只是三人共同在口头上做的好梦。可沈从文不知道，在他离开北京前后，丁玲已开始实施这个计划，并请来冯雪峰教自己学日语，这又在胡也频和丁玲原先表面平静的生活里，掀起了极为尴尬的情感波澜。

从沈从文的这一描述中不难推想，在丁玲“伟大的罗曼史”发生以后，丁玲和胡也频在感情上所发生过的激烈碰撞，以至于在冯雪峰离开北京后丁玲试图劝退胡也频而引发的新的剧烈矛盾。但他二人都不便把这具有强烈个人隐私性质的事情原委给沈从文明说，即使沈从文是他们的挚友。胡也频要表达的意思是，我如此地爱你，你为什么还要去爱别的男人；而丁玲要表达的意思是，我们有约在先，我们不是真正的夫妻关系，我们各自都是自由的，我现在遇到了真爱，我有权利做出新的选择。因此，当着沈从文的面，两个人吵架时互相责难对方不爱自己之类，至少丁玲是言不由衷。

他们也意识到在好朋友的面前如此失态，既不能解决问题又让好友为难，甚至引起不必要的胡乱猜疑，两个人在情绪平复后即向沈从文道歉，晚上还一起看了电影，第二天，两人便一起去了杭州。

丁玲在杭州见到冯雪峰，再次感到自己离不开他了。胡也频对她和冯雪峰的关系当然很不满意。面对这样的局面，丁玲知道事情不能遮掩下去了，否则只能加深胡也频的误会，索性打开天窗说亮话，她给胡也频说：我们两个人谈谈好不好，我们不要打架，不要成天在一块，老在一块，你要求的东西我不能满足，我要求的你又不能满足，这样子弄下去不好，你到上海住几天，我在杭州住几天，我们两个人分开试试看，如果我们彼此能够适应，我们就分手。无奈之下，感到自己再也支持不下去的胡也频只好答应丁玲离开 3 天。

这样，胡也频便去上海找沈从文，这是他在上海唯一的朋友。胡也频本来说去 3 天，结果第二天一早就回来了。其原因，沈从文在 1931 年所写《记胡也频》中有说明："两人去西湖后约一个礼拜，某一天晚上，这海军学生忽又一人跑到我的住处来了，他告我，一时或不回西湖了。于是我问他那些因果，听这个人作一切不离孩子气的申诉，到后我们同在一个大木床上谈了一夜。第二天，我就把他又打发回到杭州去了。这次一去那些风波就不曾再发生了……" 1933 年，沈从文在《记丁玲》中更详细地说到了这件事："他们过杭州约六天，某一晚上，这海军学生又形色匆匆的跑到我的住处来了，我问他为什么又单独跑回上海，他却坐在我的床边，凄惨的微笑，告给我他已准备不再回转杭州。我问清楚了丁玲还依然一人住在杭州，又是在一次流泪赌咒的情形下跑来上海。于是我就同他在一个大木床上躺下来，详详细细究询问他这件事前因后果，听这个人作一切不离孩子气的申诉，且记着这件事每个要点，等他无话可说时，便为他把这件事从旁观者看来各方面必须保持的最合乎理想的态度说明。因为他尚告给我两人虽同居了数年，还如何在某种'客气'情形中过日子。我便就我所知道的属于某种科学范围的知识，提出了些新鲜的意见，第二天，就又把他打发回到杭州去了。这次回去，我对于海军学生所作的一番劝告，大致很有了些用处，风波平息了，一切问题也就在一份短短岁月里结束了。”

事实上，沈从文对此事的理解和建议只是从事情的表象和世俗常理出发的。胡也频这次是一个人带着满肚子的委屈而来到上海见沈从文的，由于丁玲的“不在场”，他可以以受害者的身份从容地向好友“控告”丁玲移情冯雪峰后他所受的伤害，可以像孩子一样一览无余地发泄他的痛苦和委屈。尤其是说明他和丁玲虽然同居两年多，但依然没有夫妻之实的情况，得到了沈从文的强烈同情。沈从文也像所有的好朋友一样不仅同情安慰，也为其出谋划策。沈从文想起几天前两人发生争吵时，胡也频粗暴地用腕力挟持丁玲，并晃起拳头威胁她时，争着吵着的丁玲反倒安静下来的情景，以为一个女性固然常常需要男子的柔情，但柔情在某一时失去它的用处时，非常的粗暴，又似乎更容易征服她的一切。——他觉得自己找到了问题的症结，遂将自己所知道的有关夫妻生活的科学知识，说给胡也频听，并劝他回去。你一定要占有这个女人才牢靠，你现在怎么能离开呢？你这不是给人留空了吗？哪里有什么精神恋爱，赶紧回去！胡也频听从了沈从文的建议，第二天一早便又回杭州去了。沈从文很得意，因为丁玲和胡也频这小两口从此消停了，甚至开始了在外人眼里恩爱有加的情侣生活。他认为他的建议“很有了些用处，风波平息了，一切问题也就在一份短短岁月里结束了”。

如果事情真是这样，那当然算是一个喜剧的结局，沈从文也算是做了一件功不可没的好事。然而，沈从文在给胡也频出谋划策的时候，他更多是同情胡也频，不乏有为朋友两肋插刀的侠义成分。他没有想到的是，他忽略了另一个当事人——丁玲的想法、权益和诉求。而在丁玲与冯雪峰之间发生的，是一种超越了门第、贫富、容貌、地位等一切世俗的考量，令双方在心灵上感到满足的爱情。冯雪峰对丁玲来说具有不可替代性，丁玲对冯雪峰的爱不可以他移，所以丁玲自称与冯雪峰的爱情是“一个伟大的罗曼史”，丁玲对胡也频的感情只能是兄妹样的感情而不是爱情。而在当时，丁玲既不可能将自己的真实感情告诉胡也频，更不会向沈从文吐露，这是属于一个女性的深度隐私。

几年后，丁玲向尼姆·韦尔斯谈及当时的情形时说：“随即我有了一个‘伟大的罗曼史’。我从未和胡也频结过婚，虽然我们住在一起。一天，有一个朋友的朋友来到我们家里，他也是诗人。他生得很丑，甚至比胡也频还要穷。他是一个乡下人的典型，但在我们许多朋友之中我认为这个人特别有文学天才，我们一同谈了许多话。在我一生中，这是我第一次看上的人。这人本来打算到上海去的，但他现在决定留在北京。我不同意这个，而要他离开，于是，他离开了。两星期后我追了去——胡也频也追了来。我们一同在上海只过了两天时，我们两个决定一同到杭州那美丽的西湖去，这在我是一个非常复杂的局面。虽然我是深深地爱着另外那个人，但我和胡也频同居了许多时候，我们彼此有一种坚固的感情的联系。如果我离开他，他会自杀的。我决定我不能和我可爱的人在一起，对他说：虽然我们不能共同生活，我们的心是分不开的；又说，世界上只有一个人是我所爱的，无论他会离开多么远，这个事实可永远不会改变。所以我们的爱只得是‘柏拉图式'的了。这决定使他非常悲哀,所以我终于不得不拒绝和他见面,把关系完全切断。我仍然和以前一样爱他，但把这个连他都保守了秘密，退回了他全部的信。关于这个人我不再多说了，虽然这故事现在已是一个公开的秘密。”

他们三人之间的风波以冯雪峰离开杭州而告平息，这是丁玲理智战胜情感的结果，同时也由于冯雪峰不夺人之美的君子风度和胡也频对丁玲极力坚持的结果。丁玲的理智，不是对好女不嫁二男的陈腐观念的信守，而是出于她不忍彻底切断与胡也频长期而建立起来的坚固的感情联系。丁玲在《不算情书》中说:“我不否定，我是爱他的，不过我们开始那时，我们真太小，我们像一切孩子般好像用爱情作游戏，我们造作出一切苦恼，我们非常高兴地就玩在一起了。我们什么也不怕，也不想，我们日里牵着手一块玩，夜里抱着一块睡，我们常常在笑里，我们另有一个天地。我们不想一切俗事，我们真像是神话中的孩子们一样过了一阵，到后来，大半年过去了，我们才慢慢落到实际上来，才看出我们是一个男人和一个女人，是被一般人认为夫妻关系的。我们好笑这些,不过我们却更相爱了,一直到后来才见到了你（指冯雪峰）。使我不能离开他的，也是因为我们过去纯洁无疵的天真。”“假使不是也频我一定走了。假使你（指冯雪峰）是另外的一付性格，像也频那样的人，你能够更鼓动我一点，说不定我也许走了。”

尽管冯雪峰的退出是通常情况下合理的结局，但我们还是要说，既然丁玲与冯雪峰的互爱具有不可替代、不可他移的性质，那么丁玲和冯雪峰之间的结局便是现代版的有情人不能成眷属的悲剧！沈从文当年从旁为胡也频的“出谋划策”，也只能算是好心办了坏事。因为按照沈从文的记述，胡也频到上海后告诉沈从文说“已准备不再回转杭州”了，如果是这样，如果没有沈从文的“出谋划策”和从旁鼓动，胡也频也许真的不再回转杭州了，丁玲与冯雪峰这一对有情人的爱情便有机会得以成全。胡也频肯定会痛苦一时，但日后他一定能找到属于他的以男女互爱为内涵的真正的爱情。从这个意义上说，这样的结局对三个人来说都是悲剧。

丁玲在胡也频遇难后，1931 和 1932 年写给冯雪峰的两封信——《不算情书》中，仍然认为她与胡也频同居后的夫妻关系是迫于外人的“指认”,她对胡也频的“爱”与“不弃”更多是信赖、友情、感恩、报答、不忍等情感的复合体，不能算是男女之间的爱情，至少不是二人之间的互爱。而男女互爱恰恰才是古今爱情的核心要义。所以丁玲在这两封《不算情书》里，对已经结婚成家并有了一个女儿的冯雪峰表达了她难以阻遏的爱和难成眷属的遗憾:“在过去的历史中，我真正的只追过一个男人，只有这个男人燃烧过我的心，使我起过一些狂炽的欲念，我曾把许多大的生活的幻想放在这里过，我把极小的平凡的俗念放在这里过。我痛苦了好几年,我总是压制我。”甚至“我常常想你,我常常感到不够，在和也频的许多接吻中，我常常想着要有一个是你的就好了。我常常想能再睡在你怀里一次，你的手放在我心上。”

丁玲晚年和朋友说起当时胡也频去了上海以后的情景:“也频走后，我和冯雪峰两个人晚间聊了一会天，完了我就给胡也频写了很长一封信，写到很晚。我们两个又聊了一会天，天就亮了。我们坐在走廊上聊天的时候，搞了一点什么东西马马虎虎吃了，也频就回来了。他后来告诉我，他回来看见我床上的被子、任何东西都是他走的时候一个样子，所以非常相信我的话，他说要不是的话，他就要把我杀了，就不是打我了。”

可以说，丁玲之所以最终放弃冯雪峰，选择与胡也频生活在一起，沈从文的“出谋划策”的确是起了很大的作用。应该注意到丁玲到了晚年才披露的一些细节，至少有三次提到胡也频打她，甚至在大街上，沈从文在北京和上海曾亲见胡也频对丁玲以力量挟持或拳头恐吓，沈从文在给胡也频迅速回杭州的建议时，认为“柔情在某一时节，失去它的用处时，非常的粗暴，又似乎更容易征服她的一切”，建议他对丁玲要先下手为强，胡也频第二天匆忙返回杭州，不仅动手打了丁玲，甚至威胁说丁玲如果与冯雪峰发生了关系就杀了她。似乎可以这样认为，丁玲在选择是与胡也频还是与冯雪峰生活在一起的过程中，除了丁玲的善良与理智之外，一个远离家乡只身漂泊的女孩子，胡也频的强力某种程度上起到了留住丁玲的作用。

冯雪峰从杭州回上海去了，他在 1928 年 3 月 1 日致戴望舒的信中说：“今日颇烦闷，终日萦思西湖，实在好笑。”“我今日颇不乐，并非全为女人，……我想我们应该振作一下，干些有意义的事。”

在三人的情感关系中，冯雪峰是最为尴尬的，也是最保持克制的一个，这是因为丁玲和胡也频同居的事实，使冯雪峰在潜意识里视丁玲为有夫之妇。所以在三个人这场感情风波中，总得有一个人要退出的话，以他退出最为合理。虽然他以退出的方式离开了眸含秋水、才高咏絮的丁玲，但他对她刻骨铭心的爱是难以忘怀的。在今后的岁月里，他对丁玲在生活上的关心、创作上的关注、政治上的引领丝毫没有减少。胡也频遇害后，已经为人夫为人父的冯雪峰，为了使丁玲在风雨如磐的时代里有一个可依靠之人，他精心地安排了丁玲和冯达的相识。1933 年 5 月，丁玲被绑架后，冯雪峰参与了一系列营救活动并和楼适夷从其存稿中发现了写给自己的信，为抗议国民党的暴行，将信中自己的名字省略，以《不算情书》为题公开发表，借以寄寓自己对丁玲的深厚感情。1936 年他通过鲁迅得知丁玲寻找党组织的信息后，便精心安排，帮助她逃离虎口到达陕北。1941 年冯雪峰被捕入狱，在狱中他也不忘丁玲“那双充满了热情、质朴和智慧的美丽的大眼睛”，出狱后，他在落魄中搜集整理出版了《丁玲文集》，写下了让丁玲心悦诚服的评论《从〈梦珂〉到〈夜〉》。而身在延安的丁玲，有人问她：“你最怀念什么人？”她坦荡地回答道：“我最纪念的是也频，而最怀念的是雪峰。”

八

“红黑”三人行

在丁玲与冯雪峰的感情风波得以平息后，丁玲和胡也频的关系也恢复了以往的平静，最高兴的当然是胡也频，他认为丁玲最终选择了自己，说明丁玲是爱自己的。所以他对丁玲小心呵护，倍加珍惜。在外人眼里，二人像一对度蜜月的神仙眷侣，在西湖边度过了三个月的时光。在西湖边上安静的环境里，丁玲投入到专心的创作中，陆续创作了短篇小说《暑假中》和《阿毛姑娘》，两篇均被叶圣陶在《小说月报》上以头条发表，同样引人注目。当时，有人评论说：“丁玲女士是一位新进的一鸣惊人的女作家。自从她的处女作《梦珂》《莎菲女士的日记》《暑假中》《阿毛姑娘》等在《小说月报》上接连地发表后，便好似在这死寂的文坛上，抛下一颗炸弹一样，大家都不免为她的天才所震惊了。”在这些小说中，她依然以她天才的想象和越轨的笔致尽情抒写，来表达她对社会、人生的思考。

《暑假中》发表于1928年5月10日的《小说月报》上，主人公是自立女校的几位青年女教师，她们反对肉欲的社会对女性的压抑，因而奉行独身主义。在相互依存的独身生活中，她们之间产生了同性恋情。承淑痴恋嘉瑛，春芝则迷上了德珍。玉子和娟娟参加游艺会回来因为过于兴奋，竟然倒在床上“用力地拥着，并恣肆的接起吻来”，承淑甚至因为自己爱着嘉瑛而对接近嘉瑛的春芝起了猜忌之心。丁玲以女同性恋题材探讨了男权社会条件下女性的主体意识和自由的问题。

《阿毛姑娘》发表在 1928 年 7 月 10 日的《小说月报》上。小说写都市文明侵蚀下纯朴乡风的蜕变。主人公本是天真无邪的乡间少女，她对公婆怜爱、丈夫勤恳的小家庭生活很满意，过得津津有味。但杭州西子湖畔毕竟容易沾染富贵气，婶嫂家住进来的上海来的青年男女，排行姐妹中有人当了国民军军爷的姨太太，她遂开始好高骛远，厌倦丈夫的愚笨和没有出息，终至家庭不和，她遭受毒打后服毒自杀。作者在批判城市追慕金钱和虚荣之风玷污乡民的质朴品性时，流露了对宗法条件下乡村简朴宁静生活的向往。

5 月以后，杭州西湖边上逐渐湿热起来，不太适宜居住了，丁玲和胡也频便准备离开杭州到上海去。促使他们结束这种“沉潜”状态而去上海的一个因素是，九姨——向警予 1928 年 5 月 1 日，因为叛徒出卖，在上海被军阀杀害了。丁玲说：“这消息像霹雳一样震惊了我的灵魂，像巨石紧紧地压在我的心上。”而最直接的因素是胡也频小弟弟的到来。

胡也频从 15 岁开始，一直漂泊在外，与父母兄弟长久隔绝。

在西湖的安静环境里，胡也频牵挂家人，想为家里尽点责任。他与丁玲商量，把他最小的弟弟接来，负责他的生活和教育，以减轻家里的负担。大度的丁玲经常因想起自己的弟弟而伤感，知道了胡也频的想法立即表示同意。胡也频便写信把自己的想法告诉了家里。过了几天，母亲便将小儿子托付给来杭州办事的亲戚，亲戚按信上地址找到了他们的住处。对小弟弟的到来二人十分高兴。但小弟弟还带来了一个让他们手足无措的消息：母亲还带着另一个弟弟在上海等候他们。

原来胡也频的母亲听说儿子在北京、上海成了作家，出了书，有了名，以为儿子的生活富足了，便带了两个儿子来投奔他们。他们听了大吃一惊，赶紧退了房子，带着弟弟赶往上海。母子一见面，胡母才知道，儿子和儿媳妇只是徒有作家之名，连顾自个儿的生活都难。看到儿子的生活景况，不忍拖累他们，胡母便带着两个孩子回老家了。丁玲和胡也频也便顺势在上海住了下来。他们在法租界永裕里 10 号，租了一个廉价的亭子间，月租 8 块钱。

他们到上海不久，丁玲先到景云里拜访了热情提携她、鼓励她的叶圣陶先生。叶先生对才华横溢而又年轻的丁玲非常喜欢和器重，以家宴欢迎她和胡也频，出席的还有赵景深、徐调孚、汪静之、王伯祥等。汪静之 1983 年 1 月在致丁玲的信中说："你一发表作品就显出才华超越，不同凡响，我当时惊奇不已，钦佩莫名。叶圣陶师如发现新星，十分赏识，破例举行家宴，宴请你和胡也频烈士，并令我作陪。我拜访圣陶师时，曾被留下吃便饭。那一次预先邀约设家宴请你，是破例的，可见圣陶师对你是特别器重的。”叶先生的儿子叶至善回忆说：父亲请丁玲和胡也频来吃午饭，“我母亲亲手做的菜，菜单还是跟我父亲一起商定的。丁玲同志穿的湖色连衣裙。这样的打扮，在当时还很少见，引起了我这个孩子的注意。使我发生兴趣的当然是她送给我的两件玩具：一盒精致的积木，一台小留声机。”第二天，叶先生还请他们夫妇一同乘车，去海宁观钱塘江潮。叶先生对丁玲的厚待礼遇，可见其惜才爱才之情。

丁玲在《小说月报》接连发表了4个首篇，叶先生说可以出一本集子了，并答应亲自去交涉推荐。终于，在叶先生的热情推荐下，1928年10月，由上海开明书店出版了丁玲的第一个短篇小说集《在黑暗中》。书名是她自己取的，她解释说：“我这本集子里的主人公，都是在黑暗中追求着光明的女性，所以书名定名为《在黑暗中》。”这些小说以一个高的起点，奠定了丁玲在“五四”后中国新文坛上的重要地位，她成为冰心之后现代文学史上第二代女作家中的标志性人物，叶圣陶先生的伯乐精神也令世人敬仰。丁玲在《在黑暗中》跋中说：“不过在我个人一方面，这书算为我生活中的一个纪念。不敢说是拿来献赠给我的频，因为我没权力说这句话，我不能翻悔说我没整个曾自甘任他占有。但为了他给我写这书的动机和勇气，我愿作为我另外的一部分，在频的心上，是奢望着要盘踞一个地位的。”这也算是在与冯雪峰的感情风波后，对她与胡也频关系欲说还休的交代。

丁玲和胡也频到上海后经济状况有不少改善。丁玲的小说，每篇可有六七十元稿费，胡也频到《中央日报》编辑副刊。《中央日报》是国民党中央机关报，1928 年 1 月创刊于上海。总编辑彭学沛属现代评论派，胡也频在北京时与他相识，听说胡也频到了上海，便邀请他担任该报副刊的编辑。陪母亲到北方看病的沈从文回到上海后，三人商量将这副刊定名为《红与黑》。胡也频很卖力，《红与黑》开始是周二刊，一个月后改为周四刊，名义上他一人编辑，实际是与沈从文、丁玲三人合办，每人都利用这块阵地发表了一些小说、诗歌，胡也频发表的最多。丁玲说胡也频每月可以拿到七八十元稿费和编辑费，“以我们一向的生活水平，这简直是难以想象的优遇”。这一情势又直接唤醒了他们在北京时就有的一个梦想和冒险——三人商定编辑出版自己的刊物《红黑》和《人间》杂志。

胡也频在《中央日报》只干了 3 个多月，这是因为《中央日报》要迁往南京。1928 年 10 月 26 日他们在《红与黑》刊出《〈红黑〉创作预告》，表示打算创办《红黑》月刊，并自办出版社，出版“红黑丛书”。10 月 31 日，《红与黑》第 49 号发表《胡也频启事》后停刊。从 11 月 1 日起，《中央日报》在上海停刊，迁往南京。

接手《中央日报》副刊《红与黑》的编辑之后，胡也频和丁玲搬到了萨坡赛路 196 号。为商量筹备《红黑》《人间》杂志的出版，住在马浪路新民邨的沈从文几乎每天都要到丁玲他们那里去，连伙食也包在了一处。一个多月后，由于沈从文的出现，引起了房东青年妻子微妙的感情欲望，胡也频感到在这里继续住下去已不合适，而沈从文也正打算搬家，于是，三人共同租赁了萨坡赛路 204 号的一栋楼。胡也频、丁玲及从常德来的丁玲的母亲住二楼，沈从文和母亲、九妹住三楼，开始了其后一年共同的紧张而忙碌的编辑与写作生活。这时，胡也频的父亲恰好来上海，带着 1000 元钱，是一笔卖房子的钱，想投资入股到一家叫“小有天”的福建菜馆。胡也频和他的父亲商量,借这 1000 元开书店，讲明三分利。他的父亲同意了，答应转借这 1000 元给他们办刊物和出版社。于是，三人商定，由胡也频负责《红黑》杂志，沈从文和丁玲负责《人间》月刊，并以出版社名义出版《二百零四号丛书》。

1927 年上海发生了“四一二”政变，国民党以清党为名，大肆捕杀共产党人，破坏了两党合作的基础。随后国民党建立了自己的政权，实行独裁统治；共产党人则开始了以武装推翻国民党反动政权为目标的革命。从 1928 年起，上海文坛兴起了无产阶级革命文学，而创造社、太阳社与鲁迅之间围绕革命文学的性质、功能、艺术标准等问题发生了激烈的论争。国民党则着手实施“党治文化”，要以“民族主义文艺运动”抵消无产阶级革命文学。同时，“新月派”“第三种人”“新感觉派”等，代表着不同的政治立场和文学观念活跃在文坛。再有，上海作为商业化的大都市，各书店老板以营利为目的，文学被商品化，以低级趣味迎合读者，这一传统源自世纪初的鸳鸯蝴蝶派。

丁玲他们三个人从南下以来就一直密切关注着上海的文坛。丁玲说:“可是在这时，我很不理解他们对鲁迅先生的笔伐围攻。以我当时的单纯少知，也感到他们革命的甲胄太坚，刀斧太利，气焰太盛，火气太旺，而且是几个人，一群人攻击鲁迅一个人。”“我心里为之不平。我又为鲁迅的战斗不已的革命锋芒和韧性而心折。”

1928年到上海后，沈从文就成了徐志摩创办的《新月》杂志的经常撰稿人，从创刊号开始连续8期刊载他的长篇童话《阿丽斯中国游记》，于情于理都必然对“新月派”情有独钟。他说：“我们起始写文章的时节，希望的只是尽我们的力，给这个日趋寂寞的新文学重新再能够兴奋一次。那时节正是新的创造社派在上海方面酝酿到‘文学为争斗工具之一’的主张时代，对立而作意气抗辩的为《奔流》一派人物，……我们是除了低头写作，什么意见也没有的。”沈从文虽然说“我们是除了低头写作，什么意见也没有的”，实际上他对倡导革命文学的太阳社、创造社及鲁迅均不满意。

丁玲说：“也频在一九二八、二九年读了大量的鲁迅和雪峰翻译的苏俄文艺理论书籍，进而读了一些社会科学，政治经济学，哲学等书籍。他对革命逐渐有了理解，逐渐左倾。”在1929年3月《红黑》月刊《卷首题辞》上，胡也频指出：“文艺的花是带血的”，“如同凶猛的海水冲击着礁石，强硬地，坚实地生出回响的声音，这是人间苦的全人性活动的反映，也正是一切文艺产生的动力。”用语虽带有转换期的含混性，但已透露了他的文学观念突进的信息。

这样，他们三人对文学与政治的关系，开始出现并不完全一致的理解，却都不满意掺杂着某些意气用事的无休止的论争，对文学商品化倾向又怀有共同的不满与厌憎。正如丁玲后来在《也频诗选·序》中所说，他们出版《红黑》，是“几个又穷又傻的人，不愿受利欲熏心的商人的侮辱，节衣缩食想要改造这种唯利是图的社会所进行的共同冒险”。——这种共同的认识，成为维系三人关系和《红黑》《人间》的纽带。

1928 年的上海文坛相当复杂，他们三人刚到上海，还没有站稳脚跟，以创办《红黑》和《人间》来争取文学“独立”——在与其他作家的关系上，努力维持自主，避免卷入不必要的门户之争；在文学与商业的关系上，努力避免俯就商业赢利趣味，这无疑是高明之举。他们在《红黑》发刊词《释名》里这样写道:“红黑两个字可以象征光明与黑暗，或激烈与悲哀，或血与铁……这红和黑，的确是恰恰适合于动摇时代之中的人性的活动，……但我们不敢掠美。我们取红黑为本刊的名称，只是根据于湖南湘西的一句土话,例如‘红黑要吃饭的！’这句话中的红黑便是‘横直’的意思，‘左右’的意思，‘无论怎样总得’的意思。……因为对于这句为人‘红黑都得吃饭的’这个土话感到切身之感，我们便把这‘红黑’作为本刊的名称。”发刊词流露出三人坚持不肯俯就时代兴味的思想倾向和坚持独立地走自己路的决心，代表着三人当时的共同心声。

经过两个月的筹备，《红黑》与《人间》两个月刊的创刊号，分别于 1929 年 1 月 10 日和 20 日出版发行，三个人酝酿了很久的梦想终于变成了现实。《红黑》第一期出版发行后，三个人一起赶到集中了上海各书店的四马路和北四川路，去看刊物的出售情况。他们从一家书店溜入另一家书店，每个人既紧张又兴奋。

各家书店橱窗里都陈列了这本新刊物，在他们眼里，由刘既漂设计的刊物封面，“红黑”二字显得既醒目，又格外厚重大方。看着读者正拿着这期刊物翻阅，三人你看看我，我看看你，脸上都露出了会心的微笑。几天后，他们又分头跑到各处去打听销路，所得的情况比他们预料得要好——《红黑》第一期仅在上海就卖了近千本，这在当时是一个极可观的数目。北京、厦门有朋友愿意为他们帮忙发行；武汉、广州也有朋友陆续来信，希望他们能够多寄一些。种种情况使他们高兴得脸上发红，预备各期增印到5000份。

初步的成功使他们的信心迅速增强，信心又成为推动他们工作的动力。虽然，以三人之力，支持两个刊物和一套丛书，是一种极为沉重的负担——最初的稿件，几乎全部出自三人之手，编辑、出版、发行各种繁杂事项，均得自己动手。然而，这是他们自己的刊物，是用自己的心血孕育、催生的婴儿。在沈从文看来，它们是三个文学青年在社会压迫的困境中，实证生命价值的象征。尤其在胡也频身上，迸发出惊人的热情和干劲。丁玲说：“‘红黑出版社’存在的半年多里，出版过六七期月刊，七八本书。沈从文和我都做了一些工作，但所有事务，主要是也频一个人承担。如跑印刷厂，校对，同书局商谈代销，收款，等等，都是他做。也频没有读书人的秀才架子。和工人谈工作，和商人谈生意，他都无所谓，无所怕。要动手帮忙，就卷起袖子干。”“办《红黑》杂志，实际上我都没有出去，坐在家里发表意见，沈从文也是不跑腿的，全是也频一个人做事。”沈从文也说，胡也频“去送稿，去算账，去购买纸张同接洽书店，直到刊物印出时，我才来同丁玲把刊物分派到各处，清理那些数目，或者付邮到外埠去，或者亲自送到四马路各书铺去。”他们虽十分忙碌，精神却十分愉快。

沈从文在《红黑》《人间》上创作发表了《龙珠》《神巫之爱》《旅店及其他》等以描写故乡湘西为内容的小说名篇，收获颇丰，这是沈从文通向成熟期的标志性作品，已经显示出他在题材上的新颖特异，在形式技巧上也初露不凡的才情。

胡也频 1929 年 5 月创作了表明自己政治倾向的小说《到莫斯科去》，因题目太刺眼，在《红黑》上发表时改为《到 M 城去》。丁玲特为本书写了书评，介绍《到 M 城去》的思想和艺术，热情洋溢地赞赏厌恶新贵族生活而毅然走向 M 城去的新女性素裳。她写道：“全篇以革命成功之后的一部分政局为背景，写出厌恶于新贵族生活，终于用坚强的意志而离开那环境，毅然走向 M 城去的一个新女性。在其中，和她最有关系的是一个政治家和一个 × 主义者，以及几个最解放的女子，和一个消极的、悲观主义的男人。这些人物，从其中，我们可以看到现今中国人的各种典型，而且使我们预料这一个正在大变动的时代，最后，应该是一种怎样的倾向。全篇除着力于‘思想’之外，包含了一个恋爱，虽然这恋爱的结果是可悲的，但是那的确使我们不得不生起同情，还使我们自然地感到一种压迫和兴奋。此外，在结构上，这一篇完全是一个短篇小说的结构，这是不容易的，也就是其余长篇小说所没有的结构方法。”

《到莫斯科去》是一部充满浪漫主义热情的革命传奇，人物关系与托尔斯泰的《安娜·卡列尼娜》有些类似：张素裳的丈夫徐大齐是北平市国民党政府的要员，他热衷于巴结攀附、钩心斗角的政治角逐，野心勃勃地想撷取中央委员的高位，从而把素裳遗落在寂寞孤单、百无聊赖的贵族化生活中。在这种家庭感情的沙漠中，她结识了来自南方的共产党人施洵白，陶醉于他的仪表、谈吐和风度，仿佛他身上处处隐现着一种高尚的人格。他们在中山公园论画而互相倾慕，在香山公园交谈身世而沟通心曲，其后他们日夕相处，洵白教她学习日文，素裳也嗜读社会主义著作。终于，他们在北海公园的白塔上表白了爱情，洵白胸襟坦荡：“我时时都有危险的可能，我已经把所有都献给社会了的——我有的只是我的思想和我的信仰。”素裳却感到灵魂苏醒的惊异，她在日记中称洵白是“引我走向光明去的人”，“我的新的一切就从此开始了”。她对自己内心的苏醒欢欣鼓舞难以言喻，“譬喻我发现托尔斯泰艺术时的心悦，譬喻我领略到莎士比亚悲剧时的感动，这也不够我的百分之一的形容呢”。徐大齐偷阅日记后，下令逮捕并秘密处死了洵白。素裳获悉内情之后,毅然出走,继承洵白“到莫斯科去”的遗志，走向那已经充满着无数牺牲者的路，红色的，血的路。小说以华美、舒展而缠绵的文笔，描写了 20 世纪二三十年代一个革命青年和一个贵族女性的一幕悲壮的爱情剧。小说中的共产党人施洵白和素裳的形象，明显地烙下了冯雪峰和丁玲的影子。如施洵白教素裳学日语，素裳爱上他后的坦荡胸襟，都真实地再现了他们立志献身革命的心绪与行动。胡也频在《到莫斯科去·序》中说：“这本书，能够作为我将来作品底转变的一个预兆。”

但是，他们三人的出版事业只维持了半年多，《人间》出到4期便不得不宣告终结，以便把资金集中起来办好《红黑》，到了1929年的8月，终因资金周转难以为继，《红黑》也不得不宣告停刊。从《红黑》最初筹备到最终停刊，他们出版了4期《人间》、8期《红黑》，以及以红黑出版社和“二〇四号丛书”名义出版了7种小说单行本。从筹备到停刊共一年的时间，他们非但没有赢利，一算账，甚至连胡也频父亲转借的1000元的本钱都赔进去了。这次创业冒险失败的原因，丁玲说有两个：一是杂志虽然没有赔本，“但是每期刊物交给发行后，钱总是收不回来。而每月要付三十元利息，对我们是沉重的负担”；另一个原因，“是沈从文跟我们的思想碰不拢来。这时胡也频左倾了，他读了卢那察尔斯基、普列汉诺夫的书”。后一个原因应该是更深层、也是最重要的原因。丁玲曾在《一个真实人的一生——记胡也频》中说：“我始终规避着从文的绅士朋友，我看出我们本质上有分歧，但不愿有所争执，破坏旧谊，他和也频曾象亲兄弟过。但我也不喜欢也频转变后的小说，我常说他是‘左’倾幼稚病。……只有也频不是这种想法。他原来对我是无所批判的，这时却自有主张了，也常常感叹他与沈从文的逐渐不坚固的精神上有距离的友谊。他怎样也不愿失去一个困苦时期结识的挚友，不得不常常无言地对坐，或话不由衷。这种心情，他只能告诉我，也只有我懂得他。”

为谋今后的出路和偿还所欠的债务，三人商议分头去找事，沈从文经徐志摩帮助，到胡适任校长的上海中国公学任教，凭着他仅有小学资历，被聘请为讲师，主讲写作，现代评论派和新月派的确待他不薄，沈从文也就独自搬到吴淞去住了。

但沈从文第一次上课却很不成功。他第一次上课时，很多人想来看看写小说的沈从文长得什么样，教室里黑压压地坐满了人。他一上讲台看到这么多人，由于太紧张脑海里便一片空白，一句话也说不出来，过了十多分钟才在黑板上写了："第一次上课，你们人多，怕了！"学生们就只好陪他坐着，十多分钟后准备的东西才慢慢回到脑海里，开始讲课，他一口湘西话，说得太快，还不到下课时间又说完了，学生们便一直陪他坐到下课。消息传开，议论纷纷。胡适却笑着说：上课说不出话来，学生不轰他，这就是成功。他在中国公学的另一大收获是，他发现了被称为"黑牡丹"的校花张兆和，并紧追不放，给她的情书一封接一封，延绵不绝地表达着心中的倾慕。如此苦追几年终成正果，1933 年 9 月 9 日，沈从文和张兆和在北平中央公园水榭宣布结婚。到此时，沈从文在创作上也进入了成熟期，中篇小说《边城》，小说集《虎雏》《阿黑小史》《月下小景》《如蕤集》《八骏图》等代表他文学成就的标志性作品相继问世。应该说，置身于主要由留学生组成的新文学作家群中，沈从文这个缺少接受正规教育的"乡下人"，已经在文坛创造了奇迹，尤其是他那些有关湘西故土生活的回忆与描写的作品，上承鲁迅开创的"乡土文学"之路，以多姿多彩的画面，给文坛带来了一种全新的边地风情。

丁玲在《红黑》停刊后，一面收集整理了近期创作的小说，结集为《自杀日记》，交由光华书局出版；另一方面开始专心写了取材于瞿秋白、王剑虹爱情生活的小说《韦护》，作品分3章，共8万字，分5期在1930年1月至5月的《小说月报》上连载刊出。

小说写刚从俄国归来的革命青年韦护，受聘在上海S大学任教。经柯君介绍，他认识了丽嘉和姗姗。丽嘉热情奔放，姗姗沉静稳重，她们在交往中都爱上了韦护。姗姗看出丽嘉也深深爱着韦护时，便极力成全了两人的爱情。韦护和丽嘉由热恋而同居，沉浸在幸福之中，一时一刻都不愿分离，韦护连到学校去上课都忘了。这些举动引起了许多人的误解、嘲笑和嫉妒。不满意韦护的人说他是一个伪善者，甚至到学生那里说他的坏话。韦护感到孤单和痛苦，在冷静思索和激烈思想斗争后，他也感到过分沉溺于爱情会影响事业。于是，他决定牺牲爱情而献身革命，最后终于硬起心肠，离开丽嘉去了广东。丽嘉在痛苦中得到姗姗的照看和安慰，也振作精神，打算好好为革命事业做点事。韦护是丁玲塑造的第一个革命者的形象，写出了他在革命与恋爱中的矛盾和痛苦。

《韦护》与丁玲晚年所写的《我所认识的瞿秋白同志》互相对照，就可发现小说中的主要人物都有原型。韦护源自瞿秋白，丽嘉源自王剑虹，珊珊源自她自己，浮生与雯夫妇源自施存统夫妇，柯君则源于柯庆施。小说的开头，写刚从俄国回来的韦护由乏味的“柯君”领着，去访问几个喜欢文学热爱自由的“新型的女性”，他一到那里就发现，几个美丽聪明的姑娘都很倨傲，“都不缺少锋利的眼神和锋利的话语”，柯君“垂着头靠在椅子上，不做声”，韦护却以渊博的学识和文雅的谈吐受到欢迎，“她们都喜欢俄国的作品，这更适宜于他，她们也不吝惜的发表着意见，于是便更热闹了”。小说中的描写与上文中所写她和王剑虹与瞿秋白的认识过程高度一致。丁玲说：“我写的中篇小说《韦护》是一九二九年末在《小说月报》上发表的。韦护是秋白的一个别名。他是不是用这个名字发表过文章我不知道。他曾用过‘屈维陀’的笔名，他用这个名字时曾对我说，韦护是韦陀菩萨的名字，他最是疾恶如仇，他看见人间的许多不平就要生气，就要下凡去惩罚坏人，所以韦陀菩萨的神像历来不朝外，而是面朝着如来佛，只让他看佛面。我想写秋白、写剑虹，已有许久了。他的矛盾究竟在哪里，我模模糊糊地感觉一些。但我却只写了他的革命工作与恋爱的矛盾。当时，我并不认为秋白就是这样，但要写得更深刻一些却是我力量所达不到的。我要写剑虹，写剑虹对他的挚爱。但怎样结局呢？真的事实是无法写的，也不能以她的一死了事。所以在结局时，我写她振作起来，重新鼓起生活的勇气战斗下去。”

《韦护》是丁玲为纪念好友王剑虹而写，也是她5年来对于瞿秋白、王剑虹情感生活思考的一个总结，还是她创作题材转变的一个标志。丁玲已经行走在通向左翼作家的路上。

《红黑》停刊后，追讨杂志欠款，处理所余书刊，结清各项账目等一应善后杂事，当然还是胡也频来做。处理完这些事情也就到年底了。当丁玲的《韦护》开始在《小说月报》上连载时，胡也频也便开始了《光明在我们的前面》的创作。

春节过后，经陆侃如、冯沅君夫妇的介绍，胡也频于1930

年 2 月离开上海赴山东济南省立高中，准备边教书边创作。二人本来约定，胡也频在济南教书，丁玲在上海安心写作。但胡也频一走，丁玲便备感孤独，心里感觉没有了着落，忍受不了和胡也频的分离。胡也频刚走，她就写了三封信，表达“一个在思念着爱人的心情”，收到信的胡也频高兴得像个孩子，感觉自己幸福满满。二人鸿雁传书，互诉情意。

胡也频没有教书的经历，但凭着他的热情、肯干、坦诚、进步，很快受到学生们的热烈欢迎，也深受思想进步的校长张默生的信任。不久就让他担任了教务主任和文科主任。胡也频参加了学校里的一些活动和斗争，弄明白了一些教育界的黑幕，这没有使他消极，他更成天和学生们在一起。胡也频和几个进步教师，把济南高中搞得轰轰烈烈。同学们在他的领导下成立了一个文学研究会，报名参加的学生有 300 多人，这已经不是文学的活动，简直就是政治的活动，在这样的情势下，校长、训育主任都不得不出席，不得不说普罗文学。

当时就读于高中三年级的季羡林非常喜欢胡也频的课，他在《忆念胡也频先生》中说，胡老师教书同以前的老师完全不同。他不但不讲《古文观止》，连新文学作品也不大讲。“每次上课，他都在黑板上大书‘什么是现代文艺’几个大字，然后滔滔不绝地讲了起来，直讲得眉飞色舞，浓重的南方口音更加难懂了。……我们这一群年轻的大孩子听得简直像着了迷。……我们按照他的介绍买了一些当时流行的马克思主义文艺理论书籍。”他号召组织了一个现代文艺研究会，公开在学生宿舍的走廊上摆上桌子，贴出布告，昭告全校，并当场报名、填表，一时热闹得像过节一样。

相对于胡也频的风生水起，丁玲则日日为孤独、相思、寂寞所困，她向来喜欢热闹，不擅长时间独处。她感觉自己再也不能一人在上海生活下去了，母亲来信也不赞同他们分隔两地。丁玲只好打点行装，退掉房子，急匆匆地来到了济南，胡也频则提前搬出学校，在附近租了一处民房，虽然除些必备的家具外别无长物，但他们也算有了自己的“二人世界”。丁玲说：“一个多月以后，等我到济南时，也频完全变了一个人。我简直不了解为什么他被那么多的同学拥戴着。天一亮，他的房子里就有人等着他起床，到夜深还有人不让他睡觉。他是济南高中最激烈的人物，他成天宣传马克思主义，宣传唯物史观，宣传鲁迅与雪峰翻译的那些文艺理论，宣传普罗文学。我看见那样年轻的他，被群众所包围、所信仰，而他却是那样的稳重、自信、坚定，侃侃而谈，我说不出地欣喜。”过去丁玲因为胡也频不懂得革命而感到两人间有很大的隔膜，现在看到胡也频如此巨大的进步，从内心佩服、欣喜。

丁玲的到来很快就引起了整个学校的轰动。丁玲已是有名的女作家，气质高雅，着装时尚，这在当时相对闭塞的山东非常亮眼。季羡林说：“正在这时候，当时蜚声文坛的革命女作家、胡先生的夫人丁玲女士到了济南省立高中，看样子是来探亲的。她是从上海来的。当时上海是全国最时髦的城市，领导全国的服饰的新潮流。丁玲的衣着非常讲究，大概代表了上海最新式的服装。相对而言，济南还是相当闭塞淳朴的。丁玲的出现，宛如飞来的一只金凤凰，在我们那些没有见过世面的青年学生眼中，她浑身闪光，辉耀四方。”胡也频在这里很受学生欢迎，干得如鱼得水，和学生们的感情日笃。丁玲有了胡也频在身边，心里踏实了，除有时到学校“观摩”胡也频上课，更多是潜心写作，创作完成了她的第三个小说集《一个女人》，内收她的小说4篇，胡也频的小说两篇，由上海中华书店出版。

临近“五四”，学校酝酿着一场风暴，“全学校都轰动起来了，一群群学生到胡也频家里来。大家兴奋得无可形容。”胡也频等老师面对这场风暴感到既兴奋又有些力不从心，不知道如何将学生运动引向更高层次，他们在想如何与中共党组织取得联系，得到组织的指导，以避免学生运动遭受损失。胡也频和其他进步教师如此大张旗鼓地组织学生活动，宣传马克思主义和普罗文学，果然引起了当局的害怕和注意，胡也频等教师的进步与活跃，招致国民党山东政府的通缉，有确切消息告知，第二天就准备到学校抓人。丁玲回忆说：“晚上，也频和我又谈到这事，同他一道去济南教书的董每戡也在一道。我们已经感觉到问题的严重性。依靠着我的经验，我说一定要找济南的共产党，取得协助，否则，我们会失败的。但济南的党怎样去找呢？究竟我们下学期要不要留在这里，都成问题。也频特别着急，他觉得他已经带上这样一个大队伍，他需要更有计划。他提议他到上海去找党，由上海的关系来找济南的党，请他们派人来领导，因为我们总不会长期留在济南，我们都很想回上海。我和董每戡不赞成，正谈得很紧张时，校长张默生来找也频了。张走后，……也频才详细地告诉我们，说省政府已经通缉也频了，说第二天就来捉人，要抓的还有楚图南和学生会主席。何思源（教育厅长）透露了这个消息，所以校长甘冒风险，特为送了路费来，要他们事先逃走。”

胡也频只能离开这些他实在舍不得离开的学生和济南中学。胡也频等老师和学生们成功逃离济南，避免了遭遇国民党政府的毒手，校长张默生及时透露消息并送来路费起了关键作用。

回到上海后，出于安全和经济上的考虑，丁玲和胡也频搬离了萨坡赛路 204 号。他们办《红黑》杂志所欠债务，沈从文给了 300 来元，胡也频把他在济南教书挣的薪水拿了出来，另外还缺 350 元，则由丁玲向母亲要来添上，连本带利一并还了。从此，《红黑》《人间》对他们三个人来说便成为了历史。

九

光明在前面

1930 年 5 月初，因国民党山东政府的通缉，丁玲和胡也频二人从济南经青岛逃回到上海后，出于安全原因和经济上的考虑，他们搬离了萨坡赛路 204 号的大房子，在环龙路一套房子的楼下客堂间住了下来。

山东济南高中的教书生活，对二人触动很大，丁玲说："在济南高中的几个月教书生活，使我们自己受到许多教育。为什么胡也频那样被青年学生爱戴？为什么他又为执掌教育大权的国民党当局所仇视？我们不只反复探求这种现象的根源，而且也考虑自己在工作中的得失，以及新处的环境和条件。原来我早就向他建议必须先找到党，这一要求越来越突出了。……我们在山东没有办法找到党，但在上海是比较容易的。胡也频一九二九年在上海写长篇小说《到莫斯科去》时就向往着共产主义；一九三〇年在济南教书就宣传共产主义普罗文学，他是在实际斗争中，在革命工作的需要中下定决心要找党的。"他们在实践中认识到党的领导和组织的重要，这无疑是二人在思想上的一个跃进。

他们在济南高中教书时，中国文坛上发生了一件影响深远的大事，这就是 1930 年 3 月 2 日中国左翼作家联盟的成立。这是 1928 年以来，经过“革命文学”论争之后左翼文学力量的整合，是中国共产党领导下的第一个文学团体。“左联”的任务是团结和组织进步作家，反击国民党的文化“围剿”，介绍和传播进步文艺理论，以促进文学创作的繁荣。

丁玲和胡也频从济南回到上海不久的一天，“左联”党团书记潘汉年来到他们在环龙路的住处，询问了一些他们在山东的情况，介绍了上海文艺界的状况，尤其是向他们详细介绍了“左联”成立和鲁迅的近况，希望他们加入。丁玲已经意识到加入党组织的重要性，不再犹豫，正在急速左转的胡也频则更加积极，两人均表示愿意即刻参加。就这样，两人于 1930 年 5 月一同加入了“左联”。

丁玲 1922 年就进入了中共在上海创办的平民女子学校，后又进入上海大学，接触到了包括茅盾、陈独秀、瞿秋白、刘少奇、李达、邵力子等早期共产党人，但她一直崇信于党的信仰，却又不愿意受党的纪律的约束，几次走近党组织又几次游离，加入“左联”便标志着丁玲从此不再游离于革命队伍之外。丁玲在 50 多年后回想起当时的情景，依然很动情：“他（潘汉年）坐了一个多钟头，我们就像老朋友那样分手了。我们就在这一个多钟头里愉快地决定了我们的一生。也频一生虽然短暂，但他在此后的半年多的时间里所放射的光芒，却照耀着后代，成为有志青年的楷模。

而我自己呢，五十多年来的艰辛跋涉，也是在这愉悦地一席谈话之后，总结了过去多年的摸索，踌躇，激动，而安定下来，从此扎根定向，一往无前，永不后退的。”

这时丁玲已经有了 3 个月的身孕，加入“左联”后她没有直接参加具体工作，而是在家写小说。她想再写一部“描绘知识分子在大浪潮中的彷徨、痛苦、挣扎、斗争、前进和颓退”的长篇小说，作为参加“左联”后向读者的献礼。但她又感到自己缺少写长篇小说的经验，在结构上难以控制，便想以 5 个系列中篇代替。她在创作完成并发表《一九三〇年春上海》之一、之二两篇后，便因生孩子和胡也频被捕遇害而辍笔。作品内容虽未全然脱掉“革命与恋爱”的路数，但也真实地反映了她在创作上“变一点方向”的努力。

《一九三〇年春上海（之一）》描写颇有点名望的作家子彬，把自己关在象牙塔中，不问世事，一心只想为北京某副刊撰稿多拿稿费。他的好朋友若泉则积极参加革命活动，浑身充满朝气和热情，他希望子彬在思想上和他一样，能切实地转变，却受到子彬的鄙视和冷遇。子彬的妻子美琳受革命思潮影响，不愿再做笼中鸟，离开家庭，参加到了若泉的革命行列，走向了进步。《一九三〇年春上海（之二）》写革命者望微与情人玛丽久别重逢，却因生活观念不同而产生了矛盾。玛丽出身富家，爱慕虚荣，喜欢幻想，追求享乐，甚至玩世。她不理解望微近来人生观的变化，觉得自己被冷落，埋怨“望微太看重工作，而爱情却不值什么”。她每天花几个小时打扮，甚至打扮得花枝招展去参加望微他们的会议，想以自己的美丽惊诧会场。而望微却一厢情愿地希望玛丽和自己一样，对世界经济、政治和劳苦大众求解放的问题感兴趣。美琳在试图约束改变望微的种种努力失败后，转而以残酷的方式折磨望微，进行变态复仇。在望微因参加革命宣传而被拘捕入囚车之时，她正与新的情侣进入大百货商店。虽是如此，望微仍然没有打算放弃他心爱的玛丽。如果仅从这两个中篇看，丁玲的创作没有在《韦护》所描写的革命与恋爱矛盾的基础上有所发展，但她在原计划写的后三部中，无疑人物的思想和主题会在此基础上有新的探索与发展，只可惜此计划未能完成。

胡也频则把精力放在革命活动上，兴致勃勃的他在新组织里干得很出色，延续着在济南高中时的热情和劲头。丁玲说胡也频有一个很大的优点，“那就是他知道了，认识了，就身体力行，勇敢地冲上前去。我在这一点上不如他，比如说，我就不大愿意跑腿，背棍打旗”。胡也频没有许多知识分子夸夸其谈、轻视实践的毛病，只要需要，他就愿意当马前卒，冲锋陷阵。不久他被选为“左联”执行委员，并担任了工农兵文学委员会主席。暑期里“左联”举办文艺补习班，给来自杭州、济南等地的进步学生讲课，负责这项工作的冯雪峰想到胡也频在济南的经历，请他来当教员。1930 年 9 月，胡也频参加“左联”为鲁迅 50 寿诞举办的祝寿会,回家后兴奋地向丁玲描述见到鲁迅的情景。丁玲在《鲁迅先生于我》中说:“我也分享了那份乐趣。尽管我知道，他并没有，也不可能向鲁迅陈述那件旧事，我心里仍薄薄地拖上一层云彩，但已经不是灰色的了！”“他很少在家。我感到他变了，他前进了，而且是飞跃的。我是赞成他的，我也在前进，却是在爬。大半都一人留在家里写我的小说《一九三〇年春上海》。”两个人都忙于工作和写作，生活就很简单，丁玲说，这一时期我们生活过得比以前任何时候都艰苦都严肃，取消了一切娱乐。

1930 年 10 月，丁玲即将生产，他们把家搬到条件好些的万宜坊。11 月 7 日丁玲住进医院，第二天 9 点多钟的样子，胡也频来到医院，丁玲见他眼睛红肿，知道他一夜未睡，胡也频兴奋地告诉丁玲，《光明在我们的前面》创作完成了。中午的时候，他们的儿子出生，胡也频激动得哭了。后来外祖母给这个外孙起名“祖麟”，因为从小便由外祖母抚养，所以随母姓蒋。祖麟 1938 年被丁玲接到延安后，为了便于书写，将名字改为“祖林”。

从济南回到上海以后，胡也频和丁玲经历了一系列喜事：加入“左联”、儿子出生。胡也频不断把好消息带来与做了母亲的丁玲分享：他加入中国共产党了；他的长篇小说《光明在我们的前面》春秋书店发排了；他还在“左联”全体会议上被选为代表，即将去江西苏区参加中华苏维埃工农兵第一次全国代表大会。“也频还告诉过我，‘左联’党团内部原决定是冯乃超，不过没有掌握得好，结果也频票数超过冯乃超，才决定是他。”这时轮到丁玲哭了，不是为儿子，而是为也频：“我看见他在许多年的黑暗中挣扎、摸索，找不到一条人生的路，现在找着了，他是那样有信心，……我说：好，你走吧，我将一人带着小频。你放心！”

《光明在我们的前面》的创作和胡也频在济南高中经历的火热生活及思想认识有关，他在济南中学时边教书边写作，回到上海后，又在参与各种活动之余挤时间完成了这部长篇小说，它和《到莫斯科去》，是胡也频后期的代表作，也是左翼文学探索期的重要收获。小说主要写不同信仰在革命实践中的检验取舍以及信仰又是如何成为爱情黏合剂的。女主人公白华，凭着天真和一腔热血，奉巴枯宁和克鲁泡特金为精神偶像，在血雨腥风的中国大地上幻想着如何实现“无政府新村”方案。已经放弃无政府主义转而信仰共产主义的年轻教授刘希坚试图把她从这一思想歧路中拉回来，并向她表达了爱情。她感到与这个可爱的有为青年存在着严重的思想分歧，也试图说服刘希坚：“你能够丢开你的信仰？”于是，他们每次相见，都出现了相似的情景：愉悦相见，激烈争执，无结果的煞尾。当革命出现危机的时候，各种社会思潮面临严峻的挑战，人们心灵的波澜和思想衍变速率惊人。“五卅”惨案的消息传至北平后，刘希坚依靠组织大显身手，起草宣言，四处讲演，组织群众抵制英货、日货。而白华所在的无政府党却自由散漫，束手无策，那个受人敬重、自号“自由人无我”的成员，还在大谈“只要人类在安那其的新村里住上三个月，世界上便不会有流血的事发生”。这使得把革命事业看成一篇传奇，一幕浪漫派喜剧的白华对无政府主义感到幻灭，在孤独和烦恼中看清了这些人物“完全不配讲主义”的。于是她要求刘希坚介绍革命的书籍给她看，开始一步一步地走向革命实际，在听到新朋友中有人要到河南开展农民运动时，她表示：“我喜欢到工厂里去，我认为必须和工人打成一片。”小说在信仰、革命与恋爱的对立统一中，信仰又成了二人爱情的黏合剂和推动力。

胡也频善于描绘群众运动的火辣场面，雄浑壮丽，很有气势。不足是政治用语偏多，用语粗直，有失蕴藉。丁玲认为，从代表胡也频后期思想的《到莫斯科去》和《光明在我们的前面》两部书中，可以“看得出他的生活的实感还不够多，但热情澎湃，尤其是《光明在我们的前面》的后几段，我以二十年后的对生活，对革命，对文艺的水平来读它，仍觉得心怦怦然，惊叹他在写作时的气魄与情感。”

丁玲生孩子住院，几乎花完了他们所有的钱。丁玲说：“我只能和他共吃一客包饭。他很少在家，我还不能下床，小孩爱哭，但我们生活得却很有生气。我替他看稿子，修改里面的错字。他回来便同我谈在外面工作的事。……我感到一种从来没有过的新鲜情感。”为了雇奶妈，胡也频把两件大衣都拿去当了，穿着短衣在外边跑，为了筹钱，晚上开夜车写小说。丁玲“不喜也频转变后的小说”，说他是“左”倾幼稚病，还是自己来写。但胡也频又“不愿我为稿费去写作。从来也是这样的，当我们需要钱的时候，他就自己去写；只要我在写作的时候，他尽量张罗，使家中生活过得宽裕些，或者悄悄去当铺，不使我感到丝毫经济压迫，有损我的创作心情”。

1931 年元旦即将到来，这天晚上，瞿秋白由云白陪同，突然来到万宜坊。丁玲很是意外，这时距离他们在上海大学慕尔鸣路分别已经 7 年过去了：“这突然的来访使我们非常兴奋，也使我们狼狈。那时我们穷得想泡一杯茶招待他们也不可能，家里没有茶叶，临时去买又来不及了。他总带点抑郁，笑着对我说：‘士别三日，当刮目相看，你现在是一个有名的作家了。’他说这些话，我没有感到一丝嘲笑，或是假意的恭维。他看了我的孩子，问有没有名字。我说，我母亲替他取了一个名字，叫祖麟。他便笑着说：‘应该叫韦护，这是你又一伟大作品。’我心里正有点怀疑，他果真喜欢《韦护》吗？而秋白却感慨万分地朗诵道：‘田园将芜胡不归！’我一听，我的心情也沉落下来了。我理解他的心境，他不是爱《韦护》，而是爱文学。他想到他最心爱的东西，他想到多年来对于文学的荒疏。那么，是不是对他的政治生活有些厌倦了呢？……那时我没有说什么，他则仍然带点忧郁的神情，悄然离开了我们这个虽穷却是充满了幸福的家。”后来，丁玲才知道，当时刚刚开完中共六届四中全会，王明上台，瞿秋白被免除了政治局委员职务，又一次在政治转换关头失意。这时的丁玲，对瞿秋白对待王剑虹的一些做法开始有所理解，怨恨的情绪在慢慢消融。

1931 年 1 月，通过陈西滢的关系前往武汉大学中文系任教的沈从文，放寒假时回到上海，住在北京路清华同学会的宿舍里。元旦过后他去万宜坊探望了胡也频和丁玲。第一次去，两人都不在家，但他们知道沈从文来没有锁门，只留下孩子在家睡觉，桌上留了字条，告知沈从文，先和小孩玩玩儿，两小时后才能回来。沈从文说：“我在小孩藤篮边坐了一会，欣赏了这小生物睡态约莫一点钟，既不见两人回来，也不见小孩醒觉，故也留下一个字条，说：‘我坐了一点钟，拧了小孩子的小脸三下，这小东西不醒，你们又不回来，我还得作点别的事情，只好走了。’”晚上丁玲和胡也频两人去沈从文处，恰好沈从文又不在。

沈从文几天后第二次来三人才见了面。三人虽然在《红黑》停刊后各寻事做，但互相之间还是惦念和关心，现在丁玲和胡也频有了小孩，孩子当然就成了最热闹的话题和借题发挥的对象。沈从文在《记丁玲续集》中记述道：

见面时我便把一切关于两人生活上的新事，加以追询，两人都微笑不答。我于是轻轻的拍着小孩子的脸，向小孩子说："小东西，你说说，六十个白日照到你头上，有了些什么感想？"

那母亲正为小孩子调理牛奶，把从老虎灶刚买来的开水，倒进一个瓷罐中去，代为回答说："感想多啦！爸爸同邮差一样，妈妈同娘姨一样……"说着且微笑着。"若过十年或二十年，我们小频能够写他的回想，他一定将这样写他的自述：'我是个无名邮差的儿子，我的妈妈似乎是个成衣人，又似乎是个作零工的娘姨。'"

胡也频说："我们小频才不会再来做这种没出息事情了！你瞧他那样子，他八岁时一定就会开飞机。"

"倒真有点像个飞机师。"我说，"学会了开飞机，把爸爸妈妈装载在飞机里，经过西伯利亚的雪地，飞往莫斯科，这逃亡一定是很有意思的。"

海军学生把宽宽的肩膀耸了一下，对于这个不是隐喻的隐喻有所纠正：

"到那时节我们不需逃亡，飞机的用处只在捕捉逃亡！……"

“那么应当轮到我逃亡了吧。小飞机师，你说怎么样？”

小孩子俨然完全明白我们的言语，呀呀的喊着笑着。

沈从文和胡也频关于现在“逃亡”和将来“追捕逃亡”的角色互换调笑中，隐喻着三人间的心照不宣，半年来他们在思想和政治立场上已经渐行渐远，这恐怕将会影响到他们之间的友谊的巩固、加深和更新。他们各自已经有了自己因思想政治立场而不同的朋友圈了。

十

胡也频就义

1931 年 1 月，通过陈西滢的关系前往武汉大学中文系任教的沈从文，放寒假时回到上海，住在北京路清华同学会的宿舍，他已经去万宜坊和丁玲、胡也频见过面。

1931 年 1 月 17 日中午，胡也频来到沈从文的住处，说他们房东的小儿子死了，明天开吊，因为丧事要他们把房间腾出来，他想搬家，可往哪里搬呢？既然家无处可搬，房东家总得送一点礼去打点一下，他想写一副挽联，要沈从文替他措好辞，下午到他家去写。沈从文推辞不掉，只好答应。因一个同事约沈从文吃饭，12 点半许，他们一起离开了沈从文的住处。因天气寒冷，看到胡也频穿得那样单薄，沈从文就把自己一件新做的海虎绒棉袍给胡也频穿了。

沈从文下午去万宜坊写挽联，丁玲才知道了二人的约定，胡也频却没有如约回家，沈从文坐了会儿不见胡也频回来，就先回去了。吃过晚饭后，不放心胡也频的沈从文再去万宜坊，还不见胡也频回来，他和丁玲都预感到胡也频可能是出事了。焦虑的丁玲不顾产后身体虚弱，将孩子交给沈从文照看，自己出去寻找："我不知在什么时候冲出了房，在马路上狂奔。到后来，我想到冯乃超的住处，便走到福煦路他的家。我看见从他住房里透出淡淡的灯光，去敲前门，没有人应；又去敲后门，仍是没有人应。我站在马路中大声喊，他们也听不见。街上已经没有人影，我再要去喊时，看见灯熄了。……我疯了似的又跑了起来，跑回了万宜坊。房子里仍没有也频的影子，孩子乖乖地睡着，他什么也不知道啊！"第二天天不亮，丁玲又来到冯乃超住处。冯乃超时任"左联"党团书记，在冯乃超带领下找到了冯雪峰，冯雪峰也没有胡也频的确切消息，但从昨天柔石等人被捕且没能保释出来的情况判断，胡也频是出事了。但他们除了安慰丁玲，也别无办法。

第二天一大早，沈从文便又赶了来，从胡也频一夜未归的情况判断，他也确信胡也频被捕了。因担心丁玲也被密探盯上，他便要她留在家中，由他去打听。他从法租界到闸北，从闸北到静安寺，跑了很多地方。他还托人给公安局打电话，询问近日有无逮捕事件，但都没有得到确切答复。沈从文从万宜坊回来时已经很晚，刚回到住处，看门的侍役就告诉他："沈先生，有人找你，等两点钟了。"沈从文见急匆匆走来一个穿着破烂的老头儿，说自己受人之托，来送信的，并随手递过一张便条，沈从文一看字迹便知道是胡也频所写："休：我遇了冤枉事情，昨天过你住处谈天，从住处出来到先施公司，遇女友拉去东方旅馆看个朋友，谁知到那里后就被他们误会逮捕了。请你费神向胡先生蔡先生一求，要他们设法保我出来。请吴经熊律师，乘我还不转移龙华时，进行诉讼。你明白我，一切务必赶快。否则日子一久，就讨厌了。奶奶处请你关照一声，告她不必担心。我的事情万不宜迟，迟了会生变化，我很着急！崇轩。”纸角另有小字：“事不宜迟，赶快为我想法取保。信送到后，给来人五块钱。”

原来胡也频从沈从文那里出来后，在街上遇见柔石和冯铿，冯铿向胡也频说，地下党全国总工会秘书长林育南有事要同他及另外几个人谈谈，胡也频也要去东方旅舍与苏维埃代表大会准备会的同志联系，了解他去苏区的日期和其他情况，就随他们一起去了东方旅社的联络点。由于事先有人向国民党当局告密，联络点房间已被监控。林育南刚刚同他们谈了没有多久，就有一个特务化装成茶房进来检查电灯，电灯一亮，七八个特务一拥而进，于是林育南、胡也频、柔石、冯铿等 8 人一起被捕。此后 5 天内，上海市公安局会同租界巡捕房，先后搜查多处，陆续逮捕了 32 人。他们最初被押老闸捕房，几天后被押解去龙华国民党淞沪警备司令部。

打发走了送信人，沈从文深为挚友的安危担忧，拿上胡也频的信赶到万宜坊交给了丁玲，一起分析形势，商讨对策。丁玲痛苦地向沈从文说：“我要设法救他，我一定要把他救出来！”她明白，她不能没有胡也频，孩子不能没有爸爸。

沈从文去找了胡适，胡适感到事情重大，说：“那不行，我们想办法。”胡适 1931 年 1 月 20 日记：“沈从文来谈甚久。星期六与星期日两日，上海公安局会同公共租界捕房破获共党住所几处，拿了二十七人，昨日开讯，只有两女子保释了，余二十五人引渡，其中有人认为是文学家胡也频。从文很着急，为他奔走，设法营救，但我无法援助。”

丁玲和沈从文一起找到李达及夫人王会悟、施存统、朱谦之，大家一起在李达家里商量营救胡也频的各种办法。万宜坊的房主已经从丁玲等人的行动看明白了此中情形，怕连累自己希望她赶快搬家，丁玲也担心自己的住处已经被侦探知道，李达夫妇便主动将丁玲母子接到家中来住。郑振铎通过沈从文送来 200 元钱，算是预付稿费，并和陈望道一起署名写了一封信给邵力子，建议丁玲拿上信去找他。陈望道、邵力子在平民女校时就教过丁玲，上海大学时邵力子是实际负责人。邵力子早年参加了共产党的初创工作，曾加入共产主义小组，1921 年加入共产党，国共合作时任国民革命军总司令部秘书长。1928 年起，任国民党中央政治会议委员等要职。这层关系当然要用上。大家还商议请胡适、徐志摩写信给蔡元培，设法让国民党政府放人。然而此时正是蔡元培在国民党内势力低微的时候，当沈从文前去南京求助时，蔡先生感到案情严重，就实话实说，无能为力。大家又商量请律师，但几乎所有律师一听案情都婉言谢绝。龙华司令部的律师告诉丁玲，这案子很重，二三十个人都上了脚镣手铐，不是重犯不会这样。丁玲在北京学画时认识的左恭，时任国民党中央宣传部文艺处长，曾与中共地下组织有联系，现在也从南京赶来，商议对策，建议丁玲到南京去活动。

到 1 月下旬，丁玲在指定探监的那一天，将孩子托付给沈从文的妹妹照看，在沈从文陪同下，带上为胡也频置办的一条草荐、一条棉裤、两套汗衣、两双袜子、一提盒食物，去龙华司令部探望胡也频。沈从文回忆说：“我们七点以前就到了龙华。天气正当小雪以后复酿大雪，灰色酿雪云满布空中，风又劲急，我们便站在那司令部大门口当风处，等候挂号的时候。……从七点等到九点，因为各种来探狱的人已很多，每天既只能挂四百号名，挂号便提早了半点钟。那天大约有六百人齐集在门前，至少有两百人走了一趟空路，有两百个囚犯白白盼望了一整天。挂号完事后大约已十一点钟，照例这四百号请求接见狱犯的字条，得由警备司令部军法官批准，才能拿了这批准字条，分组到监狱里去。”他们背负着给胡也频带来的东西，10 人一组，跟随看守，转弯抹角沿兵工厂墙角走去，几天前融雪后的泥泞，在寒风中已结了冰，地面坚硬湿滑异常，在寒风中等候过久的人们四肢已经冻僵，不时有人摔倒。到了围墙尽头的门边，把字条一一交进去加以检验，方能进里面去。

丁玲回忆说：“我们在那里等了一上午，答应把送去的被子，换洗衣服交进去，人不准见。我们想了半天，又请求送十元钱进去，并要求能得到一张收条。这时铁门前探监的人都走完了，只剩我们两人。看守答应了。一会，我们听到里面有一阵人声，在两重铁栅门里的院子里走过了几个人。我什么也没有看清，沈从文却看见了一个熟识的影子，我们断定是也频出来领东西，写收条，于是聚精会神地等着。果然，我看见他了，我大声喊起来：‘频！频！我在这里！’也频掉过头来，他也看见我了，他正要喊时，巡警又把他推走了。”丁玲和沈从文都绝对想不到，这竟成了他们和胡也频最后的永别。

丁玲在沈从文陪同下一起来到南京，住在左恭家里，这时左恭已经和曹孟君结婚。在南京的一个政府机关里，在众多等候接见的人中,邵力子立即接见了丁玲。邵力子对丁玲很亲切、很自然，仍和在上海大学时一样。他非常惋惜地说：“这是怎么搞的，卷到这么一个大案子里去了。”他立即给上海市市长张群写了一封信。他无限同情地叮嘱丁玲：“即刻回上海，赶快把信交去。”丁玲晚年时仍说：“虽然邵先生的信件没有能挽回这一场灾难，但我至今仍然感谢他慨然给我的帮助。”既然来了南京，左恭等人商议，沈从文还应该去找陈立夫，以作家身份要国民党当局放人。沈从文曾幻想这位国民党的宣传部长，也许能看他作家的面上，帮助另一个作家，但在近两个小时的会见里，沈从文和同去的朋友，只能听陈立夫一个人在那里大谈什么“民族主义文学”，直到最后才有机会把有关胡也频的事的请求提了出来。沈从文回来告诉了丁玲请求的结果，说陈立夫把这案情看得非常重大，但他说如果胡也频能答应他出来以后住在南京，或许可以想想办法。丁玲尚不能确定这是不是圈套，但心里很不舒服，当即回答说：“这是办不到的。也频决不会同意，他宁肯坐牢，死，也不会在有条件底下得到自由。我也不愿意他这样。”丁玲很后悔让沈从文去见他。1931 年 2 月 7 号的夜晚，二人从南京搭夜车回到上海。

丁玲想约见一个送信的看守人，她在小茶棚子里等了一下午，那个人借故不来见。丁玲猜想，胡也频或者已经不在人世了，但他究竟怎样死的呢？丁玲觉得总得要弄明白。

沈从文去找了邵洵美，打探胡也频的消息，得到了胡也频的死讯。通过邵洵美的关系他找到上海警备处，和丁玲一起去，看见了一个相片册子，里面有胡也频，还有柔石。胡也频穿着沈从文送他的海虎绒袍子，没戴眼镜，是被捕后的照相。谁也没说什么，心里似乎都明白了。这天夜晚12点的时候，沈从文又来了万宜坊，他告诉了丁玲确切的消息：胡也频是2月7号晚上牺牲的，就在龙华。知道了最终结果的丁玲反而很镇静，对一直为胡也频之事奔波的沈从文说："嗯！你快回去休息吧。我也想睡了。"

在营救胡也频的过程中，直到确切知道胡也频被害，丁玲表现出一个女性少有的冷静和坚毅，让沈从文对丁玲产生了深深的敬意。他说："在熟人中就可以看得出她这种不将悲痛显出，不要人同情怜悯的精神，原近于一种矜持。她其实仍然是一个多情善怀的女子，而且也不把这样一个女子在这份生活中所应有的哀恸抹去。但她却要强，且能自持，把自己改造成一个结实硬朗的人。因为她知道用理性来控制自己，此后生活方不至于徒然糟蹋自己，故她便始终节制自己，在最伤心的日子里，照料孩子，用孩子种种麻烦来折磨自己，从不向人示弱。当时既不作儿女妇人的哭泣，此后在作品上也从不做出儿女妇人的陈述。"

2月10日下午，一个监狱看守给丁玲送了一封信，不等给送信的钱就跑走了，丁玲跟着追他，也追不到了。丁玲回到屋里，打开信，信的前面写上"年轻的妈妈"，接着告诉丁玲牢狱的生活并不枯燥和痛苦，有许多同志在一道。这些同志都有着很丰富的生活经验，他天天听他们讲故事，他有强烈的写作欲望，相信可以写出更好的作品。他要丁玲多寄些稿纸给他，他要写，他还可以记载许多材料寄出来。他不会投降，估计总得有二三年的徒刑。坐二三年牢，他是不怕的，他还很年轻。他不会让他的青春在牢中白白过去。他希望丁玲把孩子送回湖南给妈妈，免得妨碍创作。孩子送走了，自然会寂寞些，但能创作，会更感到充实。他告诉丁玲不要脱离"左联"，应该靠紧他们。他勉励丁玲鼓起勇气，担当一时的困难。署名是:"年轻的爸爸"。

胡也频的这封信，丁玲估计是 2 月 7 日白天写好的，但他不知道当天晚上就惨遭国民党政府杀害。"他的生命还那样美好，那样健康，那样充满了希望。可是就在那天夜晚，统治者的魔手就把那美丽的理想，年轻的生命给掐死了！当他写这封信时，他还一点也不知道黑暗已笼罩着他，一点也不知道他生命的危殆，一点也不知道他已经只能留下这一缕高贵的感情给那年轻的妈妈了！我从这封信回溯他的一生，想到他的勇猛，他的坚强，他的热情，他的忘我，他是充满了力量的人啊！他找了一生，冲撞了一生，他受过多少艰难，好容易他找到了真理，他成了一个共产党员，他走上了光明大道。可是从暗处伸来了压迫，他们不准他走下去，他们不准他活。我实在为他伤心，为这样年轻有为的人伤心，我不能自已地痛哭了，疯狂地痛哭了！从他被捕后，我第一次流下了眼泪，也无法停止这眼泪。"

1931 年 3 月 20 日，《文艺新闻》首先披露"左联"五烈士遇难的消息。1931 年 4 月 25 日，"左联"的机关刊物《前哨》创刊，创刊号为“纪念战死者专号”，登载了《中国“左联”为国民党屠杀大批革命家宣言》和鲁迅的《中国无产阶级文学和前驱的血》等文章。丁玲说：“胡也频牺牲后，潘汉年、冯乃超，钱杏邨、冯雪峰，都来看过我。”1933 年 2 月 7 日，鲁迅带着无限的悲愤写下《为了忘却的记念》这篇著名文章，来纪念“左联”及其他牺牲的烈士们。

胡也频遇难后，丁玲在上海的处境也很危险，再住在李达的家里已经不合适，为避免被特务盯上连累他们夫妇，沈从文在淮海路的万宜坊附近租下一个住处，一起都搬到这里。沈从文住一间，丁玲和沈从文的九妹住一间。这个住处比较寂静，来往的人很少，丁玲则很少下楼，只是在晚间才偶尔到街上走走。但丁玲把孩子带在身边十分不便，便决定将孩子送回湖南交给母亲。

1931 年 3 月 21 日，丁玲在沈从文陪同下，把祖林送回湖南常德。路上走了 9 天，经历了无数次的盘查，月底才到。丁玲不敢对母亲讲明实情，谎称胡也频将要去苏联，不能一路同来看她，自己一人在上海无法带孩子，只好将祖林交她抚养。为了哄骗老太太相信胡也频只是因为忙而不能前来，丁玲和沈从文做足了功课。沈从文和丁玲以胡也频的名义写了几封信，交给沈从文的九妹，嘱咐她在他们离开后，陆续寄给丁玲母亲。同时，以胡也频的口吻拟好三封电报，让她按顺序拍发。第一封电告动身时间，第二封祝贺到家快乐，第三封催丁玲回上海。以书信方式对老太太隐瞒胡也频遇难的消息其实从胡也频失踪就开始了。沈从文说：“海军学生失踪后，湖南来信询及，为了安慰这个老年人起见，除了把稍前一时照就的相片，陆续寄去以外，就照着那老年人所希望的消息，由我来代替海军学生，写过了三次回信。每次信上皆加上一些轻松快乐的谐谑，以及唯那一家三数人所知的私事，作这工作时丁玲自然是在旁加以指导与修正的。我们三人笔迹从一个专家看来，虽可以一目了然，明白它的差别处，但几人即皆共同习惯了用钢笔头在白洋纸上抄写稿件，简单处与草率处却正相近。并且在同样的一种纸张上，写上大小相等的字迹，所说话又全是那老太太所熟悉的话，另外一方面，则又正是那么焦心等着远地消息，故这信一到，便照所希望的成功了。”回到常德，在母亲面前，丁玲极力装着快乐的样子，甚至发点只有女儿对母亲才发的小脾气，以使母亲开心。她担心自己感情失控走漏实情，在家只住了 3 天，就告别母亲、吻别幼子，匆匆离开常德。返回上海途经武昌时，丁玲还随沈从文到武汉大学拜访了陈西滢、凌叔华夫妇。

丧夫别子的丁玲，此时的痛苦可想而知，她在 4 月 23 日完成的《从夜晚到天亮》，采取一种类乎意识流的写法，记述了她此时的精神状态。她时而想到远方的寡母、亡故的弱弟、熟友天真的幼女，时而想到辽阔的天空、无忧的海鸥、蒙难的爱人的诗句。复又记起白天在电车上见到的一个身影，幻想她最熟悉的人也许即从人堆中走出来，于是又联想到他们寄养乡间的小孩。由小孩又思及日间遇见 F 夫人，思及爱人被捕当晚，去敲 F 先生的房门，见他阖家团聚，长少欢悦，得知他们无钱为小孩买小衫，便以典当所得，成全他们的美满。整夜便如此思路恍惚，不时晕眩，昏昏睡至次晨，自责在一种无意识中生活，自勉“正确地、坚忍地向前走去”。文笔如脱缰之马，东西驰骋，在脑中骤然闪现诸多念头，在混乱的交叉和冲突中，显出一派神智迷乱之象，把怀人念远，悲痛不已，又于悲痛中奋起的精神状态写得淋漓尽致。

沈从文因营救胡也频及帮助丁玲料理后事，没能在武汉大学新学期开学的日子返回学校。虽然他曾写信给武汉大学续假，但等到从湖南返回上海时，学校开学已久，不便再去。沈从文只好暂时留在上海，继续写作。八九月间，沈从文怀着对死难朋友的沉痛哀思，写下了长篇回忆散文《记胡也频》。在文章的结尾，沈从文写道：“我觉得，这个人假若死了，他的精神雄强处，比目下许多据说活着的人，还更像一个活人。我们活在这个世界上，使我们像一个活人，是些什么事，这是我们应当了解的。”在胡也频被捕后，丁玲最困难的时候，沈从文挺身而出，全力相助，豪侠仗义，危难真情，的确令人敬佩。

胡也频牺牲后，丁玲没有被白色恐怖吓倒，反而促使她“沿着他的血迹前进”。在《莎菲日记第二部》（未完稿）中也真实记载了胡也频的牺牲激励了她走向革命道路的决心和意志。她向潘汉年和冯雪峰提出要求，到江西苏区继续完成烈士的遗愿。不久，中央宣传部部长张闻天找丁玲谈话，要她留在上海，主编“左联”机关刊物《北斗》。丁玲没有任何迟疑和退怯，愉快地服从了组织的安排。《北斗》被查封后，1933 年末出任“左联”党团书记，以自己的实际行动继续胡也频未竟的革命事业。

十一

夜里的“北斗”

胡也频的遇难，使丁玲经历了一次人生的剧烈跌宕，她承受着政治的、经济的、创作的压力和情感上的苦痛。但她没有被白色恐怖吓倒，胡也频的死反而促使她“沿着他的血迹前进”，思想立场急速左转。

1931 年 4 月 10 日丁玲回到上海，她以《从夜晚到天亮》来书写那时的生活和心情。在残酷的白色恐怖环境下，丧夫别子的煎熬和缺少朋友的寂寞让丁玲难过，而经济的压迫则更加直接。她的母亲独自带着才 4 个月大的孩子已非常不易，经济上她不能再让母亲作难。她得奉养母亲，抚养儿子，还要维持自己的生活开销，这对一个靠稿费养家的人来说，实在不容易，她得写多少字啊！迫于生计，丁玲想出一个小说集，但可收入的小说仅有《一九三〇年春上海》之一、之二两篇，字数太少，不够规模，只好又编进胡也频的《一个人的诞生》和《牺牲》两篇，但不能署他的名字，丁玲把这个集子取名为《一个人的诞生》，交由沈从文拿给北平新月书店，一个多月后就出版了。在本书的《自序》中，丁玲借她走上创作道路以来文学批评的某种现象表达了她的不满。

沈从文因为营救胡也频，耽搁了按期赴武汉大学中文系教书，5 月 16 日携妹妹离开上海去北平谋职。沈从文的离沪，使孤独中的丁玲感觉在上海又少了一个可以常来常往，尤其在胡也频遇难前后给自己鼎力相助的老朋友。丁玲说：“偌大的上海，只有李达夫妇是我惟一亲近的熟人了。”李达曾是平民女校的负责人，丁玲一向是把他当作自己的老师。他的夫人王会悟是一个热情的女性，一向对丁玲很好，也是她纯真的读者。胡也频就义后，他们主动邀请丁玲搬到他们家去暂住。在那白色恐怖严重的时候，这情谊是极不容易有的，难能可贵。因此丁玲对他们夫妇心怀感激。但是，作为共产党的早期创始人，李达在 1927 年大革命失败后便声明脱离共产党，不参与政治，专攻学术。他以自己多年的处世经验，以及他对世界的认识，劝丁玲说：“无论如何不能再参加政治活动了，老老实实写点文章。”因此，丁玲感到：“我很需要他们的友谊。除了他们家我能够常去坐坐，打发一点时间以外，再没有什么别的人家我可以去了；但去了以后，又不能完全讲心里话，便越发感到孤独。”

丁玲在孤寂中努力以创作来填充痛苦而寂寥的灵魂，在写作《从夜晚到天亮》的同时，便在桌子上铺开稿纸，开始了中篇小说《田家冲》的写作。《田家冲》以 1927 年大革命失败之后一段时间为背景，描述一个地主家庭出身的革命者三小姐，来到田家冲，住在她父亲的一个佃户家里。在那里，她和她的同志们秘密活动，发动和组织农民群众实行土地改革，最后被反动势力暗害。但觉醒了的农民群众身上，仍蕴藏着一种巨大的力量。这是丁玲把阶级斗争的观点应用于创作的一次尝试，第一次把革命的知识分子放在农村阶级斗争中来描写。她倾注了自己的全部情感来写这篇小说，无论是对于三小姐还是对于佃农群众，她都感受到她和他们在心灵上融洽的沟通。因此，小说虽与 20 世纪 30 年代中国农村生活的真实状况有距离，但她的才情和真诚的感情投入，弥补了这些不足。《田家冲》在 1931 年 7 月 10 日的《小说月报》上发表后同样引人注目。

帮助丁玲摆脱因胡也频牺牲而来的人生苦况的机会，是冯雪峰、潘汉年的一次来访："在环龙路附近的一家三层楼上的正房里，只剩我一个人，孤独地冥想着流逝了的过去，茫茫地望着无边的未来。天是灰沉沉的，四周是棺木一般的墙壁，世界怎么这么寂静，只有自己叹息的回声震颤着我的脆弱的灵魂。我不知道饥饿，常常几天不吃不喝，只想冲出这黑暗的地狱，可是我能到哪里去呢？一天、两天……正在我心上压了一块巨石，喘不过气来的时候，潘汉年同志，还有冯雪峰同志，在上海华灯初上的一个夜晚，悄然走进我住的这间只透进一缕微弱的街灯的深深笼罩着寒幽幽、凉嗖嗖的房间。他们按亮了我桌上的台灯，他们把温暖带进来了，把希望带进来了。"这天晚上，冯雪峰、潘汉年像老朋友一样和丁玲聊到很晚，丁玲说："我怎么才能离开这旧的一切，闯进一个崭新的世界，一个与旧的全无瓜葛的新天地。我需要做新的事，需要忙碌，需要同过去一切有牵连的事，一刀两断。”潘汉年说：“那太容易了。明天你就跟我走，我给你看许多许多你从来没有见过的事，你将忙忙碌碌，你将进入新的五花八门，你将会发愁你这脑子不够使呢……”潘汉年的话反倒使丁玲犹豫了，她知道潘汉年从事的工作，面对白色恐怖的上海，她感到，自己一下能跨出这么大的步子，投入到波涛翻滚的大海去追波逐浪吗？她觉得自己还是要写文章，要到工人那里去，农民那里去，可在上海自己能到哪里去呢？到最后丁玲说：“我想我只有一条路，让我到江西去，到苏区去，到原来胡也频打算去的地方去。”对于她的要求，冯雪峰和潘汉年都诚恳地答应，一定设法让她避开危险，到江西苏区去，到红军那里去。

过了几天，中共中央宣传部部长张闻天约她在兆丰公园见面，丁玲再次表明心愿，张闻天表示理解，叫她等候消息。她又给冯雪峰写信说：“我不是说我一换了个地方，我才有前途，然而恐怕事实是这样，丁玲不是一个强有力的人，她须要环境给她帮助，所以我是在从看见了闻起，便感觉得非常快乐。”这个“闻”，就是张闻天。

不久，冯雪峰却来通知她，中央宣传部研究决定，要她留在上海，创办并主编《北斗》。这实际是冯雪峰与鲁迅、瞿秋白、茅盾等“左联”领导层商量后，共同做出的决定，是“左联”反击国民党文化“围剿”的对策之一。1931 年 2 月五烈士牺牲,“左联”受到重创，冯雪峰接替冯乃超出任党团书记。他动员茅盾出任“左联”行政书记，此时，被排挤出中央领导岗位的瞿秋白也参加了“左联”的领导工作，他们共同携手，准备重振“左联”，使它在反击国民党文化“围剿”中发挥更大的作用。这样便需要有一个具有广泛影响力的机关刊物，让丁玲出面办《北斗》杂志，便是这项计划中的重要一步。

茅盾谈到创办《北斗》的经过时说:“自‘左联’成立以来，刊物出过不少，先后约有十种之多，但除了《萌芽》《拓荒者》等二三种出版了三五期外，其他的都只出一期就被禁止，又因钱数少,只能秘密推销(实是赠送),所以这些刊物发挥的作用不大。”在一次“左联”执委会上，有人主张“办一个公开合法的刊物，内容可以灰色一些，多样化一些，约稿的对象可以广一些，找一个同情‘左联’而又能在社会上公开活动的人来做名誉上的主编”。瞿秋白参加“左联”领导后建议，除了继续出版作为理论指导刊物的《前哨》，再办一个专登创作的文学刊物并且公开发行，这就是《北斗》。

丁玲正好符合了做《北斗》主编的条件，这是她第一次接受“组织”交给的工作，是她走出书斋投入实际工作的尝试。丁玲在《我与雪峰的交往》中说:“为什么要我来编呢？因为我在‘左联’没有公开活动过，而且看起来带一点资产阶级的味道，虽说我对旧的社会很不满，要求革命，但我的生活、思想、感情还有较浓厚的小资产阶级的味道。叫我来编辑《北斗》，不是因为我能干，而是因为‘左联’里的有些人太红了，就叫我这样还不算太红的人来编辑《北斗》。这一时期我是属冯雪峰领导的。《北斗》的编辑方针，也是他跟我谈的，尽量地要把《北斗》办得像是个中立的刊物。因为你一红，马上就会被国民党查封。”刊物以在黑夜里给人指示方向的星座作为刊物的名字，其意涵不言自明。从此丁玲开始把精力全部投入到《北斗》中，孤寂的情绪也随之消散。

发行《北斗》需要一个出版社，在国民党军队里做官的中共地下党员宣侠父筹了一笔款子，由他信得过的好朋友周濂卿出任总经理，成立了湖风书店。湖风书店在白色恐怖的环境下，先后出版“左联”机关刊物《北斗》《文学导报》和进步书籍。以后湖风书店引起国民党的注意，1933 年被查封。

丁玲主编《北斗》时才 27 岁，虽然有过办《红黑》《人间》的经验，但那时主要是胡也频张罗。现在要由她自己在白色恐怖的环境下，出面来运作一个以反击国民党文化“围剿”为目标的大型文学刊物，实在是一个不轻的担子。既要联络作家，又要审看稿子，还要排版校对及跑印刷厂，加上发行邮寄，一个人肯定是忙不过来的。这样就增加了姚蓬子和沈起予，沈起予懂日文，负责论文和译稿；姚蓬子负责排版、印刷及校对。丁玲曾笑言：“姚蓬子跑印刷厂，所以第一期他的稿子发头条，第二期他的稿子还是发头条，他管排版嘛！”

为了落实“左联”党团负责人要求刊物表面上要办得“灰色”一点的要求，丁玲感到在约稿方面左翼作家比较容易，如何把“灰色”作家拉进来较难。因此，她第一个就想到了请沈从文帮忙，他的朋友多且大都不喜欢参加政治活动，多属于“灰色”作家。丁玲给沈从文写信时，却不得不掩饰刊物“红色”的性质，说有个小书店请我编一个杂志，起始非得有几个老手撑台不可，如有几位女作家合作就更好，冰心、凌叔华、陈衡哲、淦女士等都请你转请，望她们都能成为长期特约撰稿员。沈从文自然是热情帮忙，尽力协助，这些作家都成为了《北斗》的作者。

1931年9月20日，《北斗》创刊号由上海湖风书店发行，设有小说、戏剧、诗歌、小品、世界名著、批评与介绍、文艺随笔等栏目。创刊号上发表的文章，不仅有“左联”的作家，也有叶圣陶、郑振铎、徐志摩、沈从文等非“左联”的作家，还有陈衡哲、林徽因、冰心、白薇、丁玲这些博人眼球的女作家的新作。这样名家荟萃的刊物，在茅盾看来，“对于当时的国民党官办文艺是个很大的震动”。丁玲在创刊号《编后记》中说：“现在可以读的杂志太少了，我自己就感到这方面缺少的难过。所以我立志要弄一个不会使读者过分上当的东西。”的确，《北斗》是这个时期“左联”唯一公开发行的刊物，也就显得很有意义。

丁玲在《北斗》创刊号上还刊登了鲁迅推荐的珂勒惠支的版画《牺牲》和说明，是冯雪峰带她去北四川路鲁迅家里选来的。丁玲记得非常清楚，那是1931年7月30日，这是她第一次与鲁迅直接交往。她那天兴致非常好，穿了一条最喜欢的连衣裙，在鲁迅面前感到很自由，一点也不拘束。鲁迅拿出许多版画，逐幅向她解释，特别拿出那幅《牺牲》，作为对于柔石的纪念，还答应为这画写说明。她还向鲁迅要了文章。鲁迅对她的印象是后来经冯雪峰转述的，说“丁玲还像一个小孩子”。鲁迅作为“左联”的旗帜，对《北斗》一直非常关心、支持，几乎每期都有他用冬华、长庚等笔名写的稿子，甚至有时还不止一篇。茅盾、瞿秋白也给予了《北斗》大力支持，特别是瞿秋白，用笔名董龙、司马今发表了文笔犀利、战斗性很强的总题目为《乱弹》的杂文，“乱弹”内容涉及很广，对当时政治的腐败、社会的黑暗等，都加以讽刺，给予抨击。还用隋洛文、易嘉等笔名发表了卢那察尔斯基等人的译作。鲁迅和瞿秋白的这些战斗性很强的杂文，正是反击国民党文化围剿的匕首、投枪。

丁玲从主编《北斗》至1933年5月被国民党政府秘密绑架前，已记不清去过鲁迅家里多少次。她从鲁迅身上感受到的不是横眉冷对，更多的是他温情和平易近人的一面。有一次和鲁迅先生谈话，丁玲说自己有脾气，不好。鲁迅说:“有脾气有什么不好?人嘛，总应该有点脾气的。我也是有脾气的，有时候，我还觉得有脾气也很好。”丁玲还说:“有一次晚上，鲁迅与我、雪峰坐在桌子周围谈天，他的孩子海婴在另一间屋里睡觉。他便不开电灯，把一盏煤油灯捻得小小的，小声地和我们说话。他解释说，孩子要睡觉，灯亮了孩子睡不着。说话时天真的表情，浓浓的绽在他的脸上，这副神情一直留在丁玲的记忆里。她觉得鲁迅始终是一个毫不装点自己、非常平易近人的人。

丁玲创作的中篇小说《水》，约26000字，也在《北斗》创刊号上开始连载。小说以当时震动全国的16省大水灾为背景，描写湖南地区的农民在灾害面前提高了觉悟，勇敢地开展斗争的故事。一个漆黑的夜晚，在渡口的大堤上，人们举着火把，拼命用泥土去堵塞一个又一个漏洞。因为官府只知年捐，不知修堤，堤漏堵不胜堵，终至崩决。像野兽般凶猛的洪水，终于冲毁了大堤，吞没了田野、房屋和人群，天亮后人们看到四处是一片汪洋。家破人亡的农民由相信命运到开始怀疑人世："他们拿了我们的捐，不修堤，去赌，去讨小老婆，让水毁了我们家，死了我们多少人。"大水冲毁了家园，也冲毁了以一家一户为单位的小生产的狭隘圈子，饥饿悲痛的逃难者聚集在一起，他们成群结伙，向官府讨粮济荒。但在长岭岗镇上，街的两头站着荷枪的兵士，不许难民进镇。帆船从县城运来军火，并没有带来救济品。帆船回城时又装满了一群大店铺的老板。瘟疫又伴随着饥饿袭来，灾民不断地死亡。官吏们用花言巧语和威胁恐吓来对付灾民们的请求。灾民们终于在苦难的挣扎中团结起来，决心靠自己的力量夺回生存的权利。最后这些饥饿的奴隶发出怒吼，比水还凶猛地朝镇上扑去。

《水》又一次以新的开拓震动了当时的整个文坛。小说以其主题的战斗性和题材的现实性受到好评，被誉为左翼文坛的重要收获，它标志着丁玲及整个左翼文坛和革命加恋爱创作潮的告别。

冯雪峰以最快的速度写了热情洋溢的评论文章《关于新小说的诞生》，发表在《北斗》二卷一期上，认为："第一，作者取用了重要的巨大的现实题材。……像水灾这样动人的，时事的，照出整个中国社会生活的题材。""第二，在现象分析上，显示作者对于阶级斗争的正确的坚定的理解"，"《水》的最高的价值，是在最先着眼到大众自己的力量，其次相信大众是会转变的地方。""第三，作者有了新的描写方法。在《水》里面，不是一个或二个的主人公，而是一大群的大众，不是个人的心理的分析，而是集体的行动的开展。它的人物不是孤立的，固定的，而是全体中相互影响的，发展的。”但也指出了缺点，“像这样巨大的水灾的题材，作者只造成了近于‘速写’的二三万字的短篇，是分明没有完成这题材所给予的任务的。实际上，《水》是应该续写下去的。”但是，由于作者以进步的阶级意识写重大现实题材，“不拘它还有很多的缺点，这无疑的已是我们的艺术的一点小小的现兑。我们所应当有的新的小说的一点萌芽。”这是关于《水》的第一篇理性而又有见地的评论文章。

茅盾则从《水》在左翼文艺的地位着眼，评价说：“《水》在各方面都表示了丁玲的表现才能的更进一步的开展。……这篇小说的意义是很重大的。不论在丁玲个人，或文坛全体，这都表示了过去的‘革命与恋爱’的公式已经被清算！”冯雪峰曾问鲁迅对《水》的印象，鲁迅说：“《水》很好，丁玲是个有名的作家了，不需要我来写文章捧她了。”《水》的单行本出版后，鲁迅曾向丁玲索要，还不是要了一本，而是要了十几本，以对友人介绍宣传。鲁迅也送过丁玲几本他自己的书。丁玲说：“我印象最深的是他给我的书都包得整整齐齐，比中药铺的药包还四四方方，有棱有角。”此后，她沿着《水》的道路，写了《消息》《法网》《奔》《夜会》等，描写工农的手法越来越熟练。

从 1931 年 11 月第三期起，《北斗》换成红色封面，内容也渐渐“红”起来，所谓“灰色”的自由派作家几乎全部退出。丁玲的热情转向从来稿中发现的一批左翼新人，如沙汀、艾芜、李辉英、芦焚等。葛琴、杨之华的处女作和艾青的第一首诗，都是在《北斗》上发表的。她把《北斗》这一平台向青年人开放，以当年叶圣陶扶持她的态度来扶持他们。对于来稿，丁玲一定亲自回信，尤其是退稿，她一定诚恳地指出缺点之所在并鼓励作者继续投稿。她还通过刊物的编后记、代邮、公开信、文学批评、创作示范等方式，来培养扶持那些文学新人。这些年轻作者带有激情的创作使刊物显得生气勃勃。

《北斗》在当时的影响所及已经远远超出了上海，这和丁玲的努力及其魅力是分不开的。孙犁回忆说："三十年代初，我在保定读高中，那里有个秘密印刷厂，专翻印革命书籍，丁玲的早期小说也在内，我读了一些，她是革命作家，又是女作家，这是容易得到年轻人的崇拜的。过了二年，我在北平流浪，有一次在地摊上买了几期《北斗》杂志，这也是丁玲主编的，她的著名小说《水》，就登在上面。这几期杂志很完整，也很干净。我想是哪个穷学生，读过以后忍痛卖了。我甚至想，也许是革命组织，故意以这种方式，使这家刊物，广为流传。我保存了很多年，直到抗日战争或土地改革时，才失掉了。"

《北斗》影响的扩大，也引起了国民党当局的注意。1932 年 6 月，国民党中央宣传委员会在一份呈文中说："观该刊为共产党文艺刊物已属毫无疑义"，"其主编该刊之人，以及出版该刊之上海湖风书局，若不予以查拿封闭，殊不足以遏乱源而杜反动。"报告提出，请国民政府令行政、司法两院"密令上海行政、司法机关会同查禁该项共党刊物《北斗》，拿办其主持人并查封湖风书局"。7 月 2 日，国民政府主席林森密令行政院，"转令上海市政府办理，以遏乱萌"。

这样，《北斗》存在了不足一年便被国民党政府查封了，共出版了 8 期杂志 7 套丛书。虽然如此，《北斗》在“左联”刊物中已经算是长寿的了，它为反击国民党的文化“围剿”，为左翼文艺的繁荣和发展做出了重要贡献，丁玲功不可没。

十二

太阳把我染红

丁玲以满腔的热情投入主编《北斗》的工作中，也从胡也频遇难的悲愤孤寂情绪中走了出来，并有了加入了中国共产党的想法。

1932 年初，“左联”负责人阳翰笙来丁玲家的时候，丁玲向他说了想入党的想法，阳翰笙当即表示欢迎，并很快安排了入党宣誓仪式。丁玲回忆举行入党仪式时的情景：大约是三月间，入党仪式是在南京路大三元酒家的一间雅座里举行的，和她一起入党的有叶以群、田汉、刘风斯。主持仪式的是文委负责人潘梓年。而代表中央宣传部出席仪式的人，让丁玲很惊讶，居然是瞿秋白。大家坐在圆桌周围，表面上是饮酒取乐，而实际上是在举行庄严的入党仪式。每个要求入党的人要叙述个人入党的志愿。丁玲记得很清楚，她说的主要意思是：过去曾经不想入党，只要革命就可以了；后来认为，做一个左翼作家也够了；现在感到，只做党的同路人是不行的。我愿意做革命、做党的一颗螺丝钉，党要把我放在哪里，我就在哪里；党需要我做什么，我就做什么。最后潘梓年、瞿秋白代表组织讲了鼓励的话。

入党前后的丁玲，工作积极，全心全意投入工作中。她还参加过一两次“左联”上街贴标语的活动。一般而言，组织上不准较有名的人参加这些活动，丁玲去时，穿上皮大衣、高跟鞋，打扮得很摩登、很神气，不会引起警察巡捕的注意，她给贴标语的同志放哨。她在“左联”还参加过一种活动，就是到大学去讲演。中国大学、中国公学、大夏大学、光华大学、暨南大学都有学生组织的文学小组。丁玲、彭柏山、韩侍桁都去讲过。后来，讲演就不能开展了，因为讲的人还没有去，巡捕房的包打听就围住了课堂，学生们就赶紧到校门口截住他们，通知他们不能进去。

丁玲工作积极，加上她豪爽坦诚的性格，给同事和文学青年们都留下了深刻印象。艾芜回忆，出席“左联”小组会，“她跟钱杏邨一样，只谈政治，不谈文艺。所不同的，丁玲喜欢批评组员的发言，爱说‘你的看法不对’，我就受过她批评”。她发展艾芜入党，派他去杨树浦工人区办工人夜校，发展工人通讯员，每个星期天他都要汇报。丁玲生活简单，不喜欢煮饭，常常吃面包，有时去艾芜、李辉英住处谈工作，“遇见我们吃饭，她也拿出她提包里的面包来吃”，“给我印象深的是丁玲显得坚毅，热心事业，很有作为的神情”。

1932 年 7 月，《北斗》杂志被查封后，“左联”改出《文学月报》，由姚蓬子负责。出了两三期后，便改由周扬来做主编。丁玲则开始给楼适夷编的《大陆新闻》副刊写稿。丁玲从湖南回到上海后就酝酿写一部以《母亲》为名的长篇小说，《北斗》被查封后正好有时间开始写作。1932 年 6 月 15 日《母亲》开始在《大陆新闻》连载，但一个月后《大陆新闻》也被查封。之后，赵家璧编辑的《良友文学丛书》向她约稿，她便继续写。

《母亲》原计划写 3 部，共 30 多万字。第一部是写女主人公于曼贞的丈夫病逝后，她从悲伤中振作起来，带着两个孩子回到娘家。在兄弟云卿支持下，好强的于曼贞考上了女子师范学堂。为了求学，她卖掉了房屋田产；为了放脚，她吃了不少苦头。她一边读书，一边照看孩子，每晚都要学习到深夜。云卿等人办了朗江学社，还办了报纸，宣传新思想，于曼贞从中得到不少启发。在学校里她与一些志同道合的女友们积极进取，心向光明，并进行结社，她们以天下为己任，探讨社会的改革，国家的兴亡。为了探求振兴中国之路，云卿离家去了上海。在辛亥革命风潮的影响下，武陵革命党人起事，县官逃跑，几个剪了发的年轻绅士在维持着城里的秩序。作者以她的母亲为原型，从一个家庭的小小侧面表现整个时代的变迁，保留了许多珍贵的社会历史画面。后两卷因丁玲 1933 年 5 月被捕而没有完成，令热爱丁玲的读者深感遗憾。

丁玲在主编《北斗》前后一段时间还为个人感情问题苦恼——这就是对冯雪峰的爱。丁玲与冯雪峰的爱情，是她人生中最炽热、最刻骨铭心的一次。但出于理性等多种原因与冯雪峰表面上分手了，但二人之间的感情并没有被淡忘。自打接办《北斗》起，丁玲与冯雪峰的联系多了起来。因为冯雪峰于 1931 年 2 月调任“左联”党团书记，丁玲说“这一时期我是属冯雪峰领导的”。从

1931 年 5 月冯雪峰和潘汉年“在上海华灯初上的一个夜晚，……把温暖带进来了，把希望带进来了”以后，丁玲便和冯雪峰开始了通信联系。重新建立联系后，丁玲感觉“四周都充满着生气，充满着光明”，“我想我不会再掉在无谓的烦恼里了”。随着两人交往的增多，深埋于丁玲心中对冯雪峰爱的情愫又复活了。很少写诗的丁玲，在 1931 年 8 月上旬，写了一首爱情诗《给我爱的》，向冯雪峰表露心迹，并把这首诗发表在《北斗》创刊号上，署名 T.L。

给我爱的

一

没有机会好让我向你倾吐，
一百回话溜到口边又停住，
你是那么不介意的，
不管是我的眼睛或是我的心。

太阳把你的颜色染红了，
（红得这般可爱！）
汗水濡湿了你全身，
你一天比一天瘦了起来，
可是我只看见你更年轻。

你是不像那些年轻的人的，

你没有晴天里的白云，
也没有想到丛林里的歌声，
还有那些流泉在岩石上琮琮。

你是不像那些年轻的人的，
黄昏的公园里，
不会有你那烂皮鞋的脚印，
影戏馆也听不到你喁喁的话语，
那握在女人手上的红酒的杯中，
也照不出你那端庄的脸儿。

你绝不会像那些年轻的人的，
只有苍白的面颊，
懒惰的心情，
享受着玩弄着那些单调、无聊的旧套。

你是平静，
你是真诚，
你是勤恳，
只有一种信仰，固定着你的心。

只有一种信仰，固定着你的心，
所有的时间和心神，你都分配在一个目标里的各种事上了。

所以你从不管我的眼睛，或是我的心，
因为你是不会介意着这个的。

二

好，正是这样才最好，
不必管我的眼睛和我的心，
你可以永远不介意着这个，
我也不会找机会来向你倾吐的。

我只想怎么也把我自己的颜色染红，
让汗水濡湿了我全身，
也一天比一天瘦了起来，
精神，却更显得年轻。

我们不是诗人，
我们不会讲到月亮，也不讲夜莺，
和那些所谓爱情；
我们只讲一种信仰，它固定着我们的心。

这不是个简单问题，
不是像那些流云泉水容易的玩易。
须要头脑，须要毅力。
一切的理论与实际，都包括在这里了。

……

兵灾，水灾，旱灾，……
军阀，走狗，屠杀，……
斗争，组织，……
所有的原则的运用呀！

我们将头脑放在这些烦难的事上了，
我们又将手足放在另外一些劳苦的事上，
我们要管理机器，
我们又就是机器。

所以我说，正是这样才最好，
你哪能介意着这个，
管什么眼睛，管什么心，
我永远不会向你倾吐的。

三

放心，管什么眼睛，管什么心，
你不介意这个，我也不介意着这个了，
有什么眼睛，有什么心，
纵有机会，我也没有什么要向你倾吐了。

太阳把你的颜色染红，
太阳把我的颜色染红，
但是太阳也把他们的颜色染红，
我们现在是大家（许多的大家）都一样了。

一样的年轻，
一样的精神，
一样的真诚和勤恳，
只有一种信仰，固定着我们大家的心。

只有一种信仰，固定着我们大家的心，
所有的时间和心神都分配在一个目标里的各种事上了。
你不介意着这个，我也不要机会倾吐，
因为这在我们，的确是不值个什么的了。

在诗中，丁玲深情袒露了她对冯雪峰的思念和对他从事的革命事业的理解和支持。爱吾所爱，丁玲也为冯雪峰的信仰所感召、震撼，为了与所爱的人共同从事反帝反封建的革命事业，“我只想怎么也把我自己的颜色染红”，如果“太阳把你的颜色染红，太阳把我的颜色染红，太阳也把他们的颜色染红”，即使是“你不介意这个，我也不要有机会倾吐”，“你不介意这个，我也不介意着这个了”，为了信仰，为了革命事业，就算牺牲自己刻骨铭心的爱也心甘情愿。

话虽如此，堕入感情旋涡的丁玲对冯雪峰的思念与日俱增，通信频繁。丁玲写给冯雪峰的信，除了作于 1931 年 8 月和 1932 年 1 月已经公开发表的《不算情书》，上海鲁迅纪念馆还存有另外几封。这些信都是丁玲 1933 年 5 月被绑架后，冯雪峰、楼适夷转移到进步人士谢澹如家中保存下来的。从这并不算多的信件中，可看到丁玲对冯雪峰的深挚的爱和由此而来的巨大苦恼。其实二人“分手”后，冯雪峰也须臾未曾忘怀丁玲，总是在生活上关心，创作上关注，更以他犀利的目光为她的创作把关诊脉，帮助她走出创作上的困惑，走向成熟。她不愿按冯雪峰的意见，在信中将他的名字写作“××”，她一定“要写上这个在我心里叫唤惯了的名字，这个存在在我的心里是三年多了的可亲的名字”。

在以后的信里，丁玲的情感越来越炽烈，语言越来越大胆。例如，她在 1931 年 8 月 11 日给冯雪峰的信中写道：“我这两天都心不离开你，都想着你。我以为你今天会来，又以为会接到你的信，但是到现在五点半钟了，这证明了我的失望。”“从我的心上，在过去的历史中，我真真的只追过一个男人，只有这个男人燃烧过我的心，使我起过一些狂炽的（注意，并不是那末机械的可怕的说法）欲念，”“这个男人是你，是叫着‘××’的男人。”

冯雪峰不夺人之爱的君子风范，虽使她遗憾，但她对他的爱“一点也没有改变”，情感也未曾冷淡，每天都是冯雪峰的影子，“虽说不见面，我也觉得是快乐”，当然也有矛盾和痛苦：“我常常想你，我常常感到不够，在和也频的许多接吻中，我常常想着要有一个是你的就好了。我常常想能再睡在你怀里一次，你的手放在我心上。”“然而你，你没有勇气和热情”，“你又愿意忘记我，你同另外的女人好了”。因为“我永远是爱着你”的，“我还是愿意我一人吃苦”，“不用爱情来扰乱你的工作”，虽然“我已经是比较有理性有克制的人，然而我对你还是有欲望，我还是做梦，梦想到我们的生活怎么能联系在一起。想着我们在一张桌上写文章，在一张椅上读书，在一块做事，我们可以随便谈什么，比同其他的人更不拘束些，更真实些，我们因为我们的相爱而更有精神起来，更努力起来，我们对人生更不放松了。我连最小的地方也想到了，当想到你的头发一定可以洗干净（因为有好几次都看到你的头脏），想到你的脾气一定可以好起来，而你对同志间的感情也更可以好起来，我觉得你有些地方是难于使人了解的态度，当然我能了解你那些。而我呢，我一定勤快，因为你喜欢我那样，我一定要有理性，因为你喜欢我那样，我一定要做一个最好的人，一点小事都不放松，都向着你最喜欢我的那么做去，当然我不是说我是要因为一个男人才肯好好的活，然而事实一定是那样，因为有了你，我能更好好的做人，我确是可以更好点是无疑的。”

冯雪峰则理智、矜持得多，对妻子和女儿的责任、“左联”领导者的身份都约束着他，他不喜欢她尽说些“糊涂话”，丁玲“那些糊涂话的信就只好写了又扯，扯了还要骂自己”，但是“在心上却实在不能将那些话死去，还是要想雪峰”。丁玲坦承：“在形式上，心理上，事实上，我和冯雪峰两个人有一种感情，而这种感情是我和胡也频没有的。”因此，她不得不倾诉，又不敢尽情倾诉，小心节制着，担心“有一点使雪峰觉得说过了分”。但是她更希望“假如雪峰能稍稍诚实点，能喜欢我点，我是只有更感到这生的意义的。雪峰，想到你那样子，有时真有点恨起你来”。

丁玲为她和冯雪峰未能走得更近些深深惋惜，甚至“有点悲哀”:“我总是这么觉得，我们两人都有点虚伪，我们都骗了自己，尤其是你，假如我们不是这么为一种并不必要的理性拘束了自己，我们一定不是现在的情形，我们可以更了解许多。……我实在曾经骗过自己，骗过自己可怕的感情，我勉强把自己骗过来了。或是我不承认这结果在我是合算。想起来真有点悲哀，恐怕我们永远就这么在一种可笑的情感之中，随着时间拖下去，拖到更难于接近的地位上了。”造成这样的结果，“雪峰，我想是该你负一大部分责任的”。香港文学史家司马长风这样评价丁玲的《不算情书》:“这可能是中国女性最赤裸的自白了。但没有一点肉麻和卑劣的感觉，被她那纯洁的虔诚的情思所牵引，读着她遍历那哀欢交织、凄艳卓绝的精神历程。在两性关系上，虽然不够严肃，可是在爱情上却十分认真和炽烈。”

丁玲对冯雪峰的炽情忘我，除了爱，还有深深的崇敬，因为敬佩而爱得更深，她对他的话始终有服膺之心。冯雪峰是最早对《莎菲女士的日记》和《水》进行深刻而理性的评析且确有见地的论者，丁玲一生感佩。丁玲在给冯雪峰的信中说:“冰之仍然是而且永远是将雪峰当一个在精神上最有援助的人，冰之永远愿意将自己的思想和一切感情都裸露在雪峰的面前”，“雪峰说过假使冰之是一个没有希望的人，那雪峰就不会爱冰之。正为了这句话，使这可贵的爱，冰之装也要装成一个有希望的人”。由于雪峰时常“严厉的鼓舞”，责备“近来的懒惰”，丁玲便会因为“起来得太迟,一个好的上午让它空过了”而感到“心里最难过”,决心“下午我一定要开始写文章了”。冯雪峰是抽打懈怠的鞭子，是丁玲不断向前走的推动力。所以有人认为，胡也频之死对于丁玲确然是一种巨大的刺激，但加速她转变而左倾的却是冯雪峰，他对丁玲的影响更大，此论不无道理。

事实上，冯雪峰对丁玲也是一往情深。认识之初，他是有勇气和激情的，只是碍于“朋友之妻不可欺”的古训，丁玲又难以舍弃她与胡也频几年同居的亲情等原因才作别分手。胡也频生前，因为工作关系他又免不了与丁玲见面，为了割舍这份情感，他只好理性地退避，与痴爱且小他 7 岁的学生何爱玉结为终身伴侣。胡也频牺牲后，陷入孤苦中的丁玲对他更为依恋，作为有妇之夫的他，既要顾及妻子和女儿，更要全力以赴投身于革命工作，只好忍痛割爱，压抑住自己对丁玲的情感，尽量不与她单独接触，即使交往，也尽量回避感情。他对丁玲说：我不能抛下她们母女，只图自己幸福。难怪丁玲在《不算情书》中“责备”他，“没有勇气和热情”。正如丁玲在给他的信中所写，他是在理性地逃避，并不是对丁玲的一往情深无动于衷。他是时时以关心、关注、帮助、支持等方式表达他对丁玲的深厚情谊。

在冯雪峰的领导下工作，丁玲从丧夫别子的愁苦中走了出来。她振作自己，按着冯雪峰期望的样子去生活，除了编辑“左联”机关刊物《北斗》，她还努力创作，《北斗》时期是她创作的又一个高峰期。丁玲对冯雪峰的爱虽然炽烈难抑，但最终因冯雪峰的理智还是让这段感情没有继续下去。对于这段深挚的恋情，丁玲似乎也没打算把它隐藏起来，1936 年 9 月，丁玲脱离国民党的囚禁，从南京来到上海。当时良友出版公司的老板赵家璧正在准备出版她的《意外集》，丁玲把《不算情书》也收了进去，从而成为她与冯雪峰爱情的最直接、最有力的证物。

对于丁玲今后的生活，冯雪峰劝说她，一个人生活太艰难，不是长久之计，得有一个人接替胡也频来关心爱护她。“但我这时对于恋爱实在心灰意懒。我相信不会有谁能像也频那样的纯朴热情，因此我只愿一心写作，或做一点工作，不愿用什么爱情来分占我的心思，我的精力，我的时间。我需要一个爱人，一个像也频那样的爱人，但又不想在生活中平添许多麻烦。有时我甚至以为一生一世最好是一个人自由自在的生活。”但在冯雪峰的推动和亲自安排下，1931 年 5 月以后，一个叫冯达的年轻的地下党员走进了丁玲的生活，不久他们便生活在了一起。1933 年，冯雪峰调到江苏省委宣传部，由于地下工作限制，二人就不能见面了。到秋天，因身份暴露，党中央决定让冯雪峰暂离上海。12 月底他抵达瑞金苏区，先后任中央党校教务长、副校长，红军大学政治教员等职并结识毛泽东。从此，丁玲和冯雪峰二人便更少有直接交往，但情谊和怀念却越来越醇厚。

丁玲内心深处，也一直没有忘记冯雪峰，她说：“人之相知，贵在知心，雪峰的为人，总是长期刻在我的脑中。”“我们的友谊是难得的，是永远难忘的。”

被绑架前后

1933 年 5 月 14 日，丁玲被国民党特务秘密绑架并押往南京幽禁 3 年，这是她不堪回首的一段经历。她被绑架与冯达有关，而丁玲和冯达的相识则又和冯雪峰安排她接受史沫特莱采访有关。

丁玲在《怀念史沫特莱同志》一文中，回忆了她和史沫特莱认识的经过:“一九三一年我从湖南回到上海，一个人住在环龙路的一个弄堂里。我要求到苏区去，正等着答复。我像一个孤魂似的深居在一间小屋里，伏案直书，抒发我无限的愤恨，寄幽思于万里之外；有时在行人稀少的环龙路上的梧桐树荫下踟蹰徘徊，一颗寂寞忧愁的心，不断被焦急所侵扰。正在这时，冯雪峰同志通知我，有一个外国女记者要见我，她对左联五烈士的死难，表示了无限同情与愤慨，写了报导，帮我们做了宣传工作；通知我按约定的时间到她家去。这样，有一天，大约是五月间的样子，天气已经暖和了，我穿一件黑色软缎连衣裙，走进了格罗希路或麦塞而路一条幽静的马路边一所有花园的洋房里，史沫特莱热情地迎接了我。……她问了我许多问题：我的经历，我的处境，我对未来的打算，我的写作计划……，过去我一直不懂社交，怕和上层人物来往，不喜欢花言巧语，但一旦心扉打开时也还能娓娓而谈。这样，我们就像一对老朋友，倾心地谈了一上午。她替我照了不少相。”给史沫特莱和丁玲担任翻译的正是冯达。丁玲从此便开始了和史沫特莱的交往和友谊，冯达也便慢慢走进了丁玲的生活。

史沫特莱出生于美国，1928 年 12 月作为外国驻华记者来到中国。她在中国广交朋友，向西方介绍中国的红色革命和中国共产党。冯达原来是上海豫园（旧称城隍庙）一家照相馆的伙计。史沫特莱经常去那里冲洗照片，认识了冯达，见他英语说得很好，外貌也老成，颇加信任，与老板商量，调他做了她工作上急需的翻译。冯达在史沫特莱手下工作，思想受了影响，也有进步的表现。丁玲去拜访时，冯达除给史沫特莱做翻译外，从 1932 年下半年起，还在中共江苏省委宣传部主办的《真话报》工作，并且已经加入了共产党。

丁玲在《魍魉世界》中这样描述冯达：“他用一种平稳的生活态度来帮助我。他没有热，也没有光，也不能吸引我，但他不吓唬我，不惊动我。他是一个独身汉，没有恋爱过，他只是平平静静地工作。他原是史沫特莱的私人秘书，左翼社会科学联盟的一个普通盟员。他已参加了党。他曾有优厚的工资，每月收入 100 元。后来他把职务辞掉，在党中央宣传部下属的工农通讯社工作，每月拿 15 元生活费。他天天写一点稿子，也翻译一点稿子，把通讯稿打字、印刷，然后一一拿出去付邮。他不爱多说话，也不恭维人。因为从事秘密工作，为了迷惑敌人，他穿戴整齐，腋下常常夹几张外文报纸。他没有傲气，也不自卑。他常常来看我，讲一点他知道的国际国内的红色新闻给我听。因为我平日很少注意这些事，听到时觉得新鲜。有时他陪我去看水灾后逃离灾区的难民，他为通讯社采访消息；我也得到一点素材，就写进小说里去。我没有感到有一个陌生人在我屋里，他不妨碍我，看见我在写文章，他就走了。我肚子饿了，他买一些菜、面包来，帮我做一顿简单的饭。慢慢生活下来，我能容忍有这样一个人。”

丁玲在经历了生活和感情的急剧变化后，她需要沉静平复，她需要一个肩膀靠一靠。冯达的稳重与会体贴人，正适合于丁玲情感和生活的需要，她逐渐产生了对冯达的依赖。1931 年 9 月二人开始同居生活。1932 年“一·二八”以后，由于上海的白色恐怖严重，出于安全考虑，丁玲和冯达经常搬家。1933 年 1 月底他们住进公共租界昆山花园路 7 号一幢红砖洋房，住在四楼，也是顶层一间约 20 平方米的房间。

关于丁玲的被捕经过，她本人在《魍魉世界》中有详细记述，情况大致如下：

1933 年 5 月 13 日，晚上 9 点钟冯达才回到家里。他给丁玲说，他去看两个《真话报》的通讯员，这两人住处的窗户紧临着弄堂，他在窗户下面叫了两声，没有回答，却看见屋里灯光摇晃，听到脚步声很杂乱。他感到与平时不一样，怀疑出了问题，便赶忙离开，头也不敢回。为防跟踪，他到大马路上跳上一部电车，又几次换车，可是到家门口后，刚把钥匙插进锁孔，回头望望，只见街对面影影绰绰有一个人，此时已来不及走避，只好进门回家。因此他怀疑，他们的住所可能被特务盯上了。

5月14日早晨，冯达向丁玲说，他还要去看看那两个通讯员，以知道究竟。如果不去，这两个人的组织关系便丢了，那很不好。丁玲上午要去正风文学院，参加那里一个文艺小组的会议。于是他们两人约好，中午12点钟之前都要回家，到时候如果一人未回，另一个就要立即离开并且设法通知组织和有关同志。他们分手后，丁玲特意绕道去告诉“左联”党团成员穆木天夫妇，告诉他们昨夜新发生的事情，并说如果我下午自己不再来，就可能是真的出问题了。

丁玲11点半从正风文学院回到家里，而冯达却未回。她觉得有点儿不正常，冯达说只是去看看那两个记者，理应早回。于是她就去整理东西，如12点冯达仍不回她就离开家。正在这时，潘梓年来了，他是《真话报》的总编，也是冯达的同事，还是一年前丁玲入党仪式的主持人，很熟悉。丁玲把前后情况告诉了他。潘梓年听后不以为然，不慌不忙地拿起桌上一份《社会新闻》翻看起来。丁玲此时急于离去，但看见潘梓年那么沉着，自己反倒有点儿不好意思催了。突然，楼梯上响起杂乱的脚步声，丁玲意识到：不好了。门“砰”的一声被推开，3个特务同时涌了进来，为首的是上海市公安局督察员马绍武（丁玲后来知道的）。丁玲和潘梓年都明白了，静静地坐着。三四分钟后又进来两个人，其中一个叫胡雷，两年前曾以《真话报》记者身份访问过丁玲和胡也频，并邀请他们参加《真话报》读者座谈会。他一进门，看到丁玲，面现诧异，接着对丁玲笑了一笑，点了下头。丁玲心想坏了。马绍武见状，把胡雷拉到门外，不一会儿，他得意扬扬地走了进来。丁玲心里明白，马绍武知道她是谁了，胡雷叛变了。过了几分钟，又进来 3 个人，其中的一个是冯达。冯达一看见丁玲和潘梓年，猛然一惊，然后低下头，好像不认识丁玲，也不认识潘梓年，木然坐在床头。丁玲瞪着冯达，心里想：难道是他出卖了我们？

原来冯达去到那里即被捕，起初他谎称看朋友，特务说你既无干系，那么你总有家吧！你带我们到你家里去。冯达拖延到 12 点的时候，心想丁玲应该已离去，便带特务们到家里来，哪知不但丁玲并未离去，而且潘梓年也在这里。马绍武一个手势，特务便把丁玲和潘梓年推着往外走，丁玲顺手拿了两件衣服。他们被推进停在路边的一辆汽车里，两边坐着特务，汽车驰往黄浦江边国民党特务的一个窝点。昆山花园路一带向来僻静，街上没有什么人，所以没有引起外界注意。

特务们将丁玲和冯达拥进一栋小楼，把他们关在一间房子里。这时丁玲忍不住骂冯达：“真看不出你是一个朝秦暮楚的人，哪里会想到是你把我出卖了！”冯达连忙申辩：“不是我，你听我解释好吗？”丁玲说：“还有什么解释的，事情不是明摆着的！我们家的地址是你说出来的。只有你！你不必解释，我不相信你。”冯达还是连声解释，丁玲不听，满腔愤怒。

5 月 15 日清晨，丁玲和冯达被送上火车，秘密押往南京。他们被安置在二等软座车厢，特务们坐在周围，不使他们接近乘客。丁玲一心想把她被绑架的消息传出去。途中她到厕所去了一趟，她用燃烧过的火柴棒写了几句话在一张纸上，吁请仁人君子把捡到的短简寄给上海开明书店的叶圣陶。短简里只说我被绑架到南京，署名“冰”。她把纸条用一块手绢包着，里边还包了 4 元钱给捡到信的人，然后把手绢包从便盆中投了出去。从效果看这次自救行动是失败的，她的信如石沉大海，没有任何反响。

中午时分，火车进了南京车站。像欢迎国民党的党国要人那样，涌上来一大群人，像看猴子似的挤近前来看她。他们被押解进一辆大巴车，车子开到一处看似旅馆却无旅客的一所房子停下。他们又被推进一间有内外相通房间的内间，外间有几个特务看守。他们从此开始了一种特殊的囚犯生活，与外界失去了联系。

丁玲被捕后，文化界却很快发起了营救丁玲、潘梓年的活动。那么丁玲、潘梓年被捕消息是怎样被泄露出来的呢？

原来，外国租界治安有独自的系统，不经过租界巡捕房，国民党不得在租界捕人，捕人应由租界的巡捕执行，视情况引渡。否则，就属于绑架，是违法的。马绍武他们以为抓捕的事做得神不知鬼不觉，不会有人知道。但随后发生了一个意外情况，让抓捕之事败露。丁玲与潘梓年被带走不久，中共江苏省委宣传部部长应修人到丁玲寓所来开会，走到三层与四层楼梯拐弯处，突然发现上下都有特务，进退不得，在搏斗中破窗跳楼，跌落在楼房后面的小巷里，不幸身亡。特务见死了人，立即惊慌逃走了。次日报纸报道了昆山路上发现一具莫名男尸，这样，丁玲寓所便引起了租界巡捕的注意，而丁玲被捕的消息也迅速披露于报端。

最早报道丁玲被捕消息的，是美国报业公司在上海办的英文报纸《大美晚报》，1933 年 5 月 17 日该报刊登《丁玲女士失踪》的消息："据本报所得消息，中国普罗文学先进女作家丁玲女士最近忽告失踪，中国论坛报将于下期发表一文，记载此事。据该报载，'丁女士与另一著名作家潘梓年，系此间名杂志撰述员，同于五月十四日在公共租界被便衣队捕去。另有一作家 Ying shu ren 同于是日毙命或系被杀，其情节颇为离奇，令人莫解'。该报又载据其所称为直接证据，惟其来源不能宣布。称曰：'丁玲与潘君在公共租界被上海市公安局中人或其受雇者所架。装入汽车，驶往南市。'"此后，上海、天津、北平一些报刊相继报道。以丁玲当时在文坛上的名声，此事迅速成为社会热点。

5 月 23 日，蔡元培、杨杏佛、胡愈之等 38 人联名，向南京国民政府行政院长、司法部长发出营救丁玲、潘梓年的电报，呼吁"尚恳揆法衡情，量予释放，或移交法院，从宽处理"。

6 月 10 日，文化界成立丁潘营救会，并发表《文化界为救丁潘宣言》，抗议国民党当局秘密绑架丁玲，要求"当局将丁玲、潘梓年二人交出，予以自由，并惩办非法绑架之负责人"。

中国民权保障同盟组织了"丁潘营救委员会"开展营救工作。中国民权保障同盟是由宋庆龄、蔡元培、鲁迅、杨杏佛等发起的，成立于 1932 年 12 月，会长为宋庆龄，副会长为蔡元培、杨杏佛。该会的目标是反对国民党反动派的迫害，援救革命者，争取言论、出版、集会、结社等自由。赵家璧说："营救丁玲的事都是党主持的，由民权保障同盟出面，楼适夷代表左联参加这个组织。”而在6月18日，该盟的副会长兼总干事杨杏佛，因在营救丁玲过程中，不顾国民党特务组织的多次威胁，针对上海市公安局矢口否认逮捕丁玲，他根据掌握的证据，据理揭露和谴责而被国民党特务暗杀。6月20日，杨杏佛遗体在万国殡仪馆大殓。鲁迅也被列入国民党特务暗杀的黑名单，为安全起见，友人劝他不要参加杨杏佛的葬仪，但鲁迅毅然前往，并且不带家门的钥匙，以表赴死的决心。送殓归来，他在21日悲愤地写下《悼杨铨》一诗：

岂有豪情似旧时，
花开花落两由之。
何期泪洒江南雨，
又为斯民哭健儿。

1933年6月19日，中国左翼作家联盟发表《为丁玲潘梓年被捕反对国民党白色恐怖宣言》，中称：“中国最优秀的青年已被沉浸在用他们自己的血所造成的血海里。在这些牺牲者中有不少是很著名和富有天才的新文艺作家。国民党长期的恐怖记录中，最著名的野蛮屠杀，要算是1931年2月7日胡也频、李伟森、冯铿（女作家）、钟惠、殷夫和柔石六个同志在龙华被国民党军阀坑杀的一件事。现在白色恐怖又伸张了他的巨爪，而攫去我们三位同志——丁玲（胡也频之妻）、潘梓年和应修人。他们都是著名的作家。丁玲是中国特出的女作家，是新革命文艺最优美的代表者。为知识和文艺之光明的斗争在她的作品中反映得很明白。她的作品最近已达到一个有计划的成熟时期，但不幸又受到了这样毒辣的打击。”宣言要求立刻把丁玲、潘梓年及一切所谓政治罪犯们从牢狱中释放出来！号召工农群众及知识分子赞助我们的要求，参加我们反对国民党的白色恐怖运动。

鲁迅在丁玲被捕不久便得到了消息。他在《伪自由书》后记中说：“5 月 14 日午后 1 时，还有了丁玲和潘梓年的失踪的事。”此后，他一直密切关注事情的进展，积极参加营救丁玲的活动。6 月 26 日在致王志之信中说：“丁事的抗议，是不中用的，当局哪里会分心于抗议。现在她的生死还不详。其实，在上海，失踪的人是常有的，只因为无名，所以无人提起。杨杏佛也是热心救丁的人之一，但竟遭了暗杀。”由于国民党上海市公安局对逮捕丁玲一事一直矢口否认，讳莫如深，故而社会上一时盛传丁玲已经遇害，鲁迅也深信不疑，6 月 28 日写了《悼丁君》一诗。8 月 1 日他在致科学新闻社的信中说：“至于丁玲，毫无消息，据我看来，是已经被害的了，有些刊物还造许多关于她的谣言，真是畜生之不如也。”他写的《悼丁君》原未打算发表，但面对有关丁玲的谣言诬蔑，他 9 月 21 日致信《涛声》主编曹聚仁：“旧诗一首，不知可登《涛声》否？”并将《悼丁君》一诗抄给他。曹聚仁是鲁迅的铁粉，求之不得，该诗遂在《涛声》中刊出：

如磐夜气压重楼，

翦柳春风导九秋。

瑶瑟凝尘清怨绝，
可怜无女耀高丘。

直到晚年，丁玲还深情地说："鲁迅先生留给我的文字则是一首永远印在心头，永远鞭策我前进的一首绝句，就是大家都知道的《悼丁君》。"

鲁迅还建议良友公司尽快出版丁玲的《母亲》。《良友文学丛书》的编辑赵家璧回忆说："在作者被捕后三天，同事郑伯奇上班后轻轻地向我说：'鲁迅先生建议把丁玲的那部未完成长篇立刻付排，你可以写个编者按作个交代。书出得越快越好。出版时要在各大报上大登广告，大事宣传，这也是对国民党反动派的一种斗争方式。'"赵家璧立刻行动，在《申报》《时事新报》刊登了大幅广告。作为丛书第七种，《母亲》于1933年6月27日出版，28日"在北四川路门市部先发售作者签名本100册（出版社出版前预留作者签名印模）。这天上午9时铁门一拉开，读者果然蜂拥而入，签名本一抢而光，其余的也售出很多"。《母亲》是这套丛书中销售最好的一本，第一版印了6000册，到年底出到三版。本书的出版，在实现与国民党反动派斗争目标的同时，版税算来也不少。"但是我们收到作者亲属从湖南来函要求汇款者不只一处，会计科很难处理。这个棘手的问题是鲁迅帮我们解决的。……最近再查《鲁迅日记》，发现1934年1月15日，载有这样一条'雨，下午成雪。往良友图书公司交《一天的工作》附记一篇，印证四千。'这足证我就是在鲁迅冒雪来访的一天向他提出这个难题的。一星期后，1 月 22 日，他复我一信。鲁迅在这封信里说：顷查得丁玲的母亲的通信地址，是：‘湖南常德、忠靖庙街 6 号、蒋慕唐老太太’，如来信地址，与此无异，那就不是别人假冒的。但又闻她的周围，穷本家甚多，款项一到，顷刻即被分尽，所以最好是先寄一百来元，待回信到后，再行续寄为妥也。”可见鲁迅对丁玲的关怀可谓无微不至。这些钱，对没有工作的丁玲的母亲和幼小的孩子来说，无疑是及时雨。

在此期间，巴比塞、瓦扬·古久里、罗曼·罗兰等国际友人也发起严正的抗议和声援，丁玲失踪一事越闹越大，对国民党当局形成巨大压力。

丁玲被捕的事，自然很快传到了常德。丁玲的母亲在她的回忆录中写道：“五月尾，我的乱星又来了，女本有许久没来信，外面传的消息非常恶劣。想给她的友人去信，或向书店中探听，每到夜静，哀哀哭泣，心肝寸裂。日里则镇静自若，不现一丝愁容。幸灾乐祸者多，纵有安慰者，亦徒增吾之悲痛。后沪上来信，劝我缓去，并云女决不至于有什么。将信将疑，但也无可奈何，只能听天由命。”两年前女婿遇难，现在女儿又被捕甚至遇害，留下一个两岁的孤儿和她这样一个年迈的老太太，这对她的打击确实是过于残酷。

在营救丁玲的过程中，值得一说的另一人是沈从文。沈从文当时正在青岛大学任职，他从报纸上得知丁玲被捕的消息，仿佛看到了胡也频等人的身影，丁玲又落入了国民党政府当局设计的圈套。5 月 25 日他奋笔写下了《丁玲女士被捕》一文，并在 6

月 4 日的《独立评论》上发表，他说:“丁玲女士这个名字，应当是许多人所熟悉的名字。近来得到几个朋友来信，方知道她在上海租界上已被几个政府的便衣侦探，用绑票方法捕去了。捕去以后就下落不明，凶多吉少。上海地方绑票案件极多，想不到还有政治绑票！……丁玲女士只是一个作家，只为了是一个有左倾思想的作家，如今居然被人用绑票方法捕去，毫无下落。政府捕人的方法既如此，此后审判能不能按照法律手续，也就不问可知了。国民党近年来对于文艺政策是未尝疏忽的，从这种党治摧残艺术的政策看来，实在不敢苟同。像这种方法行为，不过给国际间有识之士一个齿冷的机会，给国内青年人一个极坏印象，此外就是为那政策散播一片愚蠢与不高尚的种子在一切人记忆中而已。”

立场如此鲜明而愤激的文字，在沈从文的文章中确实少有。自丁玲被捕以后，上海文化界发起的营救丁玲和潘梓年的活动中，沈从文皆列名其中。报纸和社会上盛传丁玲已被杀害，这并非事实的误传，由于相信者众，沈从文从各方面打听到的消息皆为负面，也不由沈从文不信。他再次执笔，写下《丁玲女士失踪》，于 6 月 12 日发表在《大公报·文学》副刊上，告诫国民党当局“尽把一些稍有生气的青年作家捉去秘密解决，是不成的。这种愚事作了不止一次，实在不应当再作下去”。末尾，沈从文愤怒地写道:“为这件事抗议的作家，人已不少，其他暂时沉默的，也正在等候政府一个合理的处置。这个人不能用‘失踪’作为结论，她若因此失踪，我的预言是，将来还会有若干作者，相信除年轻人‘自卫’且指示自卫方法外，别无再好的话可说。”从 7 月下旬，沈从文 10 余万字的长篇回忆文字《记丁玲女士》，在《国闻周报》上开始连载，载期长达 5 个月。后由上海良友图书公司出版了《记丁玲》和《记丁玲续集》单行本。

对各方的营救活动和外面的情况，身陷囹圄的丁玲自然是不知晓的。

国民党当局在巨大的舆论压力面前，一方面极力隐瞒封锁抓捕丁玲的消息，对丁玲实行不杀、不关、不放的政策，一方面加紧对丁玲的威胁、利诱、欺骗，企图使丁玲自首、投降。

丁玲与冯达被秘密押解到南京后，先在"一个完全中国旧式的比较高级的旅馆"住了一天，第二天换到一个稍差些的旅馆，有两三排平房，丁玲和冯达住后房，三个看守住前面。这是"狭长的一条院子，除我们几个人外，见不到别的人"。

从 5 月 17 日开始，劝降的人陆续出场。首先出场的是叛徒、原中共江苏省委宣传部部长汪盛荻，他曾经是冯达的上级。汪盛荻向丁玲说了三点："第一，你是共产党员，你无法抵赖，我已经向国民党讲了。第二，你不要幻想宋庆龄、蔡元培能救你。第三，胡也频被捕是共产党内有人告密。"丁玲回答："我不是共产党员，我只是'左联'的盟员。胡也频是被国民党枪杀的。"他连着来了两天，丁玲要么不理他，要么嘲笑他，见劝降毫无效果，也就不再来了。跟着，又来了自称张冲的人，称听说丁玲来了，住在这里，顺路来看看、聊聊，还说在北京时和胡也频很熟悉。丁玲一听便是谬称熟人，心想：难道我真会相信这里是一个可以自由进出的旅馆？我是一个可以让熟人随便来看望、随意说说闲话的普通人？丁玲回答说：“你同也频熟是假话，也频的熟人，我没有一个不知道的，你不要攀老交情了。你来要谈什么，是用什么身份来跟我谈，敞开门说吧。”此人只是连连说：“是顺便来看看，是看看你……”大概看丁玲不大识相，局促地坐了一会儿就起身走了。

看守中有一个年轻人，大约十八九岁，一天到晚拿着一本《三剑客》看。无人时，即另外两个看守不在时，他悄悄同丁玲聊天，说是看过她写的书，说：“你填一张表就什么事也没有了。我看见不少共产党员顺着填表，你何苦来呢？”他还拿出一张杨杏佛先生的照片给丁玲看，说国民党要杀他。丁玲听后，很为杨杏佛担忧而又无能为力。丁玲看这个人比较年轻单纯，便同他谈，劝他离开这里，一个青年，应该走光明正道。每月为了二三十元钱，帮这群土匪杀人是造孽，是很不光彩的。当然二人这样的“互劝”谁也没能改变谁，不过这个年轻看守还是偶尔给丁玲提供一点消息。

两天后来了一个官架十足的人，把丁玲叫到隔壁房子，开始就说：“你知不知道鲁迅是拿了卢布的？”丁玲说：“这不是新闻，是造谣，一些报纸老早就登过。”他问鲁迅的住处，又问茅盾的住处，丁玲说：“你当然知道，我不知道。”他说：“听说你对国民党的文化政策有意见，愿听一听。”丁玲说：“你们不就是杀人、抓人、恐吓人吗？你们还有什么别的文化政策，我不知道。”因丁玲的态度不好，这个人皱着眉头不耐烦地说道：“好，你回去吧。”丁玲就回屋去了，但她不知道此人是什么来头。

5月末的一天，丁玲从窗户看见一个她认识的人，在隔壁的隔壁的一间屋子里住下了，这就是韦丛芜，他是鲁迅好友韦素园的弟弟。1925年他曾到北京大学旁听鲁迅讲中国小说史，从此结识鲁迅并建立密切关系。后来,在鲁迅的倡导下,韦丛芜与韦素园、台静农、李霁野、曹靖华在北京共同创办了文学团体“未名社”。那时丁玲也在北京，有时也去北大旁听，和韦丛芜虽不太熟但还是认识，她“以为有了一点希望。我便写了一封给蔡元培的短信，请他转去。我先问他能不能办到，如能，就贴一块手绢在玻璃窗上。这信是冯达上厕所时，路过他的房门口扔进去的。当晚我果然看见他们贴在窗户上的一块小手绢，真高兴极了”。过了两天，韦丛芜趁丁玲到院子里透气时告诉她，蔡元培不在南京。那么韦丛芜如何能住到这个神秘的旅社？原来韦丛芜于1933年离开任教的天津河北女子师范学院，回家乡安徽霍邱县搞农村合作化实验并被任命为副县长，他来南京是为寻求国民党高层支持而住进了这家旅社的。

因为得罪了那位官派十足的人，那个年轻看守忽然告诉丁玲：“他们今晚要来领你们走。前天你说话脾气不好，是听我姐夫说的。”果然，不一会儿，她和冯达就被以有人要见为由请上了汽车。“我们坐上一辆汽车，车门两边都站有便衣打手，汽车在中山大街往南开去。朝这个方向，我断定是去雨花台。我默默思索：我还有什么事要做，什么话要说呢？不行！都晚了，我什么也不能做了。大块的乌云压着我。我只能回去，回老家去，到也频去的那儿去。”

正当丁玲以为她的一生将在雨花台宣告结束的时候，汽车在离城门不远的地方拐进了一条小胡同。大马路上有昏黄的路灯，小胡同里却是一片漆黑，人们大概已经进入梦乡，四周寂无声息。汽车弯弯拐拐，停在一个大石库门门前，这是一个很阔气的府第。丁玲被一群如狼似虎的人挟持着，进入一个大院，走进前厅。一位“王科长”让丁玲坐下后，说去通报主人，就走入后面屋子去了。正房两边都住着人，他们一个个地走进来看，全是些彪形大汉，赤着胳膊。八仙桌上只点着三只蜡烛，没有电灯，人一走动，一个人出现好几个影子，真是鬼影幢幢。大半个钟头后“王科长”才出来，说王先生今夜要去上海，过两天再谈，这两天就暂时住在这里。他说完就走了。

于是这一群赤膊大汉，有五六个人吧，前面两个人各擎着一支摇摇曳曳的蜡烛引路，烛光微弱，只能照到两三步远的地方。左右前后都有人紧跟着。走出这间前厅，进入一个更大的大厅，四周漆黑，丁玲无法左右顾盼，只感到一阵阴凉冷气，好像到了一个杳无人迹的旷野。然后，转进一条甬道，一条很窄的长巷。丁玲这时才感到真正的恐怖，心想他们要在这里下手了。这么黑的夜，这么深的甬道，两边这么高的围墙，这地方正好动手，任何有本领的人都无路可逃，也无力反抗挣扎。她只能无能为力地警惕着，但这些人也并没有真的动手。

丁玲被带入一个院子的倒厅，厅里有一张大床，厅中间有一张八仙桌、一个茶几、两把太师椅和几个小木凳。这里大约久无人居住，湿气、霉气直往鼻子里钻。大汉们把蜡烛放在八仙桌上，留下了3个人,其余的悄悄地走了。冯达先睡了,两个看守也睡了。丁玲无法睡觉,就坐在桌旁抽烟。桌那边坐着一个看守。过了一会儿,这个看守鬼鬼祟祟地,轻轻送过一张纸条来。丁玲侧头看了一下,上面歪歪扭扭写了几个字:“你知道这是什么地方吗?”丁玲摇了摇头。他把纸条收回去,写了几个字又送过来,写着:“这是音杀机关。”“音杀”,是特务的行话,就是暗杀。丁玲懂得音杀就是暗杀,但她没有任何表示,心里想,也可能是真的,也可能是吓唬她,即使是真的又怎样?反正自己做好了准备。丁玲不再理他,便躺到床上,心里想,这里可能真是一个杀人魔窟,自己死在这么一群又蠢、又脏的坏蛋手里真冤。她想了很多,想到了母亲和儿子,想到了胡也频,想到了潘梓年、冯雪峰,想到了“左联”……

第二天早饭后,“王科长”来了,把冯达叫出去了一会儿。冯达回来后,丁玲问他谈话详情,冯达说,他问你怎么样。丁玲想想明白了,原来汽车走在去雨花台的路上、大厅、烛光、窄窄长长黑黑的甬道、“音杀”机关等等诡秘行为都是有目的的,是恐吓,看她神经是否经受得住,因此一清早就来了解情况。丁玲心想,原来一夜的作为就是为了这个!看穿了他们的心理战伎俩,她倒放心些了。

把戏又继续了几天,有时候,忽然一个或两个看守杀气腾腾地冲了进来,手里拿了一根麻绳,好像要干一番什么大事,不过东望望西望望,然后又走了。有时,发现在那小墙门后边放了两把铁锹,他们谈话中又故意露出一点消息,影影绰绰地说晚上要干掉什么人……总之，就是要使你心惊胆战，时时都感到突然会发生事情。慢慢地，他们疲劳了，丁玲也麻木了，也无心去注意这些了。在这些“热身”把戏之后，国民党的重要人物就开始陆续出场了。

十四

身陷魍魉中

1933 年 6 月末，国民党中央组织部党务调查科科长徐恩曾来了。他跟丁玲讲："你也明白，我们并不是特别去抓你的，我们只是想去破坏共产党的机关，偶然碰着你的。只是，既然来了，却很难放。我们只怕引起外国人的抗议，我们是在租界上抓你的，这事已经引起租界捕房的抗议，说我们侵犯了他们的'治外法权'。我们不愿引起更多的麻烦，只得咬定不承认。"丁玲觉得这是比前面来过的所有人都要厉害的一个，可能是一个从未遇到过的对手，是一只笑面虎。他还说："抓你不但对我们没有用处，而且引起了一些社会舆论。"并表示："彭学沛可以资助你出洋，他愿意送你六万元钱，供你出国。"他停顿下来，看着丁玲的反应。丁玲清楚地答复说："我不能拿彭学沛的钱，我们并非朋友，我们没有丝毫关系。你说什么出国，这是我从来也没有想到的，现在我也不愿出国。这就不必再谈了。"

对丁玲的回答，徐恩曾似乎早有所料，只静静地观察丁玲。

过了一会儿，他又说道："我刚才说过，我们把你弄到南京来，实在是一个'误会'，我们并没有想抓你。抓你不但对我们没有用处，而且引起了一些社会舆论。据说令堂已到上海，要向法院起诉。自然这不会有结果的。"丁玲感到这倒是一个晴天霹雳。母亲已到上海并向法院起诉，多好啊！这说明有人、有党在母亲的身后。

徐恩曾又假装关切地说："怎么能让令堂宽心才好，你不是在这里平平安安地生活着吗？要不，你在报上登一个启事，说明你平安无事，只这一点就行。也许令堂正以为你已不在人世，或者是危在旦夕，这会使老人不安的。你看是否登一个简短的启事较好？"丁玲答道："我在这里，怎能向她保证平安无事呢？除非我得到完全的自由。"

徐恩曾又说："你不肯登启事，就写封信给她也行，再寄点钱去，让老人家放心。过去你每月寄多少零用钱给她呢？我们可以替你寄去；作为你借的也可以。"丁玲答道："她有钱，不需要我寄。"徐恩曾不再笑了，沉默地坐了一会儿，耐着性子说："我想你可以写封信给她老人家，不管你说些什么，我们都可以把信寄去。或者你写几个字给什么朋友也行。你可以同他们通信的。"

丁玲自然不会相信他的话，但停了一会儿说，想写一封信给沈从文。他满口答应，还问有什么别的要求。丁玲说给我报纸书籍看，他答应了。冯达趁机说要找医生，说腰腿因为屋子潮湿痛得厉害，晚上睡不好。徐恩曾也一口答应。大约认为没有什么再说的了，徐恩曾便站起身，装出一副高高兴兴的样子与丁玲告辞。屋外边的几个看守赶忙走进来，卑躬屈膝，哼哼唧唧。他甩一下衣袖往外走，丁玲把脸朝里望着，没有站起来，也不在意那几个看守不悦的脸色。

徐恩曾走后几个看守便立即打扫房间，3 个看守的床搬到屋子的小墙门外面去了。三餐饭也都在外边那间厅里吃。伙食有了改善，原来只是稀饭、咸菜，现在满桌是菜，鸡、鸭、鱼、肉。陪丁玲吃饭的那些看守个个喜笑颜开。第二天,买来了蚊帐、枕巾、被单等日用品。第三天，来了医生，看了病，给了点儿药。第四天，送来一些旧小说，还让丁玲开个书单子，说买什么书都可以。丁玲知道，这一切不过是欲擒故纵。

丁玲给沈从文写了一封信，在信里，拜托他在她死后看在胡也频的面上，照顾她的母亲和胡也频的孩子。这封信只是表明她对国民党不抱幻想，也希望通过沈从文透出一点儿信息，让朋友们知道她在南京。她之所以给沈从文写信，是因为沈从文是属于胡适、陈西滢、徐志摩一派，不会因为她的信而受到连累。后来，沈从文压根儿没有提到过这封信。她知道，徐恩曾让她写信的目的，只是想从中获取情报，怎么可能发出去呢!

此后一些日子，徐恩曾没有再来打扰，丁玲和冯达的生活条件有了改善，表面上看对丁玲的案子有些放松，但实际上却在施展新的伎俩。

丁玲开了她要的一个书单，有旧的古典小说，也有新杂志，但送来的很不全，自然是经过严格筛选了的。报纸也一样，她从中找不到任何她想知道的消息，连可供捉摸的新闻都没有。可是，过了一阵，她看到送来的杂志中有一本《社会新闻》，其中有一篇文章是说她的历史的。文章的作者叫丁默邨。他说自己是常德人，认识丁玲的母亲，知道她的家庭，他大肆造谣污蔑，把丁玲写得很不堪。看到这种肮脏的文字，丁玲怒火中烧，可这时她又能找谁算账？能在哪里找到公平呢？丁默邨确有其人，也确是常德人。但他说认识丁玲的母亲，知道她的家庭并污蔑丁玲则纯属胡编。丁默邨早年加入共产党，叛变后投靠了中统，在上海编《社会新闻》。“七七”事变后投靠了日本人，是汪伪政府的内务部次长，成了名副其实的大汉奸。

不久，丁玲又在一张“包”书的报纸《商报》上看到一篇很长、很详细的关于她的新闻，说她被捕后不单是自首了，而且与逮捕她的特务马绍武同居；后来马绍武受到共产党的制裁，死在上海三马路与他相好的妓女门外，说这一暗杀事件也与她有关。总之是把她写得很无耻，很下贱。这种用谣言杀人的卑劣做法，显然是徐恩曾等在幕后操纵。

丁玲为这些卑鄙无耻的谣言所激怒，但是表面上摆出一无所知、无动于衷的样子。一到夜晚，只剩下她和冯达的时候，她就骂冯达，用最刻薄的语言骂他。但冯达只是赌咒，不承认他叛变。他承认他在无知中犯了罪，造成丁玲和潘梓年被捕和应修人坠楼身亡，是不可饶恕的。他说他现在活着的意义只是向丁玲表白，并帮助她逃脱这险恶的牢笼，回到党里去。丁玲虽不原谅冯达，但她认为冯达讲的是真话。

丁玲知道，国民党特务组织就是要用这些谣言，无论在政治上，还是在人格上毁掉她的清白。在毁了她的清白之后，即使还她自由，她也无法洗清这些泼在她身上的污水，再也无法得到共产党的信任，他们就是要以这种方式逼迫她就范自首。经过千思万虑，她觉得只有逃走。只要能到了街上，那里是光天化日，即使被打死，她这个莫名其妙失踪的人也就公开了，谣言也将不攻自破，何况还有一丝生机。她观察了周围的环境，也做了试验，结论是，即使有冯达的帮助也绝对没有可能逃出去。既然无法逃脱，于是她选择了自尽，以死来洗刷泼在自己身上的污水，用死来证明自己对党的忠诚。但上吊自杀时又被不忍心看她痛苦死去的冯达救下，也没有成功。

9 月上旬的一天，看守拿来几件水果点心之类的礼物，领进来一个人，介绍说这是“王先生”。这人五短身材、动作伶俐，两个圆圆的眼睛，很有点神采。他没有架子，非常随便，是个自来熟。他说：“许久以来就想来看看你们，直到今天才有空。啊！真住了不短日子了。我想你们一定觉得太闷。”他看见丁玲不知如何回话的样子，便自我介绍道：“我现在的处境同你差不多，表面上我可以去街上走走，实际也是不自由的。今天我来看你，别无他意，只是想来为你们解解闷，你放心好了。”他见丁玲警惕地望着他，便也未多说，便告辞走了，丁玲感到以后他还会再来的。

这王先生到底是什么人呢？看守悄悄告诉她，他就是顾顺章。丁玲听后大吃一惊：顾顺章原是中共早期领导人之一，是中共中央特科的负责人。1931 年被捕后叛变，由于其掌握大量共产党的核心机密，致使地下党组织遭受巨大的破坏，致多名中共地下党员遇害。丁玲曾听到过一些关于他的事，知道这是一个大叛徒。

她明白，这院子里都是他的手下。

顾顺章果然接着又来了，他对丁玲的冷淡，好像毫无感觉似的，好像他只是来这里找一个老朋友聊天，每次来都摆出是邻居，像串门的样子，也不管丁玲理不理他，也不管丁玲的态度多么冷淡，来了就讲一些社会新闻，他对社会人情讲得头头是道。他也讲他的历史，说他并没有出卖共产党。说党对他发生了一场无可挽回的误会。还说，伍豪，即周恩来，对待他的家人太过分。他还讲他的将来，说要退出政治舞台，到农村去兴办农场，办实业，可以由小到大。不管丁玲信不信他的话，他也不在乎。

过了几天，顾顺章说到国民党杀她不合算的时候，好似不经意地加了几句:“老关在这里是毫无办法的。我的处境同你们也有相似之处。我想，只要有一丝自由，我就活动，就能远走高飞，我为什么要困在这里？”他好像真是在说他自己。丁玲想，像他这样的叛徒，共产党也不会原谅他，国民党不会信任他。他说想办农场之类，无非是骗人的鬼话。但自己和他完全不同，可以无愧地回到党里去的。只要有机会，她就可以远走高飞。

一天，顾顺章把冯达找去谈话。回来后，丁玲问他谈了些什么，冯达说:“顾顺章还是那么说，国民党不想杀你，杀你的确不合算……他说他个人以为，你不妨表示一下，可以归隐，归隐回家养母。实际归隐也可以说得过去，无害于人嘛，就说在家乡找一项职业，平平安安过日子。”冯达又说:“我已经做错了事，我决不劝你，不拖你下水……只是，我以为老是想死，在毫无希望中想死也没有意义。难道就不能想一点活的路子吗？只是不要像我，把回家的路切断了。”

丁玲虽抱定了“宁为玉碎，不为瓦全”的决心，但也想：为什么不想办法保持清白活着出去？死倒不怕，自己已经死过一次了；但活着才能继续革命，……说回家养母，有什么不妥呢？谁无父母，谁不养母？又是孤儿寡母。到了晚上，冯达又说：“我想过了，对国民党为什么不可以欺骗呢！你写张简单的条子，不要给他们留下什么把柄，有什么不可以呢？等离开这里以后，再想别的法子；兵不厌诈嘛！我看你可以再考虑一下。”

丁玲反复思索了好几天，决定同意写一张条子给他们。在顾顺章拿来的一张八行信纸那样大的白纸上写了“回家养母，不参加社会活动”。还加了一句，“未经什么审讯。”这一句是按冯达的意思加的，表示没有受刑，这张纸条不是刑讯逼出来的而已。

可是特务组织并不因此就释放她，丁玲斥责国民党的欺骗无信。过了几天，顾顺章传话来，希望丁玲能理解他们的“难处”，并决定送她和冯达去莫干山。这时已是 10 月，天气都冷了，去莫干山干什么？但这是特务组织的决定，不是征求意见。几天后，在一个天还不亮的清晨，丁玲和冯达被一群人簇拥着塞进一辆轿车，离开了“王先生”的公馆，而“王先生”并没有露面。押送人员中，除看守外，还增加了监视他们的一对夫妇。

为了加强对丁玲的防范和监视，特务组织在冬天把她禁锢在与世隔绝的莫干山上。中统曾在这里办过特务训练班，有现成的房子和人员。11 月初的莫干山就下雪了，山上格外寒冷。“寒冷不只冻硬了我日用的毛巾、手绢、杯里的茶水，也麻木了我的心灵。我实在需要一点热，那怕一点点。……我在我的小宇宙里，一个冰冷的全无生机的小宇宙里，不得不用麻木了的、冻僵了的心，缓解了我对冯达的仇恨。在这山上，除了他还有什么人呢？而他这时只表现出对他自己的悔恨，对我的怜悯、同情。我只能责备我的心肠的确还不够硬，我居然能容忍我以前的丈夫，是应该恨之入骨的人所伸过来的手。谁知就由于我这一时的软弱，麻木，以后竟长时期遭受某些人的指责与辱骂，因为我终于怀了一个孩子。”监视他们的那对夫妇，因受不了莫干山冬天的严寒宣布要回南京，在 1934 年元旦快要到的时候，丁玲又被从莫干山押回到南京城里。

押回南京后，丁玲和冯达被软禁在中统特务曹锦功家里。曹锦功高高个儿，看似是一个买卖人，很稳重的样子。押送她的人押到后就走了。曹锦功客气地向她说：“委屈你暂时在我这里住几天，房浅屋窄，照顾不周，有什么需要，告诉我们一声，我太太会替你办。……这院子里你什么地方都可以坐坐玩玩，只是不好出大门。嘿嘿，这我们有责任，我们担待不起。这条巷子很小，巷口日夜有人，要出去是很难的。”在以后的日子里，他不止一次闪闪烁烁地告诉丁玲，巷口日夜安排有人。丁玲心里明白，这里仍旧是监禁，只不过是稍微换了一点儿形式，要从这里逃出去，是困难的。曹家人也从不盘查她和冯达的来历，每天碰几次面，点点头，疏疏落落，客客气气，倒也安静。阳历年过去了，阴历年又过去了。曹家人对丁玲守口如瓶，不露一点口风。

1934 年 3 月的一天，曹锦功忽然来到丁玲房间，笑眯眯地说："徐科长吩咐我们替你们收拾房子，说要给你们自由，你们自己过日子。他们还说派人去湖南老家，把你们老太太接来。要是老太太能来，那就最好了。"他还问了一些关于丁玲母亲的年龄、生活现状等等。过了几天又来了，说："你们有很久很久没有见面了吧。老太太总会十分思念你的。她会很希望来南京看看你，要有你的一封信就更好了。"丁玲对母亲到底要不要来做了各种推测，她最担心的是母亲若真的来了，特务组织把她作为"人质"逼自己就范怎么办。但在苦难中的丁玲是多么想念母亲和儿子呵！过了两天，在极度矛盾中，丁玲写了一封短信给母亲。大意是，"我失去自由已一年，你一定很想念我。现在有一个机会，你如能来南京一趟，我们或可相见。但这里能否适应，请你仔细定夺。"

4月上旬的一天上午，曹宅门口停了两辆马车，进来两个人，说是来接丁玲的，曹锦功也陪着，等上了马车，才神秘而轻轻地告诉丁玲："现在我们去轮船码头，令堂老太太乘坐的轮船快到了。"

丁玲真没有想到母亲来得这样快，虽然她曾经写过一纸短信，但事情来得太快，她感觉思想上还没有准备：母亲真的来了，将对她说些什么呢？她一路昏头昏脑，在马车里胡思乱想，又像什么都没想，在几乎是六神无主的情况下，终于被引进一间船舱。丁玲看见了一个老妇人，一个十分苍老憔悴的老妇人。呵！这就是自己的母亲，这是自己的母亲吗？

母亲一下扑在丁玲怀里，两手紧紧抱着她，眼泪像泉水，像瀑布似的挂满一脸。丁玲却怎么也感觉不到这便是自己那慈祥、严肃、可亲的母亲。但这又绝对不是旁人。细看她的容貌，不管怎样苍老也还是她。而且倚在她身旁的男孩，丁玲一眼便认出那就是她的麟儿，她的儿子。……丁玲迷茫地跟在那些陌生人后边，挤出了码头，挤进了马车。

晚上，一家人聚在一起，母亲拉着丁玲的手，丁玲怀里拥着儿子，母亲讲述了这一路来的情景。原来半个月前就有人自称是丁玲的朋友去看过她。她一看见信，认出是女儿的笔迹，就毫不犹豫地决定走，不管是天涯海角，要跟着接她的人一道走，而且带着麟儿，还设法带了一个老佣人。为了要见女儿一面，她准备承担一切风险。她反复说，要把孩子交给丁玲。因为她已经风烛残年，加上战乱，乡下也不太平。她过去能勉强抚养，现在她再也无力抚养这个十分可爱的伶仃孤儿了！

丁玲感觉心里透明了，也凉透了。母亲的确已经衰老了，自己不应该再加重她的负担，现在她需要依靠她唯一的女儿了，而不能像过去那样给她提供有力的支持了。这是她原来没有想到的。丁玲暗自决定，关于自己这些年的遭遇，什么也不告诉她。也频惨死的噩讯，一直瞒着她，现在也不清楚她到底知道多少，只得仍然瞒着她。现在也不能让她知道自己的处境以及自己的思想、打算和预谋。就让她暂时把曹先生当成自己的好朋友，把冯达当成自己的好丈夫吧，让她以为自己什么事都没有发生，一切艰难危险也过去了。她实在不忍心再让母亲担惊受怕。她抚摸母亲枯干的手，冷静地说："先住下来，等以后慢慢再说。你为我和也频把麟儿带到这么大，你在困难中替我尽了当母亲的责任，我不知道如何感谢你才好。曹先生说已经给我们收拾了几间屋子，明天我们就搬过去。我们先暂时住几天，其余的事以后再说吧。”

第二天，丁玲和冯达便携母亲一起迁出曹宅，住进明瓦廊的一处房子，后来又搬到螺丝转弯，在这两处一共住了 4 个多月。换到这里，表面上是独立居家，实际是明松暗紧，仅仅是换了一种监视方式而已。

在这里，丁玲意外见到了新邻居姚蓬子一家，颇感惊喜。1928 年秋，丁玲和沈从文一起参加施蛰存的婚礼时便认识了姚蓬子。丁玲和胡也频住萨坡赛路时他经常来串门，同为文学青年，很快就混得很熟了。丁玲主编《北斗》时，姚蓬子和沈起予被分配做助手，负责排版、印刷及校对。尽管《北斗》被查封后二人见面少了，但劫难中偶遇如此熟悉的老朋友，也实在让她激动。她想一下子跳到他们面前，把许多想讲的话，许多想说的事告诉他们。可是他们却显得十分冷淡，姚蓬子低头走进里屋，他的妻子敷衍着她。丁玲很快从兴奋中冷静下来，被绑架后不时遇到“熟人”的经历，使她一连串的疑问泛上心头：他们是怎么搬到这里来的？姚蓬子为什么有如此表现？

冯达拿来一张当天的报纸，丁玲一翻，一条触目的启事赫然射入眼帘：《姚蓬子脱离共产党宣言》。丁玲读着这个宣言，所引起的惊异、愤怒难以形容。她开始几乎不敢相信这是他写的，但又不得不相信这是真的。

一个多月以后，姚蓬子才开始找丁玲说话。他说他的确是对共产党灰心了。他告诉丁玲说他是在天津被捕的，他把写有接头地点的纸条吃下肚了，没有供出一个同志。后来解到南京监狱，他看到有一些比他资格老的共产党的领导人，都先后自首，自己为什么要死呢？他还说了一些其他人的情况。无论姚蓬子的话中有多少真或假，丁玲的感情已经平复，她明确地知道，现在特务组织安排姚蓬子和他们住在一起，一定是想利用她和姚蓬子曾经的朋友关系，来软化她，劝降她，至少是监视她。事实上，姚蓬子负有这样的使命和任务。

在搬到明瓦廊后，一天晚上，冯达很慎重地对丁玲说，在离开曹宅的前一天晚上，他到曹先生屋里去了一趟，曹先生说以后每月给 100 元生活费，让我们独立住家，但不是说你完全自由了。你既然不自由，就无法自己谋生，他们就应该给你生活费，这我不能拒绝，没有犯人坐牢还得自付饭费的。至于冯达他自己，曹先生说要他到一个翻译机关去，算是为他安排工作，月薪 60 元。……丁玲一时被他的这些话吓住了，冯达竟要去国民党的一个机关做什么翻译，这不是越陷越深了吗？她说："我不同意你去。……你去那里当翻译，不管你翻译什么，不管你做得多少，你总是进了人家的门，为人家做事，你不只绝了自己回去的路，你叫我怎么做人？"

冯达听了，心情沉重，但仍说是他自己决定的，虽然内心很痛苦，但没有别的办法，只能答应去当翻译。并说他这样做，也是为了她，希望因此国民党对她的监视能够放松，可以找机会逃出去，脱离这个苦海。他表示，你什么时候离开南京，我就回广东老家去，我们命定是要分开的。还说他肺病有发展，半年来肺部经常疼痛，不一定能活得长。丁玲觉得暂时也没有他法，只好边走边看了。

1934 年 5 月的一天，国民党文化界高官张道藩来到丁玲住的明瓦廊，说是特地来看望丁玲和姚蓬子的。丁玲知道，以她的处境，到这里来看她的人，不管官大官小，不论说得怎样好听，名为看望，实是审问、了解、劝诱、安抚、欺骗。所以她始终保持着警惕。张道藩很随和，说这次来拜访，是为了他现在有一段戏剧材料，愿意介绍给丁玲，希望丁玲能执笔。丁玲知道，自己的全部作品，已经被国民党政府明令查禁。可现在这位国民党的文化界高官却自愿提供材料，由自己根据这个材料写个剧本，其用心是不言自明的。如果自己据此写了剧本，那就造成了事实上她与张道藩的合作，也就是与国民党的合作，这样的合作一定会被大肆宣传，她将由此踏入难以自拔、无法洗白的泥潭。这是徐恩曾、顾顺章等人威吓、诱劝无效之后，为她设计的又一个陷阱。丁玲心里明镜般地清楚，决不能上当。所以她推诿身体不好，无意于此，并说从来没有写过剧本。话不投机，坐了没多久，张道藩就告辞走了。

大约过了个把月，张道藩又派人用汽车把丁玲和姚蓬子接到他办公的地方。作为国民党的高官，张道藩如此的“礼遇”很难不让人感动。他单刀直入，重述了第一次见面时说过的建议，希望她写这个剧本；如果一定不写的话，无论如何，就先为这个剧本编写一个大纲。但丁玲依然以不懂戏剧加以拒绝。后来，张道藩自己把剧本写好后，又来到丁玲住处，只希望丁玲看看，提提意见，或者就请动笔替他修改一下。丁玲感觉这也太奇怪了，为什么呢？她仍用第一次见面说过的话拒绝，说自己不懂戏，说不出什么，也无意于此。只是到了第二年，丁玲知道这个剧曾在南京上演，报上大登广告，轰动一时，热闹了一阵，剧名就是张道藩同丁玲谈过的，只是剧本内容她不知道。

历史地看，张道藩作为国民党文化界的高官，试图以屈尊合作的方式来转化丁玲，也可谓煞费苦心。当年丁玲顶住高压和诱惑，拒绝了这个剧本的写作和修改，不仅避免了自己陷入国民党为她设下的圈套，还打破了国民党企图利用丁玲的名望和影响，以这个剧的创作和演出来打击分化瓦解左翼文化阵营的如意算盘。

在明瓦廊住了一个多月，丁玲试探着在夜晚，在后门的一条马路上散步，居然没有受到阻拦。于是她胆子大了一点，便试着在白天走得稍远一点，她希望有好运气，能碰见什么熟人。果然，有一天她带着母亲、麟儿去夫子庙，在一个小茶馆里喝茶，忽然她看见张天翼和高植也在那里喝茶，同座还有一两个她不认识的人。高植曾在她主编《北斗》时投过稿，通过信，见过面，但没有太多了解,她稍稍招呼了一下,说了几句话。但她一看见张天翼，心简直欢喜得要跳出来，只是不敢流露，她急忙过去打招呼，悄声对张天翼说了几个字:“明天上午，鸡鸣寺。”便赶快离开茶馆回到了住所，暗自咀嚼着这一时得来的喜悦，幻想着明天的前景。

丁玲对张天翼当时的思想情况和过去的历史不甚了解，但她知道，他是“左联”盟员。他的短篇小说《二十一个》似乎是第一次以兵士为题材的，她是喜欢过的。“一·二八”抗战前后，他搬来上海，一起开过会，示威游行时他和杨骚、楼适夷在“左联”队伍前面打着大旗，算是一个战壕里的战友和同志。丁玲以为看到他，觉得就等于找到了“左联”，找到了组织，可想她有多高兴了。

第二天一早，丁玲独自悄悄去到南京的风景区鸡鸣寺，游人还很少。丁玲无心观赏风景，只是在山门前的道上和后边阁子下的路上徘徊，焦急地等待着。约过了一个钟头，张天翼果然来了。她和他像老朋友那样并排坐在鸡鸣寺阁子前的小路边上，她焦急地询问上海“左联”熟人的情况。他告诉她，上海白色恐怖严重，冯雪峰已去苏区。周扬、夏衍去了日本，钱杏邨不容易找着，他自己也久未去上海了。她还知道了张天翼在南京目前住在姑姑家，他姑父邵元冲是国民党高官，担任国民政府立法院副院长等职务……这些消息像一盆冷水浇在丁玲的头上。她不知怎样才好。这时是初夏，可是她却感到阵阵寒意，如隆冬时的僵虫，说不出一句话。张天翼也问到冯达，问到姚蓬子，她也简单地答复他。太阳快当顶了，她感到虽有千言万语，也不知道从何说了……她只得同张天翼分手告别，如有所失地踽踽独行，回到那布满愁云的住所。

丁玲很后悔没有对张天翼敞开心扉，错失一次明确向组织传递信息的机会。不久，矛盾中的她又鼓起勇气去了一次张天翼的姑姑家，这个住址是她在鸡鸣寺时问他要的。她到了张天翼姑姑家时，还未进门就听见屋里的笑声和麻将牌碰撞声，原来张天翼和他的姑姑、外甥女等亲友正打麻将。张天翼好像完全不理解她的来意。对她点了一下头，打了一下招呼，没有离开牌桌，仍然注意他手里的牌。倒是他姑姑拉了一把椅子给她坐。他打了一局又一局，他一家人欢乐地有说有笑。她坐在旁边的冷板凳上，呆呆地望着他们打麻将却又心急如焚。她是冒着风险，有急事才来这里的啊！她在敌人面前受尽折磨，但在朋友面前，还要忍受着这样的冷淡，却是第一次。看着他们不会因为她的到来而停止麻将战时，她只得慢慢站起身来告别。主人既不留也不送，像她进门时那样点了点头，就算招呼过了。

丁玲额蹙心痛地离开张天翼的姑姑家，她感到太寒心了，一直不理解张天翼怎么会这样呢？过了很久以后，她才慢慢悟出当时张天翼对她如此冷淡的因由：她陷在那样一个泥潭里，国民党特务组织又利用报纸、刊物，捏造和散布了许多有关她的谣言。面对当时严重的白色恐怖，恶劣的环境，在真假难辨的情况下，她“躲过”特务组织的监视出来和人见面，就有可能是特务组织的欲擒故纵。跟踪、盯梢、绑架、暗杀是国民党特务的看家本领。在有国民党高官背景的亲戚的家里，张天翼不能接待她，这是不得已的事。是谣言污蔑已经使外界真假难辨，自己怎能一味地认为谁都会相信她，谁都会毫不怀疑地立即给她提供热情的帮助呢？

1934 年 10 月 3 日，丁玲在医院生下一个女孩，取名祖慧。丁玲说：“我这时的心境像掉进了枯井那样幽暗与悲伤。……这个女孩却使我更加悲苦。这不是我希望有的，但是我生的。我能把她丢到垃圾箱子里去吗？我能把她送到育婴堂里去吗？我能留给她的父亲，让她终生蒙受羞辱吗？我只能把她留身边，我是母亲，我应该对她负责，不只哺育她成长，而且要尽心守护她，不让她受羞辱，尽心教育她，使她成为革命者。因此我得首先背负着一时无法分说的耻辱，也许还得就此终我一生。”

住在明瓦廊、螺丝转弯，虽说有了少许的“自由”，但他们的前院、旁院都住着一些身份暧昧的人，进出都得经过他们的住处，任人侧目审视。为此，丁玲常常抗议，既然说是自由居住，就应该让她自己去租民房。她因分娩住进医院后，更是坚决表示无论如何都不再回住过的地方。冯达和姚蓬子“商量”后，就租了中山大街向东拐进去的一条小街上的一幢小楼，上下各三间，姚蓬子一家住楼下，不言而喻，这样安排，更方便监视。

自此，“自由”又有了一些改善，他们在这里住了两个月，也没有人来这里骚扰过。在这个小楼居住的时候，丁玲意外地结识了一个终生难忘的朋友方令儒，她是我国清朝著名桐城派文学家、思想家方东树的后裔。

10 月底的一天，方令儒作为不速之客来到丁玲的住处。她那时不到 40 岁，长得很好看，她的温柔大方给丁玲留下了深刻的印象。同她一起来的是她的大女儿，一个十五六岁的俊俏少女。她谦虚地自我介绍说：“我叫方令儒，是特别来看你的。我不是国民党，也不是共产党。我非常同情你的遭遇，我很喜欢你的小说。我想你在这里一定太寂寞，我能为你分点忧愁吗？有什么事我可以帮助你吗？”听到又是这样的一番话，丁玲不免用怀疑的眼光望着她，心里想，她怎么会知道我住在这里？她会不会又是国民党派来的？方令儒看见丁玲很冷淡，便不多说，只对丁玲的母亲表示一点儿尊敬，说了几句恭维话，又对她的儿子女儿称赞几句，然后便文静地告辞了。

方令儒生于 1896 年，曾留学美国华盛顿州立大学和威斯康星大学，攻读文艺学。回国后，于 1930 年任教青岛大学，并开始诗歌、散文创作，投稿于新月派杂志。1932 年后因病回南京家中休养。只是丁玲当时并不知晓她的经历。

此后，方令儒过一段时间便来一次。她从不谈政治，也不问丁玲的生活，只是点点滴滴地谈她的心曲。如读书的感想，多半是些外国书，翻译过来的，或还没有翻译的；谈她认识的一些文人的印象，这些人多半丁玲并不认识，是她青岛大学的一些同事。后来便谈她的家庭生活，她在婚姻爱情上很不幸，丈夫有外室住在上海，她带着孩子住在南京。多次的谈话以后，丁玲慢慢认识到和她来往是无害的，她是个好人，便逐渐放宽了心。后来丁玲也去她家里，原来她就住在他们这个小楼对面的娃娃桥，是一个亦官亦商的大家庭，有很多房子，她住在侧院的三间大厅，布置优雅，环境安静。

她们之间建立了真诚的友谊，丁玲对方令儒也十分信任。1936 年丁玲同组织取得联系，方令儒家就成了她通信联系的地点。她到延安后，知道毛泽东想有一部《昭明文选》，便托方令儒代买了一部寄来送给了他。1943 年起方令儒任上海复旦大学中文系教授。新中国成立后，当选上海市妇联副主席、上海市文联委员等，每到北京便去看望丁玲。著有散文集《信》《方令儒散文集》和译文集《钟》等。1976 年病逝。

十五

蛰居苜蓿园

丁玲和令方儒建立了真诚的友谊，但她一直最为亲近、信赖的母亲这次来了以后却有了很大变化，完全不像以前的母亲了。

丁玲清楚记得，母亲在她小的时候，不管经受了多么大的挫折，她总能保持那种意气风发的状态。她冲破封建旧俗，入学读书，抱负远大，以救国为己任。儿子夭折后，她从绝望中努力自拔，四处奔走，为贫苦人家子女办工读学校。“五四”“五卅”运动时，她热情澎湃，带领教师学生去大街讲演。她也烦闷过，甚至唉声叹气，但不多久，她便又振作起来。而现在的母亲不仅外貌苍老憔悴，心情也“显得寂寥，似乎同我隐隐有点距离”。母亲什么也不打听，母女两个“都装作若无其事的样子，都怕碰着这些充满苦涩的现实”。

母亲住了不到一个月，就要去上海，说“她参加了一个什么会，又作气功又治病。说她对世界，对人类都不能再有什么作为了，于是她学气功，学治病，扶困济贫，总还有点用处”。丁玲心想这也许是一个搞封建迷信的会道门，但她母亲坚持说这不是迷信，她是把这当成科学来认真学的。她承认这里面可能有一部分人是死脑筋，迷信，可是她是用这个方法来修身养性，治病救人的；她是不能饱食终日，无所事事的。她一定要去上海，在上海把功夫学深一点。她应许丁玲 100 天以后回来，丁玲只得让她走了。母亲在上海住了 3 个月，9 月下旬回到南京，但不到 20 天就不顾丁玲劝说，把一双幼小儿女留给丁玲，自己带着那个老佣人回湖南去了。母亲的变化，丁玲感到难以理解和接受。

1934 年 11 月初，冯达检查身体，医生说是三期肺病，不能工作，要卧床平躺休息，还要加强营养。那时肺病治疗没有特效药，只是用钙片把病灶包围起来，让结核区逐渐缩小。这样，冯达便请假在家，一天到晚无声无息地躺着。他很想回老家广东去，但又说不愿在此时此境留下丁玲独自受困。丁玲却打算从此分手，带着孩子回湖南去。可是她又身不由己，可这日子怎么过？祖林思亲，整天想念外祖母；婴儿缺奶，日夜不断地啼哭。丁玲自己向来是天涯游子，不会操持家务。现在困在囚笼，一天到晚衣食住行，真不知道怎样安排！再求母亲回来，一时是不可能的。

这时姚蓬子到芜湖去编辑国民党办的《芜湖日报》，但也不愿带妻子儿女去。他每月 100 元的收入，一家两地生活，花费自然不够。丁玲因冯达生病已经不能再领工资，治病养病还要花钱，小孩雇奶妈买奶粉也要花钱，她又不会操持家务。这样，两家都有节省开支的意愿。1935 年春天，丁玲和姚蓬子一家便搬到了坐落在中山门外，一个小村庄里的苜蓿园。这里有 5 间茅屋，正房后边还有两间灶屋。茅屋周围有些空地，竹子围篱。房子质量不高，房租也就便宜。丁玲想隐居在这城外的陋巷，暂度时光，其他事情以后再说。她的母亲经不住困境中的女儿一再请求，又回南京来帮助女儿。

不想，在这里丁玲得了一场很重的病。起初她不知为什么每天下午发烧，人没有一点精神，疲累不堪，她怀疑是不是被冯达传染上了肺病。她去医院拍了 X 光片，也没有诊断出是什么病。吃了一些药，也毫无效果。就这样每天继续发烧。她先是瞒着母亲，后来病越来越厉害，她只得向母亲说："妈！我得花一笔钱了。不是住普通病房，我要找中央院的内科主任替我治病。听说这个主任医术高，只是非常势利眼，对头等病房的人才看得仔细，对普通病房的人就差得多了。"可是从哪里来钱呢？她向姚蓬子暂借了 200 元。"我住进了二等病房，单间，一天要四五元。我落落大方一次交了两百。果然，医生、护士川流不息地来到病房。主任说先治咳嗽，又照片子，又电疗，又打针。可是烧仍不退，热度有增无减。白天，我烧得认不清人；方令孺来看我，守在我身边，我也不知道。但到了夜晚，由于用冰凉的酒精擦身，我才较清醒。"她盼望着，拖着，人消瘦了，满头的头发脱光，但却慢慢地活过来了，内科主任说她得的是伤寒病。

秋天到了，住院费花完了，她又悄悄回到了苜蓿园。这一年的整个冬天是她母亲一个人苦苦支撑着熬过来的。她母亲现在无心给旁人看病了，也不再谈那些治病救人的事了，她既要服侍重病初愈的女儿，还要照顾两个幼小的孩子，她只用她坚定的耐心，顽强的沉默，让丁玲相信，她还是可以把担子挑下去的。她把她最后的一点存款，是每月存 3 元，积攒了五六年，为外孙子麟儿存的一笔零存整取的定期储蓄，到这时一共也才有 200 来元取出来。丁玲一起拿来还了姚蓬子。她知道过了冬天，就该是春天了！她觉得自己就像一条死而不僵的小虫，带着两个小孩，在慈母的怀里，再熬过这个冬天吧！

丁玲艰难地蛰居在苜蓿园里，盼望着春天能早点到来。曾经发生过“五四”运动的北平，在 1935 年底又发生了“一二·九”爱国抗日救亡运动。卧床休养的丁玲，从报纸上看到这些消息后，十分振奋，她的心随着这些青年学生的队伍一同向前，她要跃起，她要飞出去，她要投入到抗日救亡运动的洪流中去。但是，她身不由己，怎样才能逃出这四壁铁墙似的囚笼？逃出去了又到哪里去安身？她反复思忖，认为必须放出信息，让党组织知道她正在南京盼星星盼月亮似的等着援救，她要实施自己的计划。

第一步，她要写文章。自己本来是写文章的，是作家，只能透过自己的文章，发出信号。于是她努力振作起，拿起搁置了两年多的笔，用心用意，写了《松子》《团聚》《陈伯祥》等。《松子》发表在萧乾编的 1936 年 4 月 19 日《大公报·文艺》副刊上。小说写一个叫松子的孩子，整天为寻觅吃食游逛，小弟弟被汽车轧死了，妹妹被狼咬死了，父母怪责于他，而“他悄然转过身，没入黑暗里了，那无止境的黑暗里去了”。《团聚》发表在 1936 年 9 月巴金、靳以合编的《文季月刊》上。写在外做事的三个儿女，相继回家来寻求资助，一家人团聚了，但家里早已脆弱不堪，陆太太歇斯底里地哭叫着:“他们全回来了！他们都不替我想，我用什么法子来养活这一家人！”

通过发表文章向外界透露消息的做法很快就有了效果。沈从文作为《大公报·文艺》副刊的“顾问”，不难从丁玲发表在副刊上的《松子》获得她的住址,并很快就来到了苜蓿园。丁玲说:“沈从文也来这里看我了，但我们两个人的心里，都隐隐有一点芥蒂。原来在1933年我被秘密绑架后，社会上传说纷纭，国民党却拒不承认。左联同志不能出面，为营救我，想方设法托王会悟和他商量，拟用他的名义，把我母亲从湖南接到上海来，出面同国民党打官司，向国民党要人，因为他同我母亲也熟。……沈先生这时回信给王会悟说，丁玲并未被捕，而且她同我早已没有来往了。此后1934年他返湘西，路过常德，住在第二师范学校，有师生建议他应该去看一看我母亲，但他不去；第二师范的同学们就自行去我家看望我母亲，并在我母亲面前说了一些不平的话。原来那时沈从文正以挚友的身份在报纸上发表《记丁玲》的长文。我母亲是饱经人情冷暖、世态炎凉的过来人，对此倒没有什么很多的感慨，只觉得这是一件很平常的事，值不得大惊小怪；她曾经把这些事当成别人的事那样讲给我听。而我心里却有点难受。我对这个人的为人是知道得很清楚的，在那种风风雨雨的浪涛里，他向来胆小，怕受牵连，自是不必责怪的。我理解他并且原谅他。只是再次见面时，总有一丝不自然。他呢，可能也有点不自然，他现在来看我总算很好，也是同情嘛，我是应该感谢他的，只是我们都没有敞开心怀，谈的很少。”

熟悉丁玲、胡也频与沈从文的人都知道，他们的友谊经历了从相识友好、风雨同行而达到情逾生死的感人境界。令人遗憾的是，苜蓿园二人相见之后，他们的关系便开启了从互相隔阂、不相闻问到分道扬镳、甚至反目成仇的过程。此时两人心里隐隐的“介蒂”显然是他们友谊的一个重要转折点，历来为研究者所重视。

既然“介蒂”源于丁玲提及的两件事，那么这两件事是否属实就成了焦点。关于第一件事，即沈从文拒绝以他之名接丁母到上海，丁玲是在 1936 年 5 月去北京见到王会悟后知道的，而沈从文到访苜蓿园是在 1936 年初，时间上在丁玲记忆中被提前了:“我很奇怪为什么她（指王会悟）对沈先生有那么深的意见。后来才知道，就因为 1933 年我被绑架后，王会悟仍在上海，她写了好多封信到湖南安慰我母亲，说我平安无事，说有许多人在营救我。她怕我母亲不相信而难过，便今天写信用这个人的名字，明天又用那个人的名字，还用了沈从文的名字。哪里料到，后来沈从文却不愿借用他的名义接我母亲到上海向国民党要还女儿。”

最早对丁玲提到的两件事进行详细辨析的是凌宇先生，他在其所著《沈从文传》中认为:“丁玲提及的两件事，究竟是否属实，已无从确证，因为这两件事都是由第三者转叙的。”他在书中列举了丁玲失踪前后沈从文的所作所为，以说明沈从文出于“胆小，怕受牵连”而拒绝用其名之事不可能发生。二是，沈从文那次回湘西，因急于返乡探望病危的母亲，即便是未能去看望丁母，也说不上有“人情冷暖，世态炎凉”之嫌。因此，丁玲所谓“我们两个人的心里，都隐隐有一点芥蒂”是不准确的，应该是丁玲自己心生了“芥蒂”且依据不足，让人感觉有点莫名其妙。但他也说“人世极为复杂，这些自然都是些难以索解之谜，只能交付后来者根据各自的人生经验去判断了”。凌宇先生建立在对当时资料掌握与分析基础上得出的结论言之成理，但结论是建立在当时“丁玲提及的两件事，究竟是否属实，已无从确证”基础上的。如果随着新资料的发现，这两件事，或者其中的一件能够确证，是不是结论也会随之修正呢?

1990 年 5 月 18 日,曾经参与营救丁玲的楼适夷先生在与《沈从文与丁玲》一书的作者李辉谈话时说:“丁玲失踪后，上海组织了营救委员会，我算是主持人。大概在六月，我们在李达家中和他的夫人王会悟商量，把丁玲的母亲请到上海，由她出面向国民党要人。我们考虑到沈从文与丁玲的母亲熟悉，便想请他去接丁母前来。当时沈从文不在上海，就由王会悟出面给沈从文写信，她与沈从文也很熟悉。沈从文很快回了信，我是在王会悟那里亲眼看到信的。信中主要说两点。一是说，他已请胡适打电报给上海市市长吴铁城，询问丁玲的事情。吴回电说上海方面没有逮捕丁玲。二是说，近年来，他与丁玲已没有什么来往。他没有同意去湖南接丁母。这使我们很失望。他和丁玲别的事情我不清楚，但这件事是我经历的,不会有误。”楼先生的谈话,应该是可信的，它确证了造成丁玲心里“芥蒂”两件事中的一件确实存在，证明了王会悟是带着对沈从文“那么深的意见”说给丁玲的。站在丁玲的角度，在渴望被搭救出火坑的焦急中，她一直相信沈从文是一个会倾尽全力相助的朋友，而从王会悟处得到的信息与她的信任之间出现了严重反差，在她对营救活动中其他信息严重缺乏的情况下，只这一件事就足以使她对沈从文心生“芥蒂”，而丁玲记忆中“拒绝”的时间被提前了两个月之误也便显得不那么重要了。

那么，沈从文不是因为“胆小，怕受牵连”，又为什么会拒绝用他的名义接丁玲母亲来上海打官司呢？从沈从文的一贯思想立场和文学观考察，最可能的原因是，他乐于从朋友的立场去为丁玲奔走，而不愿意在党团之下卷入纷争。丁玲似乎没有从这个角度来理解谅解沈从文，因为在营救丁玲的过程中，团体和个人甚至是外国友人之间不应是互相排斥的关系。凌宇先生说：“终因丁玲心存的‘芥蒂’基本上埋葬了她与沈从文的友谊。沈从文与胡也频、丁玲的友谊，实在是中国现代文学史上动人的一页，我们惋惜这一友谊的终结。”

第二步，丁玲通过会客、通信、自由活动等方式，在一直紧锁的人际关系上，“稍稍开了一点门”，增加与外界的联系和获取信息的渠道。这很快也有了效果：“老朋友谭惕吾来看我了。当年她虽是国民党党员，以国民党党员的面貌来看我，却仍然保持着一九二四年时对我的纯真的爱护与关心。她告诉我，听说我被绑架后，她曾经四处打听我的消息；她明说国民党对我是不会宽容的，曾想杀我灭口。只是因为有宋庆龄、蔡元培、鲁迅等世界名人的援救，才没有敢动手。”

她给叶圣陶先生的信也有了回音。5 月的时候，她接到叶圣陶先生来信，向她为开明书店建店 10 周年纪念文集约稿，她立刻复信说：“你的信真使我喜欢得跳了起来，我是晚上收到的，我一夜也没有睡好。一点什么东西来到了我心头，我来回想着一句话：‘我一定要赶忙写一篇文章给他们。’你真没有想到你们所给我的勇气和鼓励呵！”她为纪念文集写了《一月二十三日》，发表在1936年7月叶圣陶主编的纪念开明书店成立10周年专辑《十年》上。

不久，曾在《北斗》上投过稿的高植来了，萧乾也来到苜蓿园。当然，萧乾是兼为《大公报》“文艺”拉稿子的。她因此得到了李达夫妇的消息。李达于1932年开始在北平任教，王会悟及子女也迁居北平。她认为，如果找到李达，便可以从他那里找到与党联系的机会。她给他们写了信，说要去看他们，她打算在得到李达回信后，就去北平。

第三步，便是安排母亲和两个孩子回湖南。丁玲没有把她的全部打算告诉母亲，但母亲似乎懂得女儿的心情，能够体会女儿的痛苦和向往，情愿勇敢地挑起照顾两个孩子的这副重担，为女儿分忧。1936年4月底，由表弟余肃臣陪伴，母亲带着祖林和祖慧两个幼儿离开南京回到湖南。丁玲对两个孩子心存不舍和愧疚，对母亲则心存感激，母亲永远是她最温暖的港湾和最可靠的后援。

1936年5月14日，是丁玲被绑架整满3年的日子，她去北平的准备工作已经完成。她从沈从文那里打听到了李达在北平的住址，从沈从文的妹妹处也弄到了往返北平的火车票。沈从文的妹妹在铁路上工作，每年有四次免费乘火车的机会。丁玲故意向姚蓬子透露，她打算去北平看望王会悟，大约两星期可以回来，还假意托他们好好照料病中的冯达，但是她有意地没有告诉姚蓬子自己哪天走。这天谭惕吾、方令儒恰巧都来看她，看见她情绪很好，都诧异地问她："有什么高兴的事吗？"她说："今天是我的生日；这一天曾经是我的死日，现在又变成是生日了。"她们始终没有弄懂，还以为这一天真是她的生日。

两天后，丁玲独自悄悄地离开了苜蓿园。为了不使人注意，她只提着一个普通麦秸编织的小提包，里面放了几件换洗衣服。走到门口，她回首望了望这几间茅屋，心想也许就此和这里永别了，同这 3 年来的痛苦永别了，她或可以从此开始新的生活了。她既兴奋，又有点儿紧张。

这天清晨，火车到达北平，丁玲雇了一辆人力车，就直奔复兴门宗帽胡同三号李达和王会悟的家。王会悟刚起床，还没有扣好衣服，一见是丁玲便大叫起来，她的孩子们也从里屋跑出围了上来。李达也高兴丁玲的到来，不过他一本正经地、诚恳地对丁玲说："以后你千万别再搞政治了，就埋头写文章，你是有才华的。"第二天他又拿出宣纸，兴致勃勃地给丁玲写了一幅中堂，勉励她专门从事文学创作。这样一来，他就把丁玲想要向他说的话全给堵住了。丁玲揣测，他可能猜想到她这次来北平找他的本意。但是他一点也不谈，只带着她游玩、吃饭、拍照。丁玲感到李达试图给人造成这样的印象，他已经不再是红色教授，已经成了一个看破红尘，随和、无党派背景的教授了。丁玲心里已经明白，要从李达这里找组织，是没有希望了。但她仍希冀或者有一个偶然的机会，能让自己抓住。

果然，有一天，丁玲同他们闲谈到王一知，她非常高兴。王一知是和丁玲一道在 1922 年到上海进平民女校读书的同学，到上海不久经刘少奇介绍加入了共产党，她的两任丈夫施存统和张太雷都是著名的共产党人。王一知在上海时，她们还时有来往。知道了王一知现在北平，她怎能不高兴呢？不过她去了以后发现王一知变了："现在看见她同一个不像党员、而是吃洋饭的年轻人住在一块，……我大胆地试探着问她，说我想去陕北，不知是否有可能从她认识的人中找到线索。她回答说，去陕北很困难，她也找不到合适的人。这样我就不再往下说了。"

丁玲感到很茫然，到哪里去找党的关系呢？后来，丁玲在打听其他熟人情况时，王会悟告诉她，曹靖华在中国大学教书，她认识他，因为她在中国大学做会计。丁玲并不认识曹靖华，但她知道曹靖华是瞿秋白在莫斯科时的老朋友，同鲁迅有亲密的交往，所以她立刻请王会悟转告曹靖华，说她要见他。曹靖华很热情地答应了。

那天见面，似乎都来不及互相打量、寒暄，曹靖华第一句问话就是："你现在生活怎样？"丁玲的第一句答话也是从心里迸出来的："太痛苦了。"于是丁玲把自己的全部心思告诉曹靖华，她说她一定要找到组织，否则即使能暂时住在北平，或别的什么地方，她仍是一个黑人，不能有什么活动，也无法向组织表白心意。但她现在却苦于无从找到党组织。曹靖华听了很感动。他们估计，鲁迅那里一定会有党的关系，可以从他那里间接地找到党，但丁玲自己去找鲁迅是困难的，也是危险的。曹靖华慷慨应允，他设法写信转告鲁迅。这样，他们商定，丁玲仍回南京等消息。因为丁玲久留北平容易发生意外；再者南京离上海近，如果找到了党，联系可能更方便一些。

丁玲对北平已别无留恋，第二天便告别李达夫妇如约离开北平回南京。曹靖华到车站送她上车，再三说：信，他即日发出，请丁玲耐心等待。

回到南京，丁玲总算把姚蓬子的询问对付过去了，没露什么破绽，他不会想到她能找到曹靖华。冯达也是这样，他自然能猜测出丁玲此行的动机，但他看得出，丁玲对此行表现出的是很失望。

1936 年 6 月末，也就是丁玲从北平回来一个多星期后，张天翼忽然来看姚蓬子和丁玲。张天翼同姚蓬子很熟，谈得很热闹，他找了个机会，悄悄塞给丁玲一张纸条。丁玲跑回房，急忙展开一看，上面只有简单的一句话："知你急于回来，现派张天翼来接你，可与他商量。"没有具名，但丁玲一下就认出是冯雪峰的笔迹。丁玲真是喜出望外，但一点儿也不敢表露出来。她找了一个间隙同张天翼约好再见面的时间和地点，姚蓬子也并没有发现。

在丁玲被囚禁南京的 3 年里，国内的革命斗争已发生了许多的变化。中央红军经历了第五次反"围剿"之后，经过两万五千里长征，到达陕北。冯雪峰于 1933 年从上海进入中央苏区，并随红军参加了长征。1936 年 4 月，他作为党中央的特派员，从陕北派到上海工作。冯雪峰的回忆说：1936 年 4 月 20 日左右，党中央从陕北瓦窑堡派遣他到上海工作，任务有四个：一是在上海设法建立一个电台，把所能得到的情报较快地报告中央。二是向上海各界救亡运动的领袖们传达党中央的抗日民族统一战线政策，并建立关系。三是了解和寻觅上海地下党组织，取得联系，替中央将另派到上海去做党组织工作的同志先作一些准备。四是对文艺界的工作也附带管一管。冯雪峰于 4 月 25 日到达上海后，同鲁迅的弟弟周建人住在一起。所以，丁玲要找党组织帮助逃离南京的信息，很快通过曹靖华、鲁迅传到了冯雪峰那里。

在张天翼来看望丁玲的第二天，两人如约在一个小咖啡馆里见了面。他们很快约定了丁玲去上海的日子、车次、车厢。张天翼安排他的外甥女送她去上海。丁玲对张天翼曾有的冷漠的印象和隔膜一下子便烟消云散了。

两天后的下午，丁玲装作若无其事的样子在门口散了一会儿步，然后就急速地悄然奔向车站。张天翼的外甥女已在车站等候，丁玲会意地跟着她上了一节三等车厢。她坐在离丁玲稍远的地方。到了上海，丁玲跟着她上了一部出租汽车，她指挥司机把车开到泥城桥一带一条马路边停下。她们下了车，马路边停着另一部汽车。车门打开了，她把丁玲推上车。车里坐着一个人，伸出手来，紧紧地握了握。车子开动了，丁玲借助街灯一下就认出了胡风。在她担任“左联”党团书记期间，胡风刚从日本回到上海的时候，他们有过两次见面。汽车开到北四川路一个名叫俭德公寓的普通旅馆，胡风领着她走进已预订好的一个房间。丁玲顿时感到，这简直是到了天堂。胡风告诉丁玲，这一切都是冯雪峰要他准备的，冯雪峰要过两三天才能来，正有事忙着，要她安心住在这里。丁玲看见桌子上摆了几本书，她忙着去翻看，全是新作家的书。有田间的诗，萧军的《八月的乡村》，萧红的《生死场》，叶紫的小说等。胡风逐一向她介绍这些书和作者，谈到这群新人的创作和希望。时间过得太快，直谈到晚上十来点钟。

这个公寓选择得很好，有大门，有后门。让丁玲最满意的是，可以在自己房间里用饭，因为她担心被特务发现，再绑回南京。她住在这里的时候，一次街上都没有去过。

第三天，冯雪峰来了。丁玲一见他就哭了起来，好像这眼泪已经准备了 3 年的时间，于是她尽情地哭了。“以为我会得着满腔同情无比安慰，然而我只听到一声冷峻的问话。雪峰说道：‘你怎么感到只有你一个人在那里受罪？你应该想到，有许许多多人都同你一样在受罪；整个革命在这几年里也同你一道，一样受着罪咧。’这的确是我没有想到的。此时此刻，我惟一希望的是同情，是安慰，他却给了我一盆冷水。……他这种严厉在我当时是受不了的。但是转念一想，这一盆冷水使我清醒些。可不是真的吗？受罪的哪里只有我一个人呢？死了多少人啊！他是经过长征的人，受过见过多少苦难，他的心变硬了，他想到的是整个革命，而我只想到自己。”于是她不哭了，她明白冯雪峰是希望她坚强。冯雪峰给她讲红军长征，讲毛主席，讲遵义会议，讲陕北，也讲上海文坛，讲鲁迅，丁玲了解了许多新情况。过了几天，丁玲提出要去看望鲁迅。冯雪峰说，鲁迅近来身体很不好，需要静养，现在去看他，定会引起他的情绪激动，暂时不去为好。丁玲很懊恼，觉得太不凑巧了。她只好写了封信给鲁迅表示问候。鲁迅1936年7月8日日记:“午后得丁玲信。”那时丁玲没有意识到鲁迅病情的严重程度，更没有想到此后就再也没有机会和鲁迅先生相见了。

丁玲在俭德公寓住了两个星期，虽说不能出门，但有时冯雪峰来，有时胡风来，她听到了许多新鲜的事情。后来冯雪峰来了，忧戚地向她说:“怎么办呢？去陕北的交通又断了，一时不能走。没有适当的人和你同行,不能冒险。但长期住在这里,不能出大门,怕有一天会暴露。我们考虑了，潘汉年的意思，如果你先回南京，设法争取公开到上海来做救亡工作，那是好事。上海的工作非常需要人。”

这个决定大出丁玲所料。丁玲听了心情非常沮丧，认为不管到哪里，再苦也愿意，就是不能再回南京。她觉得冯雪峰太不了解这几年她的痛苦历程，她的力量和心计，都为应付国民党的诡计耗费尽了。她好不容易熬到今天才见到了自己人，满心以为他们会伸出手来拉自己一把，让自己远走高飞，怎么能还让自己再回到那个地狱里去！她坚决要求到陕北去，为这事几乎和冯雪峰吵起来了。

冯雪峰再三向她解释，一时不能走，留在上海，又不能公开，又没有人照顾，的确为难。他分析当前的形势，“九一八”以后，日军对中国的侵略步步加深，民族矛盾已经上升为主要矛盾，共产党正在同国民党谈判，要求国民党停止内战，释放政治犯，要团结抗日。现在上海的知识分子、民主人士和全国民众都在努力争取这个局面的早日实现，这都同过去不一样了。如果你能争取公开来上海，出版一个刊物，你以一个自由者的身份出来活动，是可能做得到的。从你个人来说，公开活动比地下活动更好，更有影响。冯雪峰是以党组织的身份同丁玲谈工作的，丁玲虽然觉得这不合自己的心意，对她的处境了解不够，但她不得不含着眼泪接受这一决定，无奈地又回南京去了。

丁玲的这次出走与归来，自然引起了姚蓬子和冯达的注意。姚蓬子几次问丁玲，见到鲁迅没有？见到茅盾没有？丁玲始终说，这次去上海，还去了苏州，就是玩儿了一趟，看电影，坐双层公共汽车，什么人也没有找，根本不想见人。冯达说："你为什么不就此远走高飞呢？应该设法到苏联去，或者到苏区去。你只能从事写作，别的工作不适宜……"丁玲只答道："你想到哪里去了。我尽管去了上海，却会不到朋友，找不到熟人，我单身一人能有什么活动！你全清楚，现在我在上海已经没有什么朋友。几个过去在'左联'的熟人，他们不会关心我，我也不会随便相信他们。当然不会去找他们。你不要再说这些梦话了。"丁玲只能如此地敷衍姚蓬子和冯达。

不管自己是否情愿，丁玲便开始争取公开到上海去的机会。但不管是想到上海独立编一个刊物还是想找一份不附带政治条件的工作，都没有成功。两次努力失败后，丁玲急忙写信给上海的冯雪峰，报告公开出来已无希望，要求到上海去，然后到她向往的地方去。不久，冯雪峰的回信寄到方令儒家里，他同意了丁玲的要求，并且约定了时间，派人在上海火车站接她。

离开南京前夕，丁玲向谭惕吾借了 20 元钱旅费。她把她手上原有的十来块钱放在桌子抽屉里，留给冯达，希望在她走后，冯达可以用这笔钱回他的老家广东。她说："从我被绑架的第一天起，……我对他便有'明知不是伴，事急且相随'的一种无可奈何心情，特别是，长期以来我的真实的心情，急于想离开南京，重回革命队伍的心情，他是猜得出的，但他没有向敌人（包括姚蓬子）泄露，也没有劝阻妨碍过我。所以在我最后远走高飞离别南京的时候，只希望他不要把自己陷落太深，越早离开南京回老家去越好。"1938 年丁玲率西北战地服务团在西安时，收到冯达从广州寄给她的一封信，信中说广州沦陷在即，他要到香港去，希望她能为他介绍几个在香港文化界的朋友，丁玲也没有回信。其后冯达去了重庆，并与一位广东女子结婚，生了两个女儿。新中国成立后，他与两个女儿在美国生活了一个时期，后到台湾定居，就职于台湾国际关系研究中心，该中心早先隶属于军情系统，1975 年划归政治大学。1990 年 8 月 24 日，冯达病逝于台北。

有了第一次出走的经历，这次应该大胆一些了，但丁玲实际的内心仍然十分紧张。她知道必须非常地小心谨慎，以免功亏一篑。走的那天，她的一切言谈举止都与往常一样，穿着整齐，像是到市场购物，又像是去街头散步，平常地走出了苜蓿园，直到登上了火车，一颗急促跳动的心，才算平静下来，她只恨火车走得太慢，时间太长。

火车到了上海，丁玲在惴惴不安中与前来接她的一位女士对过暗号接上了头，她把丁玲送到西藏路一品香旅馆。第二天，冯雪峰同周文一起来看丁玲。冯雪峰告诉她，关于去陕北的事，中央已回电同意。为了保证旅途的安全，万无一失，要作一些准备，要物色一个同行人，还要置办行装，他要丁玲自己再想想，还有什么事，可以提出来，都和周文接头。丁玲十分兴奋，终于又见到自己人了。周文曾和丁玲在“左联”共事过，他工作细致、踏实，责任心强，热情不外露，给她的印象很好。他告诉丁玲，去车站接她的那个女同志便是和他住机关的伴侣郑育之，是和她见过面的老相识。丁玲回想起昨天在车站初见郑育之时，居然没有认出她，而自己惶恐不安的样子，一定是很可笑的。

在丁玲安心等待去陕北的日子里，一次和周文谈到在湖南老家的母亲，她想筹点钱寄去。以后自己去了陕北，关山阻隔，鸿雁难通，天长日久，她的母亲和孩子将如何生活呢。兴奋愉快的心情中又夹杂着焦急和沮丧。周文极力宽慰她，替她出主意。原来1933年她被绑架后，“左联”的朋友们一面大力营救，一面把她没有发表过的稿件拿去发表，把所得稿费寄给了丁玲在湖南的母亲。母亲曾把这事告诉过她，只是说得简单些。这时，周文建议把不久前刚发表过的《松子》《一月二十三日》《陈伯祥》《八月生活》《团聚》等5篇近作汇编成集，如果字数不够，可以再把她被绑架后，“左联”朋友从她一堆旧稿中选送发表的《杨妈的日记》《不算情书》《莎菲日记第二部》等加在一起，就差不多了。这就是由赵家璧先生主持的上海良友图书印刷公司在1936年11月出版的那本《意外集》。丁玲在“自序”中说：“这并不是一个很好的收获，却无疑的只是一点意外的渣滓。”又指出，这个集子“特别审慎着‘技术’”，这缘于幽禁中较有闲暇，她以前略嫌冗赘的文字得到洗练，又忌加重政治迫害，运笔也务求曲折和含蓄了。这书的稿费后来也汇到湖南给丁玲的母亲补贴家用了。

一天，冯雪峰到旅馆来，对丁玲说：“孙夫人听说你出来了，要去西北，她很关心你，这是350元，是孙夫人送你的。”面对这350元钱，丁玲的内心感到灼热，感到温暖。3年多来，敌人对她造了许多谣言，企图用软刀子杀死她，一些不明真相的人，受了谣言的影响，也曾用怀疑的眼光审视她。她感到这350元钱，代表着宋庆龄先生对她政治上的信任，这信任，比泰山还重，是千万两黄金难买的无价之宝。她由衷地感激孙夫人，永生难忘！这350元钱，丁玲也全部寄给了母亲。

1936年9月30日，正是中国的传统节日——中秋节。这一天晚上，丁玲无所牵挂地奔向了陕北。

十六

归心向陕北

1936 年 9 月 30 日，这一天正是中秋节，那天晚上，丁玲秘密离开住了两个星期的西藏路一品香旅馆，开始了奔赴陕北的行程。

丁玲的陕北之行，受到党中央的高度重视，沿途作了周密的安排。丁玲上车前进行了一番乔装打扮，由周文送她上火车。周文告诉她，陪同她去西安的是上海地下党员聂绀弩。他曾是黄埔军校二期学生，1926 年被派到莫斯科中山大学学习，回国后曾在国民党的中央通讯社担任副主任。“九一八”事变后，因组织“文艺青年反日会”为当局不容，弃职逃亡日本。在日本加入“左联”东京分盟。1933 年 7 月与胡风一起回国，在上海参加“左联”活动。他的社会经验丰富，组织上认为丁玲与他同行比较安全、稳妥。聂绀弩改用假名聂有才，并编造了新的身份。

周文将丁玲送上火车时，聂绀弩已等候在他们乘坐的二等车厢里，丁玲和聂绀弩此前不认识。一路上，丁玲从不走到车厢外，到站停车时她就装着生病，蒙头睡在床铺上，如果有人进来或是查票，全由聂绀弩应付。等开车了，她便跳起来，欢快地同聂绀弩谈着上海最近几年的事。聂绀弩本就健谈，丁玲因这次出走又是生平第一快事，她生性豪爽，精神又好，什么话都谈，很快二人就像老朋友似的了。丁玲最担心路过南京，好在没有发生意外，沿途又经过几次关卡的检查，也都顺利通过了。列车驶过江南的郊野，小河像棋盘一样地分布着；列车经过黄河南部的平原，一望无际的是收割后黄色的农田。列车过了险要的潼关，就快到古长安了，一入长安境，不由使人忆起许多唐人的诗句。这次旅行留给丁玲的始终都是新鲜愉快的感觉，那静静地睡在月下的小火车站，车站旁的槐树林，那桥下的流水，那浮游太空下的云团，都曾长久地带着欢愉和温柔进入到她的记忆中。

西安终于到了。丁玲和聂绀弩住进一个小旅馆里，等候预先安排好的从陕北苏区来找他们接头的人。丁玲和聂绀弩住在这样一个小旅店里，每日都有警察盘查，他们虽然没有多大的担心，但心总感觉是悬着的，生怕出什么差错，盼望接头的人早点出现。

西安，1935 年 10 月以后，随着工农红军经过两万五千里长征抵达陕北，它的战略地位和知名度陡然上升。蒋介石下令在西安设立西北剿匪总司令部，调东北军入陕甘地区围剿红军。12 月 9 日，北平爆发了大规模的大学生示威游行，呼吁“停止内战，一致对外”，获得全国民众积极响应。全国人民的抗日热情高涨，给实行“攘外必先安内”政策的蒋介石政府巨大压力。

1936 年 10 月下旬，蒋介石由南京飞抵西安，严令进剿红军。

张学良当面表示反对，并提出停止内战、一致抗日的要求，但遭到蒋介石的拒绝。在张学良等将领的抗日主张一再遭到拒绝的情况下，张学良与杨虎城在1936年12月12日联合发动兵谏，逼迫蒋介石联共抗日，这就是震惊中外的“西安事变”，也称“双十二事变”。西安是国民党剿共前线的大本营，也是国共两党斗争的前沿。

丁玲和聂绀弩到达西安的10月初，正是“西安事变”前夜，虽然张学良、杨虎城具有强烈的爱国抗日思想，并与中共建立了密切的协作关系，但国民党中央系统和省党部的特务密布全城，此时蒋介石又在计划督促对红军新的围剿，所以这座城市仍处于紧张的气氛中。

一天傍晚，从门外闪进了一个穿长衫商人模样的人，帽子压得很低，看不清脸，他轻轻问道:“聂有才先生在吗？”聂绀弩很诧异，转身去望，来人朝丁玲点了点头，把头上的呢帽轻轻朝上推了推，丁玲大吃一惊，几乎叫出声来：这不是潘汉年吗！

潘汉年从保安来，他在7月下旬去保安向中央汇报工作，中央现在派他作为中共代表，去南京同蒋介石政府就两党合作抗日进行谈判。他从苏区出来，10月2日到达西安，准备再去南京、上海。现在西安与陕北苏区的地下交通站负责人是刘鼎，他曾在潘汉年领导下的中央特科工作过。他在交通站告诉潘汉年说：丁玲已经到了西安，我和她不熟，你们都是“左联”的同志，你去跟她联系一下吧。丁玲见到潘汉年，大有他乡遇故知之感，几年不见，潘汉年的态度仍是那么平稳、从容。他用那双智慧而机警的眼睛看着丁玲，淡淡地说：“我以为你不要进去了。我希望你能到法国去，那里有很多事等着你去做，你是能发挥作用的。你知道吗？红军需要钱，你去国外募捐，现在你最有条件这样做……”他还向丁玲介绍了一些陕北苏区的情况，他说苏区几乎没有出版条件，只能油印一些宣传品。从这一点来说，他觉得以丁玲这样的一个著名作家，在外面工作作用会更大。

去法国，这对丁玲来说真是突然又新鲜。法国、巴黎、马塞曲、埃菲尔铁塔、罗浮宫……这不都是她十几年前向往的吗？在幻想里出现过的那些瑰丽的海市蜃楼，现在正摆在她面前，她只要一点头，就可以去到那些地方。可现在的丁玲想的却是，“我却只有一个心愿，别的什么地方我都不去，我就只到陕北去，到保安去，我就这样固执的用这一句话回答了他。他很同情我的心境，但似乎也有些惋惜地答应了我。”潘汉年说：“那好，明天你就搬到七贤庄去，刘鼎同志会安排你去保安，但是要等待时机。”

第二天，聂绀弩和丁玲分手返回上海工作。丁玲则搬到了西安北新街七贤庄地下交通站，抗日战争开始后，这个交通站就是赫赫有名的八路军驻西安办事处。

七贤庄的这处地下秘密交通站，是美国记者史沫特莱帮助办起来的。当时她在上海征得一位被希特勒驱逐出境的德国朋友海伯特的同意，请他到西安来开牙医诊所，以此来掩护中共地下交通站。他把在上海开的一个小医院的全套设备和一对德国助手夫妻一并迁来，连铜牌子都是现成的。所以这里既是海伯特的家，也是他的牙科诊所。这个地下交通站在“西安事变”前，为到达陕北的红军收集转运了大量医药卫生器材，转送了不少干部。丁玲就住在这里，等候去陕北党中央所在地保安。

这个诊所的牙科医生很年轻，他向丁玲介绍自己是德国人，他递给丁玲的他的名片，上面写的名字叫冯海伯。后来丁玲知道了他的全名叫海伯特·温启，是奥地利人，德共党员，因受到德国法西斯迫害而来中国的。他喂养着一条狼狗，狗的名字就叫“希特勒”，可见他恨希特勒之深。同丁玲一起住在这里的还有一位被丁玲称为“小妹妹”的女同志，她也是一位老共产党员，原也打算同丁玲一起进苏区的，后因工作需要又留在国统区了。“小妹妹”名叫李夏明，是烈士邓中夏的妻子。潘汉年把丁玲去保安的事交由刘鼎负责，然后便离开了西安。

海伯特医生白天在前面行医，每天有不多几个人来看牙，有时间就到后面来和丁玲及“小妹妹”聊天。这里没有什么客人，只有刘鼎有时来向她们传达一些通知或介绍一些形势方面的情况。那对德国助手夫妻，男的镶造义齿，女的主要操持家务，她会烤很好吃的面包、蛋糕，做很可口的西餐。后来这位男助手生病，夫妇俩便到上海去了。因为这个诊所是我党的地下交通站，不能轻易雇用人，于是做饭等事一时就落在丁玲和“小妹妹”身上。“小妹妹”很会烧菜，丁玲就围上一条围裙给她打下手。买菜也由“小妹妹”担任，因为丁玲不能随便出门。丁玲经常喂“希特勒”食物，“希特勒”对丁玲很友好，经常围着她转或远远地看着她，因为丁玲不喜欢“希特勒”吻自己。

一天下午，海伯特医生告诉丁玲和“小妹妹”，晚餐有客人，要杀两只鸡，多准备一点汤、点心和咖啡等。他平日在她们面前的表现还是比较老成持重的，此刻却掩饰不了他的异常兴奋。晚上她们听到前边客厅里有响动，有客人谈话的声音，她们为他高兴，她们守在厨房一心为他们准备尽可能丰盛的晚餐。

当她们把饭菜做好的时候，海伯特医生过来请丁玲和“小妹妹”到前面与他的客人见面。丁玲走进客厅，见厅里坐着一个外国男人，还有一个外国女人伫立在窗前，像在等候着谁似的。丁玲转身望她时，发现了那一双闪烁的热情的双眼正紧盯着她，“呵！竟是史沫特莱！”丁玲急忙扑过去。史沫特莱双手一下就把丁玲抱起来了，在史沫特莱有力的拥抱当中，丁玲感到一阵温暖，她被史沫特莱的热情拥抱和这个拥抱所代表的长久以来她所饥渴的信任和友谊所感动，很久没有流过的眼泪，悄悄地流淌下来。

那位男客人就是中国人民熟悉的美国记者埃德加·斯诺。他风尘仆仆，刚从陕北苏区出来，虽是新识，却是比熟人还熟似的。斯诺成了这个小小聚会的中心。他从 1936 年 6 月至今，去以延安为中心的陕甘宁边区采访了 4 个多月，一切谈话的中心，都是斯诺这次陕北采访所得的印象。他讲苏区那些神奇而又谜一样的生活。他讲毛泽东主席，讲周恩来，他到过前方，认识了许多身经百战的红军将领，他讲苏区的人民、妇女儿童，他满腹的人物故事，他把收集来的珍贵照片一一展览给他们看。他不断地讲解。这里有三个国家的人，没有翻译，但他们从听不懂的语言中能懂得许多事。斯诺还告诉丁玲，他在上海访问鲁迅时，鲁迅把她列入了“最优秀的左翼作家”之列，但是又说，萧红是最有前途的女作家，看来她有可能接替丁玲女士，正如丁玲接替了冰心女士。他自己在鲁迅指导下，翻译了一部现代中国作家的短篇小说集《活的中国》，刚刚在伦敦出版，其中有丁玲的《水》和《消息》。

这里的人来自三个国家，用三种语言在这里絮絮叨叨，在热闹的客厅里，华灯下，只有融融之乐，他们用三种语言同唱《国际歌》。史沫特莱是以身体不适来西安休养为名，实是希望能得到中共邀请去陕北。还因为作为一个敏感的记者，她知道此时西安的新闻价值。西安现在正准备迎接莅临督战的蒋介石，一场新的进剿红军的部署正在酝酿。她总是追踪着这些动乱，西安是中国一个热点地方。

夜深了，两位客人要走了，丁玲他们不舍地送史沫特莱和斯诺到后门边。史沫特莱把自己的一顶带着她体温的旧貂皮帽子送给丁玲，说她到陕北去可能比自己更需要。这顶温暖的帽子丁玲珍藏了很久，这天夜晚的情景，在丁玲的记忆里保存得更久。

埃德加·斯诺这 4 个月的采访成果，就是他的《红星照耀中国》（又名《西行漫记》），1937 年 2 月在上海出版。他向全世界真实报道了中国和中国工农红军以及红军领袖和将领们的情况，在西方英语世界产生了轰动性影响，先后被译为 20 多种文字，几乎传遍了全世界。斯诺在书中写道："冒险、探索、发现、勇气、胜利和狂喜、艰难困苦、英勇牺牲、忠心耿耿，这些千千万万青年人的经久不衰的热情，始终如一的希望，令人惊诧的革命乐观情绪，像一把火焰，贯穿着这一切，他们无论在人力面前，或者在大自然面前，上帝面前，死亡面前，都绝不承认失败。"这是斯诺对红军及伟大的长征所做出的热诚评价。

1936 年 10 月 20 日，丁玲从报纸上惊悉鲁迅逝世的噩耗。她满怀悲痛，想起两次到上海都因故没能探视鲁迅，懊悔万分。她此时还不能公开用自己的名字写信，便取鲁迅《悼丁君》一诗中“可怜无女耀高丘”之句，以“耀高丘”之名，给许广平发去唁函，以表达她深切的悼念：“我是今天下午才得到这个最坏的消息的，无限的难过汹涌在我的心头，尤其是一想到几十万的青年骤然失去了最受崇敬的导师，觉得非常伤心。我两次到上海，均万分想同他见一次，但为了环境的不许可，只能让我悬想他的病躯，和他扶病力作的不屈的精神！现在却传来如此的噩耗，我简直不能述说我的无救的缺憾了！……这哀恸是属于我们大众的，我们只有拼命努力来纪念着这世界上一颗陨落了的巨星，是中国最光荣的一颗巨星。”

1936 年 11 月 1 日，丁玲离开住了 3 个星期的七贤庄地下交通站。来接她到保安去的交通员叫刘向山，他此行的任务就是把斯诺送到西安，然后把丁玲从西安接回保安。此时，中央红军同张学良、杨虎城已有比较好的合作关系，所以从西安到苏区边界，由东北军负责护送。丁玲和还得留下来的“小妹妹”恋恋不舍地告别。热情的海伯特医生看见从南方来的丁玲衣着太单薄，便送给她一条可以当外裤穿的毛线运动裤，一件有丝棉衬里的夹大衣。还要把一件缎子面的狐皮袍子也送给丁玲，被丁玲坚决拒绝了。痛惜的是海伯特医生在“西安事变”中，被流弹击中而牺牲。此行，加上另外两个女伴，和丁玲同行的共 7 个人。她们在西关的一个小店上了汽车，汽车第一天住在耀县，第二天到达洛川。在洛川休息了一天，她们也不出门，等候护送他们的人。听说是一个连长带几十个骑兵护送她们，而且要骑马，有 100 多里路，并不好走。

在洛川，丁玲剪短了头发，大家换上了灰色军装，一副军人的模样。丁玲从来都没有骑过马，听说要骑马跑 100 多里路，她和一个女伴根据旁人向她介绍的骑马要领，就在炕上跳上跳下地练习骑马的方法。她不愿人家知道她不会骑马，怕人家笑话：“连马都不会骑，还要到陕北去！”

第二天，天还没有亮，冷风吹得很厉害，下弦月还悬挂在星空的时候，连长就带着她们出发了。他带领这队人马，叫开了城门，他们各自牵着一匹马，无声地鱼贯而出。冷风扑面，城外是一大片高原。丁玲在《我怎样来到陕北的》中回忆说：“一出城门，连长就飞身上马，我赶紧往马背上跳，刚刚把脚套入马镫，还来不及去想头天晚上新学来的那套要领，马便随着前头的马飞跑起来。我心里只转着一个念头，无论如何不能掉下来，我不准自己在友军面前丢脸。我一点也不感到劈面吹来的冷风，也不知道走到什么地方了，我只浑身使劲，揪住马鞍，勒紧缰绳，希望前边的马停一会儿也好，因为我想我骑马的方法不对，我要换一个姿势。马跑了一阵才歇下来。下山时，我牵着马在那陡峭的山路上走，就像走在棉花上，感到我的腿不会站直似的。”

这么走了一天，冬天的黄昏来得快，一行人终于到达了宿营地，住宿在一个驻扎着很多士兵的村庄。晚上，驻军的团长来看他们，他不明白，这位红军军官的太太（让丁玲假扮的）为什么要去陕北那么苦的地方。第二天，团长派了一个连的步兵，继续护送他们北进。丁玲一行人混在这一连的东北军中，又是天不亮就动身，在不明的月光中绕过两个村庄，这些军人告诉她们，每个村子都有保甲。到第三个村时，天也亮了，从村中穿过，他们都存有一点戒心。村里有很多穿便衣的团丁放哨，都是全副武装，头扎包头巾。丁玲知道这是地主养的敢死队，他们比国民党的正规军还厉害。这些站在路口的粗壮汉子，斜着眼望他们，知道他们一行人要到什么地方去。如果没有这一连兵力护送，他们恐怕是敢动手的。又走了 20 多里，护送他们的这一连东北军在山头停了下来，要丁玲他们自己走下沟去，说沟底有接他们的人。这里已是红区和白区的交界线了。

丁玲他们告别了护送的东北军战士，跟随着刘向山等一起向山下走去。这一段路程大约有 4 里路，才走了一半，忽然听见枪响，刘向山告诉他们，这里是边界，常有冲突，要求大家尽快通过，于是他们加快了脚步。沟底下树林里有几个穿灰衣服的人影，大家就跑了起来。丁玲大声叫着："那是红军！"他们穿着单薄，却十分精神，也很热情。刘向山告诉丁玲，这是红军的游击队，红军主力都开到前线去了。但无论如何，丁玲感到她已经到家了，她是多么地激动啊！

丁玲一行随着游击队走了大约 20 里路的样子，来到安家畔联络站。在这里休息两天以后，每人给分配一头毛驴，有十来个民工继续护送他们向北行进。丁玲他们骑着小毛驴，翻山越岭，每天大约走六七十里路。1936 年 11 月 11 日下午，他们转过一个山嘴，看到有好似村庄的一块地方，不像有什么人烟。但是一走近来，情形却完全不同。丁玲说："有好几处球场，球场上很热闹，人人都跑来看我们，问我们，我觉得自己才换不久的灰衣真难看，他们都穿着新的黑色假直贡呢的列宁装，衣领上钉两条短的红带，帽上缀一个红五星。我原以为这里的人一定很褴褛，却不料有这样漂亮。"

中共中央机关所在地保安到了！

保安，即今天的志丹县。历史上曾置保安军、保安州、保安县，元明清一直沿用保安县之称，后来陕甘宁边区为纪念刘志丹烈士，改名为志丹县。1936 年 6 月下旬，中共中央机关撤离瓦窑堡，经安塞于 7 月 3 日进驻保安，从此，这里便成了继江西瑞金之后的第二个"红色之都"，被誉为红军长征的落脚点和抗日战争的出发点。

丁玲他们从西安出发一共走了 11 天。她看到保安城很萧条，全城只有 20 多户人家，街上也没有什么卖东西的，"这里的房子全毁了，是那些逃走的地主们放火烧的。除了一两家之外，所有机关都住在靠东山上的窑洞里。一排窑洞约莫有半里长，军委、边区政府、党中央各部全住在这里，全中国革命的人民领袖全住在这里。"

先于丁玲从上海到达保安的"左联"成员朱正明，在《丁玲在陕北》中记述：一天下午，丁玲一行到了，外交部的空场上挤了好些人，还有几匹背着行李的驴子，宾客室里挤了十几个人，其中有 3 个女子，"中间有一个较胖的，扬着清脆而尖锐的声音在滔滔不绝的谈着路上的情形。一颗头发剪得短如男子而且乌黑光亮的、衬着一张圆面庞的头一会儿左一会儿右地在转动着。从她的姿态和那双生动乌黑的眼睛看来，使人感到她是一个活跃的中国女性。她身上穿的是一套灰色军装，一顶军帽已经给她卸在手中弄着”，这就是丁玲。

丁玲被安排住在外交部。这是保安唯一完好的一幢房子，中华苏维埃政府外交部在这里。其实，外交部也只是个名义。中央联络局对外称外交部，最初是因接待安排美国埃德加·斯诺等外国记者或友人而设。

丁玲到达保安不久，中央宣传部在一个窑洞为她举办了一个欢迎会，就是毛泽东在他那首《临江仙》词中所说:“洞中开宴会，招待出牢人。”参加这个欢迎会的有30多人，人数虽不算多，但隆重热烈，其礼遇规格之高在中共革命史上是空前的。当时在保安的中共领袖和部门主要领导人，包括毛泽东、周恩来、张闻天、博古、林伯渠、徐特立、邓颖超、凯丰、吴亮平、李克农等都出席了这个欢迎会。原因就在于“丁玲同志是中国工农红军抵达陕北后第一个到苏区来的知名作家”（中宣部部长凯丰的欢迎词）。在欢迎会上，周恩来、林伯渠、李克农都发了言。周恩来的发言具有代表性：我们红军队伍，不仅需要扛枪杆子的战士，也需要拿笔杆子的战士，我们欢迎更多的作家、诗人、戏剧家、音乐家、画家，到我们苏区来。丁玲第一个到陕北，无疑是树起了一面旗帜，起到了示范和带头的作用。

丁玲到了晚年，回忆起当年的情景，依然历历在目：

到那里是第二天或第三天，中央宣传部开了一个欢迎会，欢迎我，当然也欢迎那两个女同志，一道欢迎吧，欢迎外面来的同志，但主要是欢迎我。我在这个会上才看到毛主席。那是一个大窑洞，靠窗户这边是一个大炕，地上摆了三张桌子，坐满了人，很挤，会餐吧，有几个菜。周总理那时叫周副主席，他就坐在门槛上，因为屋子里人太多，坐满了。我记得有洛甫同志。吴亮平主持，他是中宣部的副部长。毛主席进来的时候，头发很长，刚刮过脸，披着棉大衣。我的桌子在最后一个，我不认识他。刘群先（博古的爱人）、阿金（罗迈的爱人）非常活泼，刘英没有她们两个活泼，就去拉毛主席，说毛主席刮过脸了，今天漂亮了。毛主席说是的，因为今天欢迎丁玲同志，我今天刮了脸，不过我没有理发。他进来没有多久就开会了。他没有讲话，就问了一两句，路上怎么样啊。我过去对毛主席还是知道一点，过去在湖南，人家说毛润之是个怪人，怎么怎么样了。我们在上海大学时，秋白也跟我谈过毛泽东。冯雪峰最佩服毛主席，他对我有些影响，他讲别人时评论都很低，就讲毛主席，特别讲遵义会议以后的路线。

吴亮平讲话，致欢迎词。开完了让我讲话。我从来没有参加过欢迎我的会，我的心的的确确是充满了幸福的感觉。讲什么呢？我想，那就讲南京的事情吧，这是他们最愿意听的吧，也是我最应该向他们讲的吧。我就讲在南京怎么跟敌人斗争，敌人怎么样给我钱，叫我自首，把我关在房子里，讲了一个大概。……我讲话时，大家都给我鼓掌，都对我很好。讲话完了，邓颖超和李克农还表演了一个节目，反串《武家坡》，邓颖超演薛平贵，李克农演王宝钏，就在炕上，稍微有点走动。这个会应该是我一生中最光荣的，最受宠的。

丁玲实现了她多年的愿望，走进了一个全新的环境，走进了一种全新的生活，这里全然不同于她以前曾经生活过的那个世界，她觉得一切都新鲜。在这里，谁同谁都好像是自己人，人们全都充满着革命的激情，洋溢着快乐的青春的活力。在这生机盎然的气氛中，丁玲感到欢快，也受到鼓舞。她想尽快熟悉并融入到这新生活中。

欢迎会后第二天，丁玲在刘先群引领下去看望毛泽东。当丁玲走进毛泽东的窑洞时，毛泽东向丁玲说的第一句话是："听说你和开慧是同学？"丁玲答道："是的，我们在周南女中同学，开慧比我高一班，不过，我们一起参加了暑期补习班，一起参加了驱逐张敬尧的运动，后来又一起转入岳云中学。"他们的谈话先从忆旧开始，谈到了周南女中的语文教员陈启明，谈到了周南女中的管理员陶斯咏、向警予，谈到了驱逐张敬尧的学生运动，甚至毛主席还跟丁玲说笑话，说你那个《不算情书》写得很好啊，《不算情书》，是"不算"吧？在谈话中，毛泽东问丁玲："你打算做什么呀？"丁玲毫不迟疑地说："当红军。"毛泽东欣然说道："好呀，前方正准备打一仗，可能是最后一仗，你就跟杨尚昆领导的前方总政治部去前线吧！"

丁玲为了尽快熟悉新的生活，到保安最初的几天，几乎整天拜访。她走进周恩来的窑洞、张闻天的窑洞、博古的窑洞、林伯渠的窑洞、徐特立的窑洞以及其他领导同志的窑洞。丁玲早在平民女学时就认识张闻天。1931 年初，胡也频牺牲后，丁玲向党组织要求去江西苏区，时任中央宣传部部长的张闻天约她在上海兆丰公园还见过面。在上海时同博古也见过，是在 1930 年，博古刚从苏联回国不久，在总工会宣传部的一个刊物担任编辑，曾上门向胡也频、丁玲约稿，那次见面彼此给对方都留下了深刻印象，二人现在回忆起当时的许多细节还历历在目。苏维埃政府财政部长林伯渠，也是福安人，是丁玲的远房表兄。丁玲早就知道他,这时才见面,以后关系一直亲近。徐特立曾是周南女中的老师，虽没有教过丁玲，但可忆可谈的话题也不少。

毛泽东也去外交部回访了丁玲。当时也住在外交部的朱正明在《丁玲在陕北》中记下了他亲眼所见毛泽东回访丁玲的情景:“某天晚上，毛泽东只随身带了一个‘小鬼’到外交部来访丁玲。外边和街上非常黑暗，室内只有洋蜡烛光燃漾着。毛泽东坐在炕上同丁玲闲谈，背靠在墙上，一只脚就跨在炕沿上，不断地吸着香烟，上天下地地乱扯，这情形就好像是一家人吃了晚饭闲谈消遣，而毛泽东就好像是一个家长。炕下面是可以生火的，当火生好的时候，毛泽东竟挨近火门。在泥地上坐了下去，两膝就人字形的撑在地上。一个最高的革命领袖能够这样平民化，恐怕全国在苏区才能找到。”

丁玲完全沉浸在投入母亲怀抱中的那种幸福的情绪中。虽然她一心想上前线当红军，但是，作为一个作家，她也思考着苏区的文艺工作。她从欢迎会上的致辞及发言中，从和毛泽东、周恩来等领导人的交流中，她更加明确地认识到了文艺在共产党领导的革命事业中的重要性，她认为应当把苏区的文艺工作者组织起来,研究讨论,开展活动。她向毛泽东等中央领导谈了自己的想法，得到了他们的赞同。

1936 年 11 月 22 日，在一个训练班的院子里，举行了中共在革命根据地第一个文艺团体的成立大会，参加会议的有 100 余人。丁玲报告了筹备经过和成立这个团体的目的。会上经过讨论一致通过了毛泽东的提议，把“文艺工作者协会”改名为“中国文艺协会”。大会选举丁玲、成仿吾、徐梦秋、贾拓夫等 16 人组成干事会。选举丁玲为主任，王盛荣为组织部长，王亦民为联络部长，成仿吾为研究部长，徐梦秋为总务部长兼机关志编委会主任，李伯钊为俱乐部主任，洪水为图书馆主任。毛泽东、张闻天、博古、林伯渠、徐特立、吴亮平都在成立大会上讲了话。毛泽东在讲话中说:“中国苏维埃成立已很久，已经做了许多伟大惊人的事业，但在文艺创作方面，我们干得很少。今天这个中国文艺协会的成立，这是近十年来苏维埃运动的创举。”“过去我们是有很多同志爱好文艺，但我们没有组织起来，没有专门计划的研究，进行工农大众的文艺创作。就是说，过去我们都是干武的。现在我们不但要武的，我们也要文的了，我们要文武双全。”毛泽东分析了抗日的形势,和用文武两手促使停止内战,一致抗日。最后，他着重指出:“发扬苏维埃的工农大众文艺，发扬民族革命战争的抗日文艺，这是你们伟大的光荣任务。”这是毛泽东专门就文艺问题所做的第一次讲话。

中国文艺协会成立后，召开的第一次干事会，决定在中央政府机关报《红色中华》上出版《红中副刊》，每周六刊发一次，由徐梦秋负责编辑。另一项基础性工作就是着手登记会员，通知各地和红军各部成立分会，拟定研究计划，并建立联系。丁玲在《红中副刊》创刊号上发表了《刊尾随笔》，作为代发刊词，这是丁玲到达陕北后的第一篇文字。

张永泉先生在《丁玲论》中曾这样评价丁玲来到解放区的价值和意义："中国解放区文学作为一个完整的艺术形态，是从丁玲到达陕北后开始的。此前的苏区文学虽然在血与火的洗礼中从无到有，取得了长足的发展，但不论从创作队伍还是作品的文体样式、作品的结构模式以及作品的艺术水准看，都还构不成完整的艺术形态，它还只是解放区文学的源头和雏形。丁玲到达陕北后，革命政权内部才有了正式的文艺团体，有了专业的创作队伍，最重要的是，有了显示出强大实力的文学创作。丁玲是解放区文学当之无愧的开拓者。"这个价值和意义在离开那个具体历史情境后，远距离看时则更加清楚。

党中央批准了丁玲当红军的请求，于 1936 年 11 月 24 日，即中国文艺协会成立后的第三天，她就随杨尚昆一起，向红军前线总政治部所在地——定边县绍沟沿村进发了。

十七

今日武将军

1936 年 11 月 24 日天还未亮，丁玲就起床了。党中央批准了她当红军的请求，今天就要随红军前方总政治部杨尚昆主任到前线去了。

丁玲一夜几乎未睡，一是她当红军的愿望终于实现了，这个好消息使她一直处在兴奋中。二是大风刮了一夜，打得窗纸沙沙作响，半夜开始又大雪纷飞，她担忧突变的天气影响行程。好在天明时大雪已停了，但风还在刮。从上海来的几个青年人露着羡慕的脸色，早早起来帮她准备行装。后勤部门送来一匹马，派来了一个勤务员。马是一匹腿有毛病的跛马，勤务员是红军大学校部警卫排的小战士，只有 12 岁。“大队已经很早就开过去了，我跟着总政治部主任们一齐也在九点多钟动了身。在外交部的空坪上有一团一团的人，热情地握手送别了我们。”他们一行的目的地是红军前方总政治部所在地定边县绍沟沿村。

丁玲一行随着大队沿着洛川的上游朝西北走。河里的水全结了冰，有很少的地方还汩汩地响着，在薄冰下有水流滑过，太阳射在上面，闪闪发光，这同她来时在阳光下的洛川河是不一样的了。虽说天气已转晴了，但无情的风总是扫着地上的雪和砂土劈面打来。

一路迎着西北风，沿着洛川河向上走，有时从河底一些石头上跳到河那边去，有时又从薄冰上战战兢兢走过来。开始两天全沿着洛川河走，一时在冰上，一时又爬到两边的岩岸上，这些路都非常陡峭，牲口不能上去，得远远地绕到河的对面岩底下的小路走，一些被太阳晒融化了的地方还有许多烂泥。后来的行程，便转到山上了，越过了一岭又有一岭，走上几十里也看不到一个村庄。这些山全无树木，枯黄的荒草，或是连草也看不到的那么无际地起伏着，一直延展到天尽头。等你一走到尽头的山上，你又看见依旧是那一幅单调的图画铺在你脚下了。

这样的行军，对丁玲这样一个刚从大城市来的知识女性是不小的考验。一路上，她可怜这匹腿瘸的马，不忍心骑它，只用它驮行李。勤务员还是个孩子，一路上总掉队，到了宿营地丁玲还得在村口等他。她一路步行，每天走六七十里甚至七八十里。她有生以来从来没有一天走过这么多路，而且是崎岖的山路。“一到了宿营地，就只想怎么快点洗脚吃饭，因为要睡得很呵！”第二天还没有天亮的时候，集合哨声便在洞外横扫过去，又叫着吹了回来，她麻木的不会转动的腿，休息后又开始感到了疲倦。然而院子里各种声音都杂乱地响起了。他们总是很忙乱地收拾着铺盖和零星东西，争取在队伍集合之前就到路上等着，他们没有掉过队。

杨尚昆对她也很照顾。当时条件艰苦，只有少数高级领导人有小灶，伙食稍好一点，杨尚昆是总政治部主任，是有小灶的。第一天宿营吃饭时，他让警卫员叫丁玲到他那里一起吃饭，她当时也没有感到什么，到第二天她再去他那里吃饭时，便发现有点不对头，她看到政治部的部长们都是和普通战士一起吃大灶，于是她就对杨尚昆说："我不在你这里吃饭了，谢谢你的照顾，我还是同大家一起吃饭好。"她那时不懂苏区和红军部队的规定，不知道应该把供应关系转来，管理员认为她不在建制里面，中午发干粮也不发给她。看到别人在吃东西，她就躲开了，有人问她为什么不吃，她就说不饿。宿营时，管理员也不给她号房子，她就住伙房、马号，通夜听着马嚼草，或是半夜就被弄火做饭吵醒了。对于这些，她也不介意，还是杨尚昆知道后才给她解决了。

这样走了 8 天，他们才到了红军前方总政治部的驻地绍沟沿村，这个小村离沙漠区很近，虽然叫村，其实地面上并没有房屋，只有几十孔窑洞散落在一条河沟里。沟里没有水，是一条干沟。人们饮用水都是在一些深窖里，把头年冬天埋下的积雪汲出来用。积水中杂有枯树叶子、碎纸头、破布片、驴粪羊粪……除做饭、饮马外，每人每天限用一小盆。面对这样艰苦的生活条件，丁玲说："好在我是带着最丰富的幻想和热情投奔到这不毛之地的。尽管朔风刁刁，满目荒凉，我在全是陌生人中却处得愉愉快快，整天沉醉在这广大自由的天地里，感到四处都洋溢着勃勃生机。"

1936 年 10 月 22 日，蒋介石由南京飞抵西安，严令进剿红军。

虽然东北军将士坚决要求蒋介石停止内战，一致抗日，但蒋介石的嫡系胡宗南部则加紧准备军事冒险。这时红军正在筹划痛击胡宗南的战役,指战员都很忙,没有时间照顾她。丁玲看大家都很忙,她想找杨尚昆给她分配工作。和她一起从保安来到绍沟沿村的红军总政治部宣传干事李伯钊说：不好给你分配工作，你又没有介绍信。丁玲说,毛主席不是说了吗？李伯钊说,毛主席并没有信啊,也没有中组部的信啊，也没有介绍啊！丁玲也并不知道她来这里还需要介绍信，她以为毛主席说了就可以了。想来，杨尚昆也不清楚该分配丁玲做什么工作，因为在毛泽东等人的心目中，红军需要的不是让她这个知名作家成为一名拿枪的战士，她的作用还在文艺。大战在即，这里的确没有具体的事情适合她做。

当时红军前敌总指挥是彭德怀，政委是任弼时，杨尚昆是政治部主任。丁玲在见到彭德怀总指挥前，先碰到了来政治部开会的任弼时。任弼时也是湖南人，和丁玲同岁。见面时，丁玲有点儿怕他。看到他的样子蛮严肃，两只眼睛很有神，两撇短胡子，很威风。可是一接触，丁玲感到他却非常平和，很容易接近。两人一起谈起旧事，任弼时是长沙明德中学的学生，丁玲是长沙周南女中的学生，两个学校在那时都很有名，两校间只隔一条小巷子，就这样，他们很随便地谈起来了。可能是杨尚昆告诉他的，说丁玲的那匹马不好。任弼时边走边聊，把丁玲带到他的马房说："丁玲,你选一匹吧,这两匹马都是我的,看你要哪一匹？"丁玲说："随你给一匹吧。我又不懂好坏。"于是他就把那匹枣红色草地马给了丁玲，说："这匹马比较老实，不欺生，就送你这匹吧。"

杨尚昆没给丁玲安排工作，但建议说：“你是不是去定边看看啊？成仿吾在那里。”听从杨尚昆的建议，她也想正好趁战前的间隙，去看看自己仰慕已久的董必武、成仿武和同学钱希均。第二天她就骑着任弼时送给她的马，跟随贾拓夫等几个人去了定边。丁玲回忆当时出发时的情景：

这天，太阳刚从东边地平线冒出来的时候，我在一群新集合起来的一伙人中间，策马东行。空气很冷，很新鲜。路很平，塬上极少树，偶然看见几棵长不大的杨树。满天红霞，不是灿烂如锦似火，倒似从冰霜中冷冻过的那样浮着一层既淡又薄的雾似的轻纱，笼罩大地，含着一种并不强烈的淡淡的温柔，却很能稳定我容易激动的心情。我极目寰宇，悠然自得，脑子里浮现出古代的诗歌，那些印证着此情此景的诗句，是多么豪迈和使人舒坦！这里是冬日，又似霜晨；是征程，又似遨游；是战士，又似游子……蹄声得得，风沙扑面，我如在梦中，如在画中，只是从同志们那里传来的欢声笑语，才使我想到我是在哪里，正向哪里去。

当晚，丁玲住在了钱希均家里。钱希均是丁玲在上海平民女校时的同学，1925 年加入共产党，1926 年和毛泽东的弟弟毛泽民结婚，参加了长征，是中央红军著名的女战士之一。毛泽民时任苏区政府经济部部长。在钱希均家里，丁玲又疲惫又舒畅地酣睡了一夜。第二天早饭后，钱希均陪她去看望中央党校校长董必武和教务主任成仿吾。丁玲早就听人介绍过董必武，一见面就感到这位革命老前辈待人亲切,很会体贴人。他关切地嘱咐丁玲:“到这里,你一定不要客气,想什么,需要什么,都说出来,你讲客气可就要吃亏了。”他送给丁玲一件整的火红的狐狸皮,非常好看。后来一位女同志被派到大后方工作,正用得着,丁玲把狐皮转送给她了。

丁玲去见成仿吾之前,对这位经历丰富的党校教务主任和新当选的中国文艺协会研究部主任产生了许多的想象:“在文学上,他主张浪漫主义,创造社最早就是这样主张的。他是从日本留学回来的,一定很洋气,很潇洒。因为我见过一些这样傲气十足的诗人,他们趾高气扬,高谈阔论,目中无人。他在国外学军械制造,或许是庄重严肃。又听说他在过黄埔军校,那一定又是一种军人气概。是的,他写过火气很重的文章,是不是又有一点张飞李逵式的气质呢?他是我们湘南人,是不是也有一点本乡本土的南方蛮子的倔强脾气呢?没有见到他之前,我确实对他作过各种揣测。”事实证明,丁玲的揣测和担心是多余的。她忽略了成仿吾从 1927 年大革命失败后,就一直处于颠沛流离之中,尤其是 1931 年他到达鄂豫皖根据地以后,直接经受了血与火的洗礼,还参加了长征,早就是一个成熟的红军干部和理论工作者了。果然见面后“第一个感觉,就是我想象的全部错了,错得简直有点失望的样子,……我们一谈话,我就感到舒服,他是一个使你可以在他面前自由谈话的人。他不会花言巧语,也不是谈笑风生,但他使任何见到他的人都觉得他是一个诚实的人,一个可以信赖的人,一个尊重别人,对什么人都平等对待的人。他是一个普通人,却又不是一般普通人能够做到的那么热情、虚心。这便是我在定边第一次见到的成仿吾同志。”他们还一起商讨中国文艺协会工作的事，筹划在定边建立分会。

1936 年 12 月 12 日，丁玲在定边参加了纪念广州暴动 9 周年的群众大会。会后写了《广暴纪念在定边》，发表于 1936 年 12 月 28 日《红中副刊》第二期。这篇速写性文字，用摇动不定的镜头摄取了定边街头在广州暴动 9 周年纪念活动中各色人等构成的驳杂画幅，是丁玲第一篇描述苏区群众的作品，群众的情绪、群众的神态、群众的语言都活灵活现。

在定边前线，丁玲结识了一批红军将领，其中有彭德怀、萧克、贺龙、陈赓、王震、杨得志、黄克诚等，他们以各自的方式表示对她的欢迎。一个穿狐皮领子大衣的军人一进窑洞就用湖南腔大声嚷道：“啊！听说来了一个女作家，在哪里呀？欢迎！欢迎！好啊！我们这里都是武将，没有文人。我们非常需要作家，是吗？”然后笑着走出去了，别人告诉她，他就是王震。她在绍沟沿一带遇到贺龙，他操着浓重的湖南乡音说：“老乡，你是安福县蒋家的吧？我们同你老家打过多少交道呵！哈……几百年的老地主家里，竟出了一个你这样的革命作家，真不容易呵！好，你来了，我们欢迎你。我们红军需要文化人，我们红军需要作家。”贺龙是湖南桑植县人，他的洒脱、热情，一下子就感染了丁玲。

丁玲以作家的敏感，每天都在细心观察和记录，搜寻写作的素材。她在 1936 年 12 月 18 日的日记中说：“我照例是一到了新地方就四处走着和看着。”“这里的朋友，都是明朗的，做事就拼命做事，一有空就互相说着一些无伤的笑话。”“这里是没有疲倦的，无论每天走过多少路，或爬过多少山，但一到宿营地，个个都兴冲冲地去忙着各自的事，或是商讨着当前的一些问题。”前敌总指挥部给丁玲提供了特殊方便和信任，可以看机要科送给彭德怀总指挥和任弼时政委的电报，便于她了解战事和局势。彭德怀对丁玲的到来表示热烈的欢迎，他对这位才华横溢、热情奔放的青年女作家也分外亲切，他虽为红军的高级军事指挥员，但也很爱好文学，读过鲁迅和左翼作家的很多作品。彭德怀身上军人的英武与农民的纯朴为一体的特殊气质，强烈地吸引着丁玲的注意。她对彭德怀观察得很细致，彭德怀的一言一行，一举一动她都看在眼里，她在这天的日记里写道：“沿途都没有休息，只要一休息下来，便又拟着电稿或指示的彭德怀同志又已坐在人来人往的门边写着什么了。”“忽然从门外传来一个有力的声音，使大家都肃静地听着，这正是那坐在门槛上写东西的前敌总指挥。”“说话总是很幽默的彭德怀，也是一个喜欢说一句两句的，并且有时还是做出一点胡闹的举动，我以为只有小孩子才会感兴趣的举动。不过，在那极其天真的脸上，还没有完全消失顽皮的时候，他已经又在严肃地说着一些横梗在心头、没有一时放松的我们目前的任务。”“我同指挥部一块儿行军，有三天了，我还没有看见他有一分钟是想着别的。”“十一点了，我还坐在火边，借火光写着日记，炕上已响起鼾声……只有机要科不时送来一些电报给总指挥和政治委员。而这些电报，有许多关于远方的事的，也是我每晚愿意等着要看的。”

丁玲掩饰不住她对彭德怀的敬仰之情，写下《彭德怀速写》一文，塑造了彭德怀坚毅、朴实、威严、智慧、平和的形象。此文虽不足千字，但文中还是有细腻的描写："他的脸色是看不清的，因为常常有许多被寒风所摧裂的小口布满着，但在这不算漂亮的脸上有两个黑的、活泼的眼珠转动，看得见有成人脸上找不到的天真的顽皮……每一遇到一些青年干部或是什么下级同志的时候，看得出那些昂奋的心都会在他那种最自然诚恳的握手里显得温柔起来。他有时也同这些人开玩笑，说着一些粗鲁无伤的笑话，但更多的时候是耐烦地向他们解释许多政治上工作上的问题，恳切地显着对一个同志的勉励。"丁玲当年练习画画的技能也派上了用场，她还为这篇"速写"画了一张彭德怀的头像，刊登在1937年2月3日《新中华副刊》上，自称"这张速写非常神似"，"彭德怀就活现在这张速写里面"。不难看出，丁玲的日记和这篇"速写"中，她对彭德怀由衷的敬仰。

西北高原的冬天，寒风凛冽。彭德怀对丁玲这个老乡在生活上也是关爱有加，他见丁玲只穿一套灰布棉军装，便把他的一件旧皮大衣送给了她。丁玲问："那么你呢？"彭德怀说："我还有一件。"后来丁玲去到红二方面军司令部，贺龙一眼就认出了这件皮大衣，他说："这不是老彭的吗？你穿着不合身，我让供给部给你改一改。"供给部按丁玲的身材改好了，还换了一个新的衣面，这让史沫特莱很羡慕。在从定边南下途中，彭德怀还把一支手枪赠给了丁玲，并郑重地说："这支枪是黄公略的遗物，我一直保存着，现在送给你吧。"丁玲也知道此礼物不同寻常，因此一直珍藏着。

“西安事变”和平解决之后，形势发生变化，同胡宗南的仗不打了，1936 年 12 月 20 日，前敌总司令部率红军主力南下支援友军，以防国民党亲日派对杨虎城、张学良部队发动袭击。丁玲随前敌总司令部以每天八九十里的急行军，昼夜兼程开往甘肃庆阳一带。行军途中任弼时的那两匹马本就习惯在一块儿，离不开，他那匹马走在前边，丁玲那匹马就一定要赶上来。那时丁玲和前方的指挥员大多还不认识，觉得任弼时容易接近，所以一路便跟着他。路上，任弼时教丁玲骑马，讲马的习性，给了她很多照顾。

1936 年 12 月 26 日，前敌总司令部到达甘肃庆阳以后，丁玲给彭德怀和任弼时说：“我住在司令部里没事干，你们又很忙，我到下面去吧！”为了让丁玲有机会接触基层部队，丁玲就被介绍到红一方面军一军团。红一军团代理军长是左权，政委是聂荣臻。丁玲先深入到陈赓为师长的一师体验生活，在这里，她同样度过了一段难忘的时光。她感到，红军将士从上到下，都是那么勇敢、乐观，同这些人一道，总是令人心胸开阔，感到一种无坚不摧、无敌不克、勇往直前的力量。左权军长为人稳重，说话流畅、文雅、严谨，是一个具有儒将风度的猛将。左权给丁玲讲述了前不久的山城堡战斗，丁玲到延安后写成《记左权同志话山城堡之战》，发表在《新中华副刊》上。丁玲说：这篇文章其实是左权的口述，我的笔录，只因我记得不好而失去了他谈话时的谐趣。

1936 年 12 月 30 日，丁玲收到了前敌总司令部通过一军团政委聂荣臻转给她的一份电报，内容是毛泽东为她作的一首《临江仙》词，得到毛泽东的这份礼物，丁玲感到惊喜万分。

临江仙

——给丁玲同志

壁上红旗飘落照，
西风漫卷孤城。
保安人物一时新。
洞中开宴会，
招待出牢人。

纤笔一枝谁与似？
三千毛瑟精兵。
阵图开向陇山东。
昨天文小姐，
今日武将军。

一九三六年十二月

丁玲说：“我是在庆阳前线收到毛主席送给我的那首词，电报打到前线，是军团政委聂荣臻给我的，他当作喜事告诉我，让我给他回个电报，我不敢用电报，就写了一封信表达感谢。”这是毛泽东唯一题赠作家的诗词，丁玲回到延安时，毛主席便又亲笔手书相赠。丁玲最初将其由自己珍藏，后来担心在战争生活中遗失，于 1939 年托人把它带到大后方，交给胡风代为保管。胡风在装手迹的信封上写了“毛笔”二字，意为毛泽东的笔迹，并把信封装进一个皮包夹层收藏。虽经历了国民党白色文化恐怖和“文化大革命”的劫难，1980 年，胡风恢复自由后从四川回到北京，将其完好无损地交回到丁玲手中。

毛泽东一生中，以电报拍发方式赠人诗词仅有两次，其赞许之高，热情之大，在毛泽东人际关系史上是仅见的。另一次是 1935 年 10 月，党中央和红军抗日先遣队到达陕北保安的吴起镇后，蒋介石派五个骑兵团尾随而至。为了防止敌军进入陕北根据地，军委命令彭德怀指挥红军先遣部队在吴起镇附近对敌人进行“切尾巴”战斗。毛泽东得知彭德怀在这场战斗中歼敌一个团，击溃三个团，俘敌 700，缴获战马近千匹，十分欣喜，提笔特作一首六言诗《给彭德怀同志》:“山高路远沟深，大军纵横驰奔。谁敢横刀立马？唯我彭大将军。”此诗虽然只有四句，但高度概括了毛泽东一直倚重的战友彭德怀等红军将领高超的指挥艺术和大无畏的英雄气概，赞扬了他们卓越的功勋和人格魅力。

从丁玲到达陕北开始，毛泽东对丁玲就给予了超出他所交往过的所有文化人的礼遇，建立了深厚的个人友谊，这首《临江仙》词，再一次证明了毛泽东对丁玲的欣赏和器重，但是，我们却不能单从毛泽东与丁玲的个人关系上看，须放在共产党领导的中国革命的大背景下，才能看出这首词的重要意义。

首先，1935 年 10 月，中共领导的工农红军与国民党军队进行了五次“围剿”与反“围剿”的残酷斗争之后被迫撤离南方的红色根据地，进行战略大转移，经过两万五千里长征到达陕北。南方的红军根据地几乎全部丧失，红军由30万人减员到几万人，中共党员由30万降到了几万，而在国民党统治区的党组织几乎全部被破坏。此时此刻，工农红军既需要休养、恢复与发展，同时还要随时准备打破敌人新的“围剿”。

其次，日本帝国主义在“九一八”事变后加紧了对中国的侵略步伐，“亡国的危险不容许我们有一分钟的懈怠”，“党的任务就是把红军的活动和全国的工人、农民、学生、小资产阶级、民族资产阶级的一切活动汇合起来，成为一个统一的民族革命战线。”恰恰在攸关革命兴衰之际、祖国存亡之秋，突然从国民党统治区跑过来一位著名的革命作家，正来得其时。作为政治家、战略家的毛泽东，其欣喜之情是不言而喻的。设宴欢迎、亲切交谈、亲自安排她到前线体验生活、电文传词、泼墨书赠，看似是对丁玲这个湖南老乡和著名女作家本人的礼遇，其实都关乎党情、国情和民族存亡。毛泽东对丁玲的礼遇和这首词，无疑向世人昭示，为抗日大计，为民族存亡，共产党求贤若渴，唯才是举，唯才是用。心怀宇内的毛泽东，深知丁玲一人来归，其意义远在“三千毛瑟精兵”之上。丁玲的生花妙笔，在文坛上一枝独秀，一个舞文弄墨的文小姐，其作用确曾抵得上三千精兵。丁玲早年以《莎菲女士的日记》成名，尤其是加入“左联”后，以《水》为标志，其思想境界有了根本性的变化，成为有影响的左翼作家。她主编的“左联”机关刊物《北斗》，在反击国民党的文化“围剿”

方面发挥了重要作用。正因为如此，国民党当局怕得要死、恨得要命，在逮捕屠杀“左联”五烈士之后，也将丁玲长期秘密关押囚禁。因此，毛泽东盛赞丁玲的一枝“纤笔”，看似夸张，实不为过。欢迎会后，在丁玲建议下成立了革命政权内第一个文艺组织——中国文艺协会；她随着红军前敌总指挥部，到前线去体验生活，很快就有了成果。丁玲到陕北后的表现，也是值得称许的。“昨天文小姐，今日武将军”，总括了丁玲来保安的前后，昨日“纤笔一枝”的“文小姐”有其令敌胆寒的威力，今日“开向陇山东”的“武将军”更是直接战斗在陕北根据地前线。共产党领导的革命事业，需要大批像丁玲这样的知识分子和各种人才，这便是毛泽东对丁玲极力歌赞的价值所在。

丁玲后来也认识到，毛泽东在与包括她自己在内的文艺界人士的交往中，个人的友谊无论多么深厚，都不能忽视其中的政治意味：“毛主席统率革命大军，创业维艰，需要知识分子，也需要作家。他看出这群人的弱点、缺点，从个人角度可能他并不喜欢这些人，但革命需要人，需要大批知识分子，需要有才华的人。他从革命的需要出发，和这些人交朋友，帮助这些人靠近无产阶级，把原有的小资产阶级、资产阶级的个人立场，自觉地彻底地转变过来……”

“西安事变”和平解决，中国内战大体上停了下来。1937 年 1 月，中央机关从保安迁往延安，红军主力部队驻守在西安北边的三原一带，总司令部驻在云阳镇。丁玲在红一军团陈赓为师长的一师体验生活一些天后，又应贺龙邀请去到红二方面军，她刚到贺龙司令部，总司令部就派通讯员来接她回云阳镇，说有一个外国女记者在那里。她到了总司令部才知道，是史沫特莱到了这里，彭德怀、任弼时、陆定一几位领导同志正热情地向她介绍部队情况。

原来，1936 年 10 月中旬，史沫特莱和丁玲在西安刘贤庄交通站分别后，在等待被邀请前往延安期间，驻守西安的张学良、杨虎城将军扣留了前来督战“剿共”的蒋介石，发动了震惊中外的“西安事变”。事变发生后，周恩来率中共代表团到达西安，最终促成了“西安事变”的和平解决，史沫特莱与周恩来也有会面交谈。她开始每晚在张学良的司令部进行 40 分钟的英语广播，及时报道西安事态的发展和有关的情况。史沫特莱的报道使她成了一个国际知名人物，并永久地被贴上了中国共产党辩护人的标签。蒋介石被扣留时，她感觉中国的内战问题解决了，抗日的障碍被清除了，但她究竟还不能完全懂得中国事情的复杂性，她一时还不能明白为什么又把蒋介石放了。但“西安事变”促成她坚决要求到红色根据地去，到中共机关驻地延安去的决心。

1937 年 1 月初，史沫特莱终于接到了中共中央的正式邀请，欢迎她访问延安。史沫特莱在总司令部稍做休整后，任弼时拟派丁玲陪同史沫特莱去延安。丁玲很想留在前方和部队在一起，但是，陪史沫特莱去延安却是她乐于从命的一件事，反正过不了多久就可以回来了。临走时，任弼时说：“丁玲，你把那匹马带回去吧！”还说了好几次，她那时不懂得马的重要，心想：要马干什么？便说：“我和史沫特莱一起坐汽车去，那马怎么带？”任弼时说：“你要的话，我就派人送去。”她说:“太费事了，不要，不要。”她交还了任弼时送她的那匹马，愉快地和史沫特莱乘卡车北上，两天后到达延安。

史沫特莱起初住在延安城街边一所院子里，后搬到凤凰山脚下的窑洞里，有延安第一美女之称的吴光伟给她当翻译。她一到延安就受到毛泽东和朱德的接见，第二天，延安党政机关举行欢迎大会，史沫特莱在会上讲述自己的反帝斗争经历。此后，她与毛泽东、朱德、周恩来和彭德怀等人进行了多次交谈，她的手提式打字机常常响到深夜。丁玲也经常去看望史沫特莱。

丁玲回到延安不久，便去看望毛泽东。主席问丁玲收到那首词了吧？丁玲说收到了，但遗憾的是见不到主席的手迹了。毛泽东临时找来了一张纸亲笔抄录了那首《临江仙》赠送给她。毛泽东说:“我这里还写得有几首诗词，你看看。”他拿出了《七律·长征》《忆秦娥·娄山关》《沁园春·雪》等。他还问丁玲:“印象怎样？”丁玲仔细地读着，觉得每首都写得雄浑有力,《七律·长征》只8句就把红军长征的英雄气概写出来了;《沁园春·雪》气魄之大，令人惊叹；而《忆秦娥·娄山关》中的“苍山如海，残阳如血”是一幅多么动人的图画啊！丁玲以十分赞叹的心情，向毛泽东说出了她初读后的感想。丁玲在《文艺座谈会的前前后后》中说，毛主席“给我的印象是比较喜欢中国古典文学，我很钦佩他的旧学渊博。他常常带着非常欣赏的情趣谈李白，谈李商隐，谈韩愈，谈宋词，谈小说则是《红楼梦》。那时他每周去红军大学讲唯物辩证法，每次他去讲课，警卫员都来通知我去听。在露天广场上，他常常引用《红楼梦》里的人、事为例，深入浅出，通俗生动，听课的人都非常有兴趣。他同我谈话，有几次都是一边谈，一边用毛笔随手抄几首他自己填的词，或者他喜欢的词，有的随抄随丢，有几首却给了我，至今还在我这里。”

毛泽东问她：“你还打算做什么？”丁玲回答说：“还是当红军。”她本想再返回红军前方总司令部去。毛泽东说：“当红军，在后方也可以当。”毛泽东亲自写信给红军后方总政治部主任罗荣桓，指定丁玲担任中央警卫团政治处副主任。罗荣桓带着丁玲到警卫团，亲自宣读了丁玲任职的命令。毛泽东是想通过这个职务，要她走进工农兵群众，掌握部队基层工作经验。毛泽东对她说：“你要去认识人，一个人一个人去认识，认识和了解你那九个连的战士和干部，当你了解他们了，和他们交上朋友了，你就知道该做些什么事了，也有事可做了。”

丁玲在警卫团分管政治训练和文化教育，早晚给战士们讲课，夜晚伏在一只木板搭成的小桌上写作。因为警卫团都是小伙子，只有她一个女同志，加上她缺乏在部队基层工作的经验，虽然她很努力，干得很累，却没干好。“只好辞职吧，我自己要求免职，回去搞文协工作去。”毛主席也说：“我看你呀，还是习惯和知识分子一起，他们喜欢你，你也喜欢他们，你们处得很好。当战士嘛，和你还有距离，你们还不能打成一片。”她在警卫团政治处干了一个月就请求调离，写了《警卫团生活一斑》，作为纪念。

此后，丁玲专门从事中国文艺协会的工作。她在 1937 年 4 月写的《文艺在苏区》一文中认为，“在紧张忙迫的战斗环境中，在苏维埃运动中，文艺的确是比较落后的部门，虽说无处不在创造着伟大的文学素材，然而优秀的杰作却不多见。……却自有它的特点，那就是大众化，普遍化，深入群众，虽不高超，却为大众所喜爱。”

1937 年 5 月，中央军委发布了《关于征集红军历史材料的通知》，启动编写全国红军十年战史的工作，这是一项巨大浩繁的编纂工程。丁玲作为红军历史征编委员会委员，她在《文艺在苏区》一文中详细地描述了《红军长征记》产生的过程:“开始的时候，征稿通知发出后，还不能有一点把握。但在那悄悄忧心之中，却从东南西北，几百里、一千里路以外，甚至远到沙漠的三边，一些用蜡光油纸写的，用粗纸写的，红红绿绿的稿子，坐在驴背上，游览塞北风光，饱尝尘土，翻过无数大沟，皱了的纸，模糊了的字，都伸开四肢，躺到了编辑者的桌上。在这上面，一个两个嘻开着嘴的脸凑拢了，颤动的指头一页一页地翻阅着，稿子堆到一尺高，两尺高。这全是几百双手在一些没有桌子的地方，在小油灯下写满了送来的。于是编辑们，失去了睡眠，日夜整理着，誊清这些出乎意料，写得美好的文章。”这部书的编辑以徐梦秋为主，丁玲和成仿吾协助。丁玲为方便编辑《红军长征记》，从警卫团搬到红军后方总政治部住宿。书编好了以后，为了照顾国共两党初步达成的联合抗日统一战线大局，避免刺激国民党，直到 1942 年 11 月才由八路军总政治部宣传部在延安出版。

丁玲到陕北后，主要以通讯、速写、印象记、日记等文学样式，来展开她的生活触角的。她深知生活的积累对作家创作的意义，从到陕北后，有半年多时间，她没有使用小说这种形式。她说："我又不肯动笔写小说的，我总嫌观察体验不深，所以就放下了。"

1937 年 4 月，延安中共中央机关刊物《解放》周刊创刊，博古来找丁玲约稿。她为创刊号写了《一颗未出膛的枪弹》，这是她来陕北后的第一篇小说。小说描写陕北红军的一个小马夫在敌机轰炸中失散掉队，为穷苦的孤老太婆收养。东北军一连人在"追剿"红军中发现了这个小红军，下令枪毙他，他却面无惧色地宣传联合抗日的道理，镇静地说，"不，连长！还是留着一颗枪弹吧，留着去打日本！你可以用刀杀我！"终于感动了这群家乡遭受侵略者蹂躏的东北军下层官兵，抓捕小红军的东北军士兵被小红军蔑视死亡、仇恨日寇的情怀感动，放下屠刀与之拥抱在一起。作品歌颂了小红军勇敢、机智和视死如归的品质，歌颂了红军深得民心的抗日民族统一战线政策。既体现了国共联合抗日的精神，也表现出对于东北军的抗日爱国情怀的一种赞赏。丁玲来陕北途中，曾经得到东北军的护送，也算是心有感激的表示吧。

1937 年 7 月 7 日，卢沟桥的枪炮声点燃了全国抗日战争的烽火。丁玲和延安众多优秀的中华儿女一样，响应党中央毛泽东的号召，迅速组建了以她为主任的西北战地服务团，她率领这支 50 多人的抗日宣传队伍奔向抗日前线。

十八

到抗战前线

1937年7月7日，卢沟桥事变爆发，中国人民的抗日战争从此进入了一个新的阶段。卢沟桥事变发生的第二天，中共中央委员会发出《中国共产党为日军进攻卢沟桥通电》，指出："平津危机！华北危机！只有实行全民族的抗战，才是我们的出路！""七七"事变，彻底暴露了日本军国主义者企图吞并整个中国的野心。在这样的形势下，蒋介石政府不得不改变1931年"九一八"事变以来消极抗日的态度，接受中共的建议，实行联合抗日。8月25日，中共中央军委发布命令，中国工农红军改编为国民革命军第八路军，朱德为总指挥，彭德怀为副总指挥。在这种形势下，全民抗战，同仇敌忾，全国爱国热情普遍高涨。

"七七"事变发生后，整个延安就沸腾了起来，人们纷纷要求去前方杀敌。7月13日延安召开干部大会，毛泽东在抗大的操坪上做报告，打着强有力的手势说："只要是不怕死的，都有上前线的机会。你们准备着好了，哪一天命令下来，哪一天就背起毯子走。延安不需要这么多的干部，我们欢送你们出去，到前方也好，到后方也好，把中国弄好起来，把日本赶出去，那时再欢迎你们回来。”从此，延安陆续有大批人员出发，开赴前线。

丁玲再也静不下来，开完大会，她就去找在抗大任教的吴奚如商量，大家都准备上前线，他们也不能坐守了。可是他们又不会放枪，上前线能干什么呢？他们商量了很久，终于想出一个方案：组织一个六七人的战地记者团，只要很少的人，花很少的钱，走很多的地方，写很多的通讯。他们悄悄联系了六七个人，给中宣部打了报告。这消息传开了，许多人要求参加进来，要求扩大组织，加上戏剧、歌咏、漫画。为此，中宣部决定成立“西北战地服务团”。

毛泽东对西北战地服务团充满热情和鼓励，他对丁玲说：“这个工作重要，对你也很好，到前方去可以接近部队，接近群众，宣传党的政策，扩大党的影响。组织上嘛，在延安属军委管，到了前方由总政管。出发以前，需要什么，找萧劲光同志。宣传工作，问中宣部。组织机构可以小一点，你们几个领导同志，称呼团长可以，称呼主任也可以。下边就不要设‘部’‘科’，我看叫‘股’就行了。宣传上要做到群众喜闻乐见，要大众化。现在很多人谈旧瓶新酒，我看新瓶新酒、旧瓶新酒都可以，只要对抗战有利。你是写文章的，不会演戏，但可以领导，没有搞过，可以学会。”毛泽东考虑得实在是周到、细致、具体。

丁玲被任命为西北战地服务团主任，吴奚如为副主任。他们开始招兵买马，在抗大宿舍贴出一张白纸，用毛笔写上“战地服务团”，马上就有抗大的学生带着行李来报名。丁玲曾在6月20

日纪念高尔基逝世一周年晚会上，观看了抗大学生排演的《回春之曲》和《母亲》两出话剧。丁玲注意到，演出这两出话剧的主要演员几乎都来了。以“抗大”学生为主，初步组成一支30余名团员，加上勤杂人员共50多人的队伍。团下设股，陈克寒为通讯股股长，张可为宣传股股长、陈明为副股长，李唯为总务股股长。通讯股负责采访战地消息，撰写通讯报导，编辑出版发行油印刊物《战地》，宣传股下分戏剧、歌咏、讲演等组。

丁玲起草的《西北战地服务团成立宣言》中说：“现在大规模的抗战已经开始了。我们愿赴疆场，实行战地服务；我们愿意以我们的一切贡献于抗日前线，与前线战士共甘苦，同生死，来提高前线战士的民族自信心和民族牺牲性，……我们将随时报告战地的状况，使全国远处后方的民众，都时刻与前线紧紧的联络着，使全世界同情中国的人士，得慰他们的关怀。同胞们，青年们，到前线去，到前线服务去，为中华民族的解放独立自由，把我们的一切贡献到前线去！”

抗战爆发后，丁玲更牵挂远在常德的年迈的母亲和两个幼小的孩子。她给母亲写了封信，告诉她即将率西北战地服务团到前线以及她的挂念。深明大义的母亲很快回信说：“我早知你全心只在‘大家’，而‘小家’你也不会忘掉的。望努力为国，无须以我等老小为念。”母亲的高亢情绪和嘱咐，大大地宽慰并鼓舞了丁玲。

在西北战地服务团出发前，丁玲和吴奚如做了大量的准备工作。为了加强团员的政治认识，请李富春、凯丰等五六位领导来讲战时的政治工作、地方群众工作、统一战线、中日问题、行军须知等。作为业务工作上的准备，团里根据抗战的形势需要，突击创作和排练了一批戏剧、歌舞节目。有丁玲赶写的独幕剧《重逢》，张天虚的《王老爷》，孙强的《东北之光》《最后的微笑》，黄竹君的《汉奸的末路》，抗大十三队集体创作的《保卫卢沟桥》；还有借来排练的剧目《放下你的鞭子》《林中口哨》等。曲艺有大鼓《劝国民抗战》《抗日救国的十大纲领》《难民》《劝夫从军》；快板《大家起来救中国》《卢沟桥》《国共合作》；歌咏有《战地服务团团歌》《新九一八小调》《送郎上前线》等；还有双簧、相声等。根据流行于东北和晋冀鲁豫的秧歌舞改编的《打倒日本升平舞》，人物多，场面大，边唱边扭，热闹红火。这些突击出来的节目，在向延安各界的汇报演出和十多次公演中，都博得观众的热烈掌声和赞扬。

丁玲赶写的独幕话剧《重逢》，是她写的第一个剧本，故事发生在敌占区一座小城，布景是阴森恐怖的日本特高科密室。几位抗日军政工作人员被捕了，遇难前夕他们商议，要女青年白兰设法潜伏下来开展斗争。19 岁的白兰以中学生身份免遭杀害，她目睹了战友张占山、王光仁、齐新等一个个牺牲，她却被日本特务部队长山本看中，山本要他的下属、情报科长马达明去说服白兰，而白兰和马达明原本是一年来音讯断绝的同志和爱人，他们现在特高科意外“重逢”。白兰误以为马达明叛变投敌，用刀子将其刺中。马达明临死前告诉白兰，自己受党派遣打入敌人内部，并将搜集的情报和后门钥匙交给白兰。白兰追悔莫及，只能含泪带着情报逃出特高科，而马达明则倒在血泊中，重逢却成了永诀。

剧中，难友们在说服白兰隐瞒身份活下去时有这样一段台词：“你没有暴露自己的政治面目……既然还有活的希望，就要抓紧机会工作，不能等死。在敌人的魔掌里，死是容易的。但是在敌人的魔掌里，活着，继续为革命工作，却是很难。你能不能试试，只要有一点可能，你可以在表面上顺应敌人，骨子里配合我们整个的斗争。”这也是 1933 年丁玲身陷南京时和敌人周旋时的想法，有着鲜明的个人体验。该剧创作于抗战初期，绝大多数作家还没有抗战生活体验，创作还处在热情大于理性、流于空泛概念抒写时，丁玲就写出了带有个人生活体验、有生活实感的剧本，所以在延安演出后受到好评。后来戏剧家宋之的得到了该剧的油印稿，推荐给胡风，在《七月》上刊出。

毛泽东还亲自观看了西北战地服务团的汇报演出。其中张天虚写的新剧《王老爷》，主题是宣传全民抗战，人民有钱出钱，有力出力。剧中有一个八路军女宣传员对富绅王老爷进行说服教育工作的情节。戏剧组认为丁玲扮演女宣传队员很合适，大家一致赞同。丁玲推辞不过，只好接受了，好在台词不多。因为仓促，没来得及认真排练就登台。丁玲回忆：“那天演出时，我仍穿我那一身灰军服，系皮带，打裹腿，也没有怎么化妆，薄薄地在脸上涂了一点油彩。门帘一掀，我走上台。台下观众都是干部，平日都是熟人，出其不意的看见我，都哄的笑了起来。我一眼瞥去，台下张张笑脸，我一下晕了，觉得脸上发烧，心跳得厉害，好在我涂的油彩也是红色。……幸好那个扮演王老爷的同志赶忙走过来迎着我客客气气地讲话，我才定下神来，慢慢地走过去，分几次把我的台词念完。我的戏完了，这幕戏也完了。我回到后台一看，毛主席站在台上侧幕旁边，毛主席便对我笑道：‘啊，丁玲也上台演戏了，好呀！’我听了好惭愧。”

出发前，军委供给部给每人发了一套新军装、一双布鞋，送来一匹马和 7 头毛驴。毛主席两次发电报给八路军驻晋办事处处长彭雪枫，通知他丁玲带领的西北战地服务团什么时候过黄河，什么时候到什么地方，要他们沿途搞好接待。可见毛泽东和党中央对西北战地服务团有多么的关心和重视。

1937 年 8 月 15 日，延安各界举行欢送西北战地服务团开赴前线晚会。毛泽东等中央首长都出席会议。毛泽东致词说：“战地服务团是一件大工作，因为打日本，在国内在世界上都是一件大事，我们数年来要求举国团结一致抗日，在今天可以说已经开始实现了。这次战争可以说带有最后一次的意义，战地服务团随红军出发到前方工作，你们要用你们的笔，用你们的口与日本打仗。军队用枪与日本打，我们要从文的方面来攻日本帝国主义，使日寇在我们面前长此覆灭下去。”

各界代表致词后，丁玲致答词。她说：“战地服务团的组织虽然小，但是它好像小河流水一样慢慢地流入大河，聚汇着若干河的水，变成一个洪流，把日寇完全覆灭在我们的洪水中。……我们誓死要打倒日寇，如不达到此目的，决不回来与各位见面。”很有“壮士一去不复返”的气概。

1937 年 9 月 22 日早晨，西北战地服务团离开延安开赴前线。

那天天气很好，八路军西北战地服务团的红色团旗在晨风中飘扬。丁玲走在最前面，全团列队，步伐整齐地在人群的欢送声中走出了延安古城，沿着延河水向东行进。马上放着丁玲和吴奚如的行李，毛驴驮着道具、服装、幕布和女团员的部分衣被物品。

陈明在《我与丁玲五十年》中回忆了西北战地服务团离开延安后的首场演出：他们到达距离延安约 70 里路的甘谷驿时，天下起了雨。这是一个不到 20 户人家的小村。在这穷乡僻壤，居然有一处教堂，外国神父早走了，当地群众把他们接到那里宿营。教堂淡黄色的墙上绘有美丽的图案，礼堂音响效果也好，只是舞台小，不能演戏。大家还是想试试，有的打扫，将红色的布幕鲜明地挂在当中，有的还到野外采来五颜六色的鲜花，放在挂着西北战地服务团旗帜的舞台前，把教堂装扮得很美。村长派人通知邻村，他们敲响锣鼓。不一会儿，从四面八方涌来年轻的小伙子、拖着辫子的小姑娘、发髻上插着红花的媳妇、白胡子黑胡子的老头，连小脚婆姨也扭扭捏捏地走来了，娃娃们你推我搡地挤在锣鼓家什周围。整着队的警卫连保安队、儿童团则按指挥找到他们的位置坐下。人越来越多，场子里坐满了，窗台上、墙边神龛里也坐满了，人们都用惊喜的眼光打量着台上。这么多穿军衣的男兵女兵来唱歌演戏，他们从来没见过。演出开始前，一个团员站在台上教群众唱歌，歌词简单，曲调是陕北小调，观众情绪很高，很快便学会了。

这是西北战地服务团告别延安后的第一场演出，场子里气氛热烈。节目一个接一个，有齐唱、独唱，有二胡、三弦、小提琴，还有梅花大鼓《劝夫从军》等等。每一曲完了，观众便报以热烈的掌声。演完了预定的节目，观众不肯走。天已经黑了，他们没有准备照明，正在着急，有人点着了吊灯上的蜡烛，高高低低闪烁着小小的烛光。在群众的热情要求下又加演了《打倒日本升平舞》，从台上舞到台下，再舞到院子里。天很晚了，大家都忘了饥饿，还是早晨 7 点钟吃的早饭呢。炊事班管理员几次来催：该吃晚饭了，明天还要赶早行军呢。这一夜大家都兴奋得睡不着觉。谁说农民不懂艺术？只要抒的是人民的心声，就会引起他们的共鸣。我们为他们歌唱，唱出了抗战必胜的心声，当然他们就会被感动。

离开甘谷驿，行军两天到达延长，正在延长视察的徐特立先生来看望了丁玲和西北战地服务团。徐老当时主管陕甘宁边区的教育，到延长考察教育工作。他一身灰军装，亲切和蔼，虽已年过花甲，须发花白，却精神矍铄，谈笑风生。当西北战地服务团为当地群众演出后告别延长时，徐老含着眼泪带着微笑，送他们走出很长一段路。10 月 1 日，西北战地服务团到达黄河边，在平渡关，他们在当地船工帮助下，用两条平底木船，分三次把西北战地服务团的人员和马匹、道具等送过了波涛翻滚的黄河。他们一路演出，经大宁、蒲县、临汾，从临汾坐火车，于 12 日下午到达太原，到达时恰逢日寇的轰炸，于是就地隐蔽，临近黄昏时方才进入市区，受到八路军驻太原办事处主任彭雪枫及办事处同志们的热烈欢迎。

此时的太原已处在战争的前沿。阎锡山的部队正在八路军 3 个师的配合下，在太原以北约 100 公里的忻口一带与日军作战。

两星期前，八路军一一五师于 9 月 25 日首战平型关，歼敌 1000 余人，缴获一批辎重武器。平型关之战是全面抗战开始以来中国军队取得的第一次大胜利，粉碎了日军不可战胜的神话，提高了八路军的威望。中央军委副主席周恩来作为中共中央代表在太原和国民党第二战区司令长官阎锡山进行统一战线工作，兼对八路军在山西战场作战的指导。西北战地服务团在太原期间就在周恩来副主席的直接领导下工作。10 月 13 日，西北战地服务团到达太原的第二天，丁玲在山西太原大礼堂发表演讲，宣传党的抗日主张，吁请各界支持西北战地服务团的工作。当晚，即在一个大剧院举行了公演。周恩来亲临观演，八路军办事处的同志、山西国民党的许多党政军要人、各群众团体代表都出席了。大家济济一堂，座无虚席。西北战地服务团用一套根据陕北民歌谱成的抗日歌曲、含有抗战内容的短话剧，以及宣传抗日的相声、快板、秧歌舞，博得了观众热烈的掌声。整个演出过程气氛激昂，演出极为成功。太原的各大报纸均对演出做了报道。

西北战地服务团在太原期间曾经到一一五师师部和杨得志任团长的六八五团慰问演出。林彪师长也来看望西北战地服务团的团员。当年 17 岁的女团员罗蓝回忆道：林彪那时很随和，有说有笑，听到我一口湖北音，便和我攀老乡，还诙谐地讲，人家都贬我们，说“天上九头鸟，地上湖北佬”，为什么？因为我们湖北人就是聪明。杨得志特地送丁玲一件平型关大战中缴获的崭新的日本军官黄呢军大衣，还送了几件给团里作演出服装用。

西北战地服务团成绩卓著，名声大震。丁玲的名字也受到中外新闻界、文化界的广泛注意，不少人为她著文，如:《最近的丁玲》《丁玲在西北》《丁玲在前线》《丁玲领导的战地服务团》等等。西北战地服务团的工作也得到了党中央的肯定。中共中央宣传部发出通知，准备组建第二个战地服务团，通知说:“据山西来信，自我们的战地服务团出发后，经过大宁、蒲县、洪洞等处，沿途表演抗战戏剧，深得山西人民拥护。现要求我们派剧团去，我们准备组织第二西北战地服务团去山西。凡有志此项工作者，请自动向本部报名。”在太原,西北战地服务团又吸收了一些新的血液，有一些人参加进来；同时也向山西新军决死队输送了一些干部，如陈克寒、罗蓝等。

1937 年 11 月上旬，太原失守的前几天，丁玲正率西北战地服务团在太原南边的太谷县演出。演出结束从热闹的礼堂走到街上，顿时感到恐怖的气氛。老百姓慌忙地上紧了门板；在黑暗的街上，络绎不断的骡马，退却下来的队伍，急匆匆地向南走去；大队的人马，零散的小队，通夜就没有断过。第二天上午，派到太原向周恩来副主席请示的陈克寒回来了，他带来了周副主席的指示:第一,立刻离开太谷。丁玲带领能跑路的向东走,奔和顺县、辽县找一二九师，奚如同志带领体力弱些的奔汾阳，找总政治部，立刻动身；第二，中途不许耽搁，以速取联络为是；第三，丁玲此去，不知如何，可与某某游击队一道走，好有照应。

战局很不好，太原、榆次危在旦夕。西北战地服务团立即分成大小两个队，大队由丁玲率领向东，小队由吴奚如率领向西，在中午时分，大家挥挥手，两支队伍就向各自的目标地出发了。

此匆匆一别，丁玲再见到吴奚如，已经在 3 年后了。

这天晚上，丁玲率领西北战地服务团到达某游击队的住处范村时，发现气氛很紧张，人们跑进跑出，似乎酝酿着什么行动。这是一支在国共合作旗号下，由地方党组织刚组建起来的游击队，100 多人。游击队的领导正在开会，他们向丁玲介绍情况，原来他们了解到当天住在邻村的一个连的杂牌溃军在抢劫村里老百姓的财物，队员们听到后义愤填膺，纷纷要求去消灭他们。丁玲不同意这样做，因为这不符合联合抗日的政策。她建议明天一早派人带信去劝说他们不要祸害百姓，同时晚上加强警戒，防止他们来骚扰。游击队的负责人知道丁玲的身份和影响，听从了丁玲的建议。这一夜，本以为可以平静地过去，可半夜时发生了变化。原来这连溃兵，听说邻村驻了八路军的"司令部"和一个"团"，便赶忙连夜带着抢劫来的东西要离去，不巧的是走在后面的连长和几个兵，被游击队的游动哨劫了下来。

丁玲还没有休息，只听见门外一阵呵斥声、枪托声，紧接着游击队领导和一些队员就把被抓住的连长推了进来，请丁玲发落。游击队员从这位连长的口袋里搜出了好多的钱。丁玲正向这个连长进行说服教育工作，情势突变，那一连人在大门外，喊着要见他们的连长，并且把枪口瞄准院内，而游击队的人，也立即枪口对外，双方冲突一触即发。几个西北战地服务团的团员走出院子，面对枪口，高喊："中国人不打中国人，有话好商量。"既然这些溃兵误以为这里是八路军的司令部，还有一个团警卫，丁玲也就以"司令部"代表的身份向这些持枪的溃兵做解释说服工作，指出他们抢老百姓的东西是不对的，是军纪所不允许的，军队应该爱护老百姓，军民才能团结一致抗日。丁玲答应释放他们的连长，交还被缴的枪，但是他们从老百姓那里抢来的东西必须留下，交由当地战地动员委员会还给老百姓。被扣的连长命令他的士兵收起武器，答应了条件。一场危机化解了，范村的百姓听说把抢劫他们财物的逃兵们给收拾了并且还要返还被抢劫的东西，高兴地给西北战地服务团送来烙饼。丁玲后来以这个经历写了一篇纪实性散文《冀村之夜》。

三天后，西北战地服务团在和顺县找到了八路军总司令部，此后就每天按序列随大部队行军，经辽县（今左权）、武乡、沁县、沁源，到达洪洞、临汾一线，他们一路为部队和百姓演出。在行军途中，丁玲与史沫特莱又重逢了。但在战争的环境下“那时大家都是来去匆匆，以为随时可以见面，但其实见面也只能握手微笑，我们没有捞到一次长谈的机会。我们驻在洪洞县万安镇时，她住在离我们十多里的总部，我们还见过面。后来，听说她要离开前线到国民党区去工作，为八路军宣传、募捐。我来不及送她，她已悄然离去了。”

在八路军总部，丁玲又在任弼时的领导下工作了。1938 年 1 月 31 日，农历大年初一，国民党第十四集团军司令卫立煌从临汾来到洪洞马牧村八路军总部拜年。在欢迎卫立煌的大会上，朱德总司令和卫立煌都讲了话。演讲完毕之后，西北战地服务团表演了新近才排练出来的文艺节目。《八百壮士》，表现了上海抗战中国民党士兵的英勇事迹;《忻口之战》，表现了国民党中央军、晋绥军、八路军合作抗日的事迹;《平型关大战》，表现了八路军首战告捷的事迹；还有《全民总动员》大秧歌舞等等。这些节目反映了当前抗战的实际，反映了国共两党团结抗日的实际，受到了全场观众的热烈欢迎。卫立煌非常赞赏，鼓掌不绝。他认为这些节目很有意义，能激发大家同仇敌忾的抗日决心，在战争前线物质条件非常困难的情况下，排演出这样精彩的节目，真是一件不容易的事。

朱总司令向卫立煌介绍了西北战地服务团的情况，卫立煌兴趣更浓了。他向朱总司令说，好极了，你说八路军打不垮的原因在于政治工作，我想了又想，想来想去也不知道我们的政治工作怎么进行。今天看了这些表演，听了你介绍西北战地服务团的情形，我就这么想，我们也来组织一个这样的战地服务团，作为我们学习八路军政治工作经验的第一步。朱总司令说，要得，可以这样做。卫立煌表示希望朱总司令给他介绍一些人，朱总司令表示同意。后来就把西北战地服务团通讯股的赵荣声（和卫立煌是同乡）和靳明介绍过去，赵荣声按照西北战地服务团的模式，在卫立煌那里组建起了一个战地服务团。赵荣声作为特殊的秘密共产党员，在此后的一些年里，一直在做卫立煌的工作。这次看了西北战地服务团的表演，听了朱总司令对西北战地服务团的介绍，卫立煌很有感慨，他向他的左右说：八路军就是人才多，能打仗，能演戏，还能写文章，好青年都跑到他们那里去了。

1938 年 3 月初，根据中央指示，丁玲准备率西北战地服务团离开山西赴西安演出。她想，到西安演出，总要有一个像样点的大一点的剧目演出，于是丁玲就在百忙中开始着手编写第二个剧本《河内一郎》，剧本写日本士兵河内一郎，在侵华战场上受伤被俘，得到了中国军民的救治和护理，从此他开始了由为日本军国主义愚忠尽职到痛苦反省的心理历程，终于成为一名反战战士。第一幕编好后，她曾拿给八路军总指挥部敌军工作部的几个同志们看，他们告诉了丁玲一些日本风俗习惯，还得到了在八路军敌工部工作的日本战友泽村利胜的许多帮助，他还帮助丁玲画出了演出时舞台的布局图。本剧立意新颖，主题很有现实意义，丁玲在注重宣传效果的同时，同样充满了对人性的关怀。但由于作者和西北战地服务团成员都缺少和日本士兵直接打交道的经验，且这个主题在全面抗战初起，还缺少现实案例的支撑，故没有能够上演。

此时日军正沿同蒲铁路南进，在敌人飞机沿途轰炸下，丁玲率团从山西乘最后一列火车、搭最后一只木船，从风陵渡渡过了黄河。

由于国民党政府抗战不力，指挥失策，战场失利，这时的西安，人心惶惶，到处挤满了无家可归的难民和从前线下来的士兵与伤员。西北战地服务团开进西安时，以红色的“八路军西北战地服务团”团旗为前导，丁玲率队走在前面，整齐的军装、有力的步伐、雄壮的歌声，使这座古城耳目一新。队伍中的女兵和平型关战斗缴获的那几件日本黄呢军大衣尤其引人注目。街旁商店里的店员、顾客和马路上的行人纷纷挤到路边，有的眉飞色舞，带着压抑不住的微笑，鼓掌欢迎；有的用惊异好奇的眼光，仔细打量或悄悄议论。一路上队员们高唱战歌，走进陕西省抗敌委员会为他们安排的驻地——梁府街女子中学。

丁玲率西北战地服务团到西安后就举行了公演，剧目是反映山西前线军民团结抗战的多幕话剧《突击》。剧本是由南国剧社的老艺术家塞克和当时以客人身份住在西北战地服务团的作家聂绀弩、萧红、端木蕻良等集体创作，由塞克导演。当时西安的报纸曾报道说:“西战团的全团同志是以突击的方式排演《突击》。”戏排得差不多了，要租剧场，当时西安的剧院都太小，座位又少。塞克说最好选易俗社，场子大条件也好，但是场租费也很贵!

丁玲和秘书王玉清去见易俗社社长高培支，带了几件八路军的战利品，有蚊帐、花伞等做礼物，说，这些是从日军仓库里缴获的胜利品，不是值钱东西，但希望能在场租上给以优待。高老先生神态端庄肃穆，不苟言笑，说道:“我向来不收礼，但这是从前方带来的胜利品，来之不易，我拜领了，我要把它们放在客厅供大家欣赏。谢谢你了!”至于场地租金，只是重复说:“我们的场租是固定的，不管是哪个剧团，每天两场，租金是二百五十元，一个钱也不能少，这是惯例。如果我们自己破坏了，我们今后不好办事。”他听说西北战地服务团票价定在 4 角和 2 角两种，即刻说:“太少了，定价太低了!依照你们的名气完全可以卖一块和八角，不然要赔钱的。”丁玲说:“我们是做宣传工作，不是营业演出，为了使更多的人民群众能来看戏，我们的门票只能定这个价钱。”

3 月中旬《突击》公演了，每天两场，还有一场慰问伤兵的演出。演出大获成功，场场客满，掌声雷动，轰动了战时的古都西安。但演出结束一算账，卖票收入仅够支付场租，服装布景等杂项都没有着落，赔钱了。但丁玲还是按照约定的钱数，和王玉清去易俗社结算。和最初见面不同，高培支的脸上有了笑意，称赞演出精彩。丁玲拿出手巾包，里面是 750 元场租费。高培支伸出一只满是皱纹的手，一把压住丁玲的手说："我看得出来，你们这次公演赔钱了，我不要你们的场租。三天，你给我两百元，够我们的开销就行了。这种开销，我们没有办法补贴。"他像是对他们的一个工作人员，又像是对着丁玲说："我从来没有看见过像你们这样的剧团。来我这里演出的剧团、戏班可多了。你看，这就是他们的团长，她是有名的女作家，可是成天台上台下，和团员一起，什么事都做，同吃一样的饭菜。真令人奇怪，几十个人像一个人那样，不分高低，抢着干活，成天乐呵呵。"他又望着丁玲说："不是我夸你们，我是不当面夸人的，可是你们剧团，你们这些人都是平凡人，都是好人。你给我二百元就行了。我只收这样多，绝不多收。"

丁玲满心激动："高先生给我们的哪里只是少收的那五百五十元钱呢？在他的心里，在我的心里，这都是最高的鉴赏与情感。我拿着留下的五百五十元钱，像捧着几亿人民的希望，迈着沉重的步子，走出易俗社的大门，和高培支先生郑重握手道别。"从此，西北战地服务团与易俗社结下了情谊，后来的公演也在这里。西北战地服务团离开西安时，高培支还送了许多戏装。

在当时，虽然全国全民抗战的形势已经形成，但是国民党政府始终对群众救亡运动进行压制与干涉。西北战地服务团在西安已成功地举行了第二次公演，他们的工作为西安各方所瞩目，影响很大，自然成为国民党的眼中钉。但西北战地服务团是堂堂八路军的宣传团，他们不敢贸然查封，但是也不能容忍西北战地服务团在他们的眼皮底下活动。于是国民党陕西省党部给西北战地服务团送来一纸通令，命令西北战地服务团即日开赴八路军前线，否则要逮捕负责人。理由是，既然是战地服务团，便应该到战地活动，不应久留后方。本来，西北战地服务团没有打算在西安久留，但现在省党部居然下了逐客令，西北战地服务团也就偏要在这里留下来，并且还要堂而皇之地继续工作。丁玲和中共陕西省委的李初梨一起到国民党省党部去理论，双方僵持不下，没有结果。当然，丁玲不怕他们逮捕，西北战地服务团也不会因此而离开西安。但是，如何开展工作呢？

1938 年 5 月，丁玲和王玉清一起回了一次延安，向中央领导同志汇报西北战地服务团的工作，毛泽东主席听后表示赞扬和肯定。针对西安国民党反动派制造摩擦，毛泽东指示丁玲八个字："针锋相对，磨而不裂。"丁玲几天后返回西安，她根据毛泽东主席这八个字的指示，积极地与国民党反动派周旋。既然一时不能举行公演，他们就组织成若干个小分队去工厂、学校、伤兵医院、红十字会医院演出，还分头到许多基层单位，帮助他们组织起歌咏队，和一些人、一些团体开小型座谈会、联欢会，继续宣传全民抗战主张和八路军在前方的战绩。但如何争取能够合法公开演出，还是西北战地服务团的目标。这时宣侠父来了，他的公开身份是十八集团军驻西安办事处高级参议，负责国民党上层人士的统战工作。宣侠父给丁玲出主意，要带她去见两个大人物，国民党政府西北行营主任蒋鼎文和国民党第十七集团军长官胡宗南，这两人都是蒋介石的亲信，是西安最有权势的人物，如果能从他们身上捞一点资本，那些狐假虎威的家伙就不敢找麻烦了！

宣侠父跟蒋鼎文是同乡，跟胡宗南是黄埔军校的同学，因为工作需要，他跟他们的关系处得还不错。几天后，宣侠父陪同丁玲来到行营长官公署见蒋鼎文。“西安事变”前，蒋介石调集 30 万军队准备“围剿”红军，便以蒋鼎文为西北“剿总”前敌总司令。丁玲和蒋鼎文的会面话不投机，丁玲讲了一通抗日道理，蒋鼎文却没有说多少话，他叮嘱秘书捐赠送给西北战地服务团 300 元，第二天就把支票送过来了。丁玲接受上海《大美晚报》记者采访时说：“最近蒋主任还捐了三百元，这一方面说明蒋主任对本团的关心和扶持，另一方面也证明了本团在抗战中的需要，我们是非常感谢蒋主任爱护本团的热心的。”

过了几天，胡宗南邀请丁玲到一个风景区吃饭，宣侠父作陪。席间胡宗南提到丁玲 1936 年末写的《记左权同志话山城堡之战》，那次战斗红军歼灭胡宗南部一个旅又两个团。现在他还耿耿于怀地说：“现在是国共合作，共同抗日的时候了，像丁作家写的《山城堡战斗》那样的文章，大概可以不再写了吧。”丁玲说：“现在是团结抗战，那样的文章可以不写。不过，您还是一个可以写的人物，希望您在抗战中创造出一些好的战例，只要对抗战有利，不管成败利钝，都是可以写的。只是希望你们不要再封闭刊物、逮捕作者、驱逐编辑就好了。”胡宗南有点不好意思，摇一摇头，把那绺垂在眼边的头发甩到头上，只说一句：“那都是过去的事了。”从胡宗南那里出来，丁玲说：“今天没有谈成实质性的事情。”宣侠父说：“你懂吗，他请你吃饭，这就是有了关防了。这个消息马上会传出去的。”果然，西北战地服务团在西安遇到的麻烦少了，工作也好开展了，比较顺利地在西安举行了第三次公演。

这一次公演不同于前两次以话剧或曲艺节目为主，而是选了两出大戏，京剧《忠烈图》和秦腔《烈妇殉国》，都是改编老舍的剧本。丁玲写了《写在第三次公演前面》，说明“为什么我们要花了大的力量来演出这并非拿手的玩意儿”，主要原因是几个月在西安的逗留深感话剧的受众面比较窄，而“旧剧的势力仍是很大的，它盘踞在广大市民中”，易俗社、秦风社、晋风社等每天都是客满，演出的剧目却只有《四郎探母》《三堂会审》等，缺少新戏尤其是动员人民抗战的；西北战地服务团“特别加力排练了这两个戏剧”，就是“希望做旧剧界的一个参考”。

西北战地服务团没演过大型戏曲，除了夏革非是西安人会唱几句秦腔，别人都不会唱，而时间只有十来天。丁玲又去求助高培支，这次见面，大家就像老朋友了，丁玲把剧团的困难都据实相告，高先生毫不迟疑，非常慷慨地答道：“我们帮助你们，从开排的日子起，文武场面派人来，你们演员不全，我们派人补，导演我们负责……”易俗社派出最有经验的两位导演，不同行当的演员也对口教，有“陕西梅兰芳”之称的易俗社头牌王天民亲自指教夏革非。着装试排时，高老先生让人把最好的衣箱打开，把最好的行头都拿出来，任西北战地服务团的演员们挑选试穿。在易俗社大力支持下，演出大获成功，两出戏火了，夏革非火了，观赏了这次演出的西安观众都赞美夏革非是“从延安来的王天民”。这是西北战地服务团在西安的最后一次演出，也是最获得声誉、最使人难忘的一次演出。丁玲说：“但更加使我难以忘怀的是高培支先生和易俗社的全体同仁，在国民党反动派的政治高压下，对共产党领导的一个宣传团队的工作给以如此巨大、有效的帮助时所表现的无私和勇敢。我们西战团的每个同志，都永远记得这种崇高正直的神圣友情。”

1938 年 7 月，丁玲奉命率西北战地服务团返回延安，临行前，他们组织了一个座谈会，感谢西安各界的大力支持。在西北战地服务团与易俗社告别的联欢会上，高培支讲话说：“有人告诉我，说你们是共产党，让我们不要接近，可是我亲眼看见，你们才是真正抗日的队伍，廉洁的队伍，不为钱，不图利，我佩服你们，尊敬你们！”他让人拿出一套衣箱，说这套剧装行头不是新的，新的我也送不起，你们回到延安演出，这些也够用了，算是易俗社的一点心意吧！国民党党部的代表也来了，夸奖西北战地服务团“努力团结”。7 月 22 日早晨，全体团员从八路军驻西安办事处乘汽车启程，宣侠父也来送行，与丁玲相约延安见。不幸的是，三天后宣侠父被国民党特务暗杀了。

在西北战地服务团期间，丁玲作为团长，在随团迁徙流动之中，要组织演出，要应对各种突发情况，要处理人吃马喂一应事务，一直处在紧张繁忙的工作中，但她仍挤时间写作，创作有剧本、散文、杂文和短篇小说。这些作品也都收入了她主编出版的“战地丛书”中，包括《西线生活》《一年》《战地歌声》《杂耍》《突击》《呈在大风砂里奔走的冈卫们》《河内一郎》等八九本集子。

丁玲另外的一个收获是，她在西北战地服务团认定了她今后人生的伴侣——陈明。其实，丁玲在西北战地服务团成立之前就注意到了他，那是在 1937 年 6 月 20 日纪念高尔基逝世一周年晚会上，她观看了抗大学生排演的《回春之曲》和《母亲》两出话剧。其中在《母亲》中，吴光伟扮演母亲尼洛夫娜，虽然台词不多，但她有登台演出的经验，演得形象丰满，仪态端庄，光彩动人。陈明扮演儿子巴威尔（伯夏），他的精干英俊及从容稳健的表演和富于激情的歌唱，吸引了台下的丁玲，“伯夏”就成了以后她对陈明的别称。西北战地服务团又给了她充分认识、考察陈明的时间，也给了她从容地表达对陈明爱意的机会。

陈明说：“到西安之前的一段时间，我感到丁玲对我特别好，在生活细节上照顾我，超出了一般同志间的关爱。沿途住在群众家里，老百姓见她是个官，又是个女的，总是给她送些枣子、花生什么的，她总是留一些给我。团里工作多，每天都要演戏，搭台、拆台、布置舞台等等，我都抢着干，所以我的棉裤、鞋子总是破得厉害，她就告诉管理员，及时给我补充，或者把她的省给我穿。我在团里能上能下，不计高低得失，别人不乐意干的事，无论巨细，我都努力去干、干好，也许由此丁玲对我产生了好的印象。我当时没往深处想，后来这种感觉越来越明显，我开始考虑：我与丁玲建立这种关系不大合适。”

陈明的顾虑，已经预示着二人感情发展不会顺利。此正可谓：山重水复，好事多磨！

十九

爱上了陈明

1938 年 7 月底，西北战地服务团载誉而归，就像在前线打了胜仗的部队，延安开了欢迎会。8 月 1 日，在延安纪念建军节大会上，西北战地服务团演出了话剧《突击》，不久又在延安大礼堂演出了京剧《忠烈图》、秦腔《烈妇殉国》，汇报演出大获好评。

丁玲率团演出这一年间，延安发生了很多变化，其中与丁玲关系最直接的是，为适应国共合作抗战的新形势，原来在保安丁玲主持成立的中国文艺协会，为 1937 年 11 月成立的陕甘宁边区文化界救亡协会所替代，周扬、艾思奇等人主持了新文协的工作，丁玲中国文艺协会主任一职已不复存在。在这一年里，延安又新增了多个文艺团体、演剧宣传队，及专门的艺术组织。

特别是鲁迅艺术学院也于 1938 年 4 月成立，在这里，聚集了大批来自国统区的知识青年。随着大批知识分子和青年学生陆续从国统区来到延安，丁玲在延安文艺界不再是一枝独秀。她也不能再像一年前那样，可以随时去听毛泽东闲谈了。此时的毛泽东，除了要指挥八路军对日作战，处理复杂棘手的国共两党合作关系，还受到 1937 年 11 月从苏联回到延安有共产国际背景的王明的挑战。面对着比红军刚到陕北时更繁杂的政务和局面，毛泽东无暇从容地忆旧、赋诗、谈古论今了。

在个人生活中，丁玲回到延安后也有了重大变化。丁玲 1936 年 4 月在南京与母亲、儿女分别，已有两年多，母亲独自抚养一双幼儿，生活十分艰辛，丁玲每月仅有两块钱津贴，无力周济。虽然抗战初母亲曾来信让她努力为国，不要以她们老幼为念，但丁玲知道，已经年迈体衰的母亲，在战乱中带两个幼儿实在超出了她的能力。丁玲说："1938 年武汉沦陷前，我想把她和孩子都接到延安。组织上考虑，认为延安非久安之地，孩子可以接来，万一局势变动，孩子是自己的，怎样也可以说得过去，对老人家就难说了。组织上的考虑是对的。因此我去信，请母亲把孩子送到延安。"

在常德的母亲收到丁玲的信，实在舍不得两个孩子离开自己。已经 8 岁的祖林和外婆感情深厚，除上学做功课外，还能帮外婆做些简单家务，4 岁的祖慧乖巧伶俐，两个孩子已经是她晚年生活不能少的快乐。但她知道自己已经年迈，又没有经济来源，两个孩子的教育也不能耽误，加上战乱，她知道她必须得放手了。她在日记中写道："两京沦陷，时局日非，只得忍痛割爱，将两小孩若邮局寄包裹样，由四侄送交伊母，吾则飘浮无定踪，非人之生活较前苦百倍矣。"1938 年 8 月，祖林、祖慧依依不舍地告别外婆，跟随表舅从湖南来到了延安母亲身边。当时日军大举进攻，武汉即将失守，湖南局势紧张，祖慧回忆说：“那时兵荒马乱的，表舅当时大约只有 20 岁，带着我们兄妹俩，又坐车又坐船，真不容易。”

丁玲把祖林送进保育院小学，把祖慧送到儿童保育院。1938 年 11 月日本飞机轰炸延安后，保育院和保育院小学都搬去安塞。这样，丁玲便不能率西北战地服务团出发了，组织部任命周巍峙为代主任接替丁玲。确定不随西北战地服务团出发的还有王玉清，他的爱人夏革非要生孩子；再是陈明，经常犯胃病，不适应长途行军和紧张的生活。组织部决定他们三人暂留在延安，去马列学院学习。

1938 年 11 月 20 日，7 架日军飞机突然飞临延安上空，对人群密集的街道和集市投炸弹、扫射持续了近半小时，造成 100 多人伤亡。这是日军飞机第一次空袭延安。西北战地服务团员叶频回忆：“当天下午丁玲同志开会回来宣布，为了减少不必要的损失，中央决定疏散延安人口。根据中央指示，凡是决定到敌后根据地工作的，都必须立即提前出发，离开延安。团部决定西战团今天夜半出发到晋察冀去。”周巍峙便率领西北战地服务团，迅即开赴晋察冀边区。

1938 年 11 月 23 日，丁玲与陈明、王玉清去马列学院报到。为了躲避日军飞机轰炸，他们起了个大早，天未亮就离开大砭沟，赶往蓝家坪，陈明、王玉清抬着行李，丁玲拿着半截蜡烛照明，天色微明时，他们涉过了延河，这时丁玲手里的蜡烛也燃尽了。山下有一排平房，那里就是马列学院，静静地没有一点声息，他们以为学员们还没有起床，但是叩响了院部办公室的门才得知，为了防空，全院同学已经在黎明之前，带着干粮转移到七八里外的一个小山沟上课去了。他们三人问明地方，立即赶了去。此后一连多日，学员们都是挎包里装着书本和干粮，天色微明就涉水过河，到山沟里去上课。

延安马列学院于 1938 年 5 月成立，学员主要是中央党校、抗日军政大学、陕北公学、鲁迅艺术学院的优秀生，它是延安最高级别的学府。

入学不久，丁玲的痔疮严重发作，到距离延安有 40 里路的拐峁村住了两个月医院。这个医院是日军飞机轰炸延安后才开办的，设备不好，工作人员也少。她给楼适夷写信说："学校里冷得要命，没有火还是小事，每日不等天亮就出发到有雪的山沟里去防空。后来自习也在防空壕，冷风飕飕的吹到身上，有了火，我便一天 24 个钟头守在火边，于是痔疮大发，在学校里忍着痛苦，过了两个月，没有办法了只好到医院去施过两次手术，住了两个月，现在又依然故我的回来了。"她在这个医院认识了一个年轻的产科助产士——俞武一。这个助产士 20 岁出头儿，人很热情，虽是产科助产士，却经常跑到丁玲住院的外科来，照顾那些疏于照顾的病人。她"有很大的热情和克己精神，但缺乏理智，好发议论，感情脆弱，容易感伤，并不使人欢喜"。可是丁玲"却很喜欢在麻油灯底下听她述说她替伤兵们织毛衣的故事"。针对俞武一的不足，她"常常鼓励她，要她理智些，坚强些，认清磨难，希冀有益于她”。这个助产士便是她日后创作《在医院中》陆萍这一人物的原型。

丁玲在马列学院有了较充裕的时间，来陕北两年多，特别是西北战地服务团近一年的经历，积累了较厚实的生活底子。她可以踏踏实实静下心来，从容构思动笔了。她在马列学院期间写了《新的信念》和《县长家庭》，两者都是可归入抗战题材的小说，但依然明晰可见其女性视角下的独立思考。

《新的信念》约 13000 字，主人公陈老太婆不仅耳闻目睹了日本侵略者的凶残，遭受了孙子孙女被敌人惨杀的沉重打击，而且自身蒙受了日本兵的蹂躏。她勉强挣扎着回到家门时，已近乎奄奄一息。可是，陈老太婆没有就此倒下。在一颗复苏的心上，她从悲痛和屈辱中生出仇恨的怒火和复仇的愿望，这情绪使她焕发出令人惊异的生命力。她不顾惜自己的颜面，向人们控诉日军的兽行，以唤起人们复仇的火焰，动员青年们拿起武器参加抗日游击队。当看到自己的仇恨也在众人身上生长时，她从心底感到了欣慰。陈老太婆的形象表明，中国妇女正在从劫难中醒来，当她们懂得自己的一切与民族的命运紧紧相连时，是能够与一场伟大的事业融为一体的。小说对陈老太婆的刻画很生动，对陕北人民生活状态和陕北景色的描述也抓住了特点。《新的信念》是丁玲来陕北后文学创作由新闻速写转向精耕细作的标志性作品。

《县长家庭》写山西某县城即将沦陷之秋，县长夫人准备到一一五师从军，把 8 岁的女儿阿铃托付给“我”（丁先生）和西北战地服务团。“我”担心 8 岁的阿铃难以忍受长途流徙，又不能过分拂逆县长夫人之意，只得暂时收留几天。阿铃是那样懂事，待客、跳舞、骑马行路，都好强又处理得非常妥贴，说话做事和西北战地服务团的战士们的精神已有一种不用言语的默契，彼此不愿离开了。但是，县长带了亲戚马弁深夜造访，与阿铃叙谈伦理之情，以父女分离，各在一方，怕此后再也无从见面之辞，半劝半迫地把她接走了。作者以艺术的三棱镜透视和分析所谓“一致抗日”在一个上流家庭的夫妻之间、父女之间的“不一致”，这里隐含着丁玲对抗战的希望，也隐含着她对国共合作抗战洪流中潜伏着的危机的洞察。本篇在用笔上，温柔委婉和辛辣讽刺兼具。

丁玲在马列学院还写了一篇散文《我怎样来陕北的》，回忆1936 年秋天从上海到达保安的经过。当时，边区文协以“我怎样到陕北来的”为题，开展群众性集体创作活动，这篇文章即是她参加征文的结果。

1938 年 11 月，贺子珍离开延安一年后，毛泽东同从上海来到抗大学习的江青结婚。毛泽东分别请一些同志吃饭，有一天丁玲也接到邀请。陈明回忆说，那是一个星期日，早晨毛主席派警卫员送来一个条子，写着：丁玲，来杨家岭一趟，请你们吃饭。同时受到邀请的还有马列学院的徐海东和谭余保。不巧的是安塞保育院捎来口信，说蒋祖慧闹眼病，她正要去看女儿。安塞离延安有 60 里，每次都是骑马去。那时马列学院牲口少，刚好廖井丹从山西来，骑了一匹大青马，寄存在马列学院总务处饲养，陈明就帮她借来了。丁玲想，吃饭以后还有机会，女儿的病要紧，就策马去了安塞。她晚年曾向人说起此事，觉得似有不妥，容易让当事人误会。正如李锐在《怀丁玲》中所说："敬谢宴请，是对于婚事的态度。这大概是结怨江青之始。"

1939 年，丁玲在马列学院期间，开始了与陈明的恋爱。丁玲与陈明的感情始于西北战地服务团。陈明在他的回忆录《我与丁玲五十年》中说："那是在一个小饭馆里，我们坐在炕上，我说，主任，你该有个终身伴侣了。丁玲反问我：我们两个行不行呢？我听了吓了一跳。事后，我在日记里写道：让这种关系从此结束吧！她看到后，说：'我们刚开始，为什么要结束呢？'"

陈明是江西人，1917 年生，比丁玲小 13 岁。10 岁时他随伯父到北京，不久又随伯父家到上海读书，是"一二·九"运动上海中学生联合会的骨干。1936 年在上海加入中国共产党。1937 年初到延安抗大学习。丁玲组建西北战地服务团时，他积极报名参加并任宣传股副股长，在西北战地服务团期间，工作积极，朝气蓬勃。

丁玲与陈明的婚姻在外人看来很不般配。两个人的年龄、经历与地位，都存在巨大差距：当时丁玲 35 岁，已经有过两次事实上的婚姻，是两个孩子的妈妈；陈明 22 岁，是个情窦初开的小伙子，经历较为简单；丁玲先是以文学成就，继而因率西北战地服务团出征闻名全国，陈明则只是一个刚走出校门的学生。中国的传统观念，男方的地位、成就、声望应高于女方，起码也要大体相当。正如钱钟书的《围城》中方鸿渐的父亲所说："嫁女必须胜吾家，娶妇必须不胜吾家。"丁玲选择明显弱于自己的陈明而嫁的原因，除了她喜欢陈明以外，主要考虑自己当作家的意愿能否被满足，她选择崇拜她的陈明为伴侣，便可免去以丈夫的事业为中心之忧虑。当年的陈明，年轻英俊，风华正茂，积极向上，在西北战地服务团就是丁玲的得力干将和助手。有谁比丁玲更了解陈明更明白自己呢？但这样的选择，即便是在民主觉悟程度较高的延安，还是招来非议。

当年与他们同在一个小组，并担任陈明小组长的江帆，有过一点记述。她写道："那时，组织上照顾丁玲，让她自己单独住在后山下的一孔石窑里。有时，她到我们小组门口来吆唤：'陈明，我要墨水！'有时又叫：'陈明，给我笔……'于是，陈明就出去了。晚饭后，同志们常一起到延河边散步，陈明也不和我们在一起。有的同志给我提意见说：'小干部（小组长的别称），你怎么不管管呢？'我笑了，心里想：'这种事，叫我怎么管呀？还是听其自然的好！'也许在某些同志看来，我多少有点自由主义，听之任之吧！"

从这简短的文字中，可以体味到，是丁玲主动而大胆地恋着陈明，她时常找借口黏着陈明；许多同志对他们的关系不以为然，甚至希望组织上干预。可以想见，他们也因此承受着周围舆情不小的压力。后来丁玲在《"三八节"有感》中关于女同志"不能同一个男同志比较接近"的感慨，大概就是由此而发。

陈明也说过："到马列学院后，关于我和丁玲的传言很多，说什么丁玲爱上了一个小丈夫啦，等等。我听了很不高兴，但也不在乎，丁玲更不在乎，她鼓励我：随他们说去，让他们说上几年，还能说几十年？”

但陈明很难做到一点都不在乎，他对抗外来非议的心理和资本明显抵不过丁玲，他一直在犹豫，甚至想逃避，他曾找王玉清商量过。但丁玲却紧追不舍，不肯放弃。在这场颇受非议的婚姻中，我们看到了丁玲不畏人言、不达目的不罢休的湖南辣妹子脾性，她看好的人就不顾一切去争取，她不在乎别人怎么说怎么看怎么感受，就是不退缩。

陈明的胃病经常发作，有时一周犯两三次，他捂着被子躺在炕上，延安的名医马海德、梁金生，一直到卫生部长傅连暲和刚来延安的何穆都看过，确诊是胃弱、胃下垂。他不能吃小米饭，丁玲就省下津贴，给他买鸡蛋，到合作社买烧饼；上海麦伦中学的同学林华清，给陈明联系到一点菊花牌牛奶，丁玲就在山上煮好，送到山下陈明住的平房来。丁玲对陈明越好，陈明越是感觉有压力。

陈明终于有了一个逃避的机会。一年前西北战地服务团返回延安汇报演出时，留守兵团政治部就相中了他，此时正式提出，调他去做兵团政治部宣传大队队长，兼烽火剧社社长。陈明自然十分高兴，匆忙上任去了。陈明在烽火剧社导戏、演戏，参加了塞克编导的多幕剧《流民三千万》等话剧的演出，在延安剧协组织的“工余剧人协会”成立会上与张庚、田方、江青等一起被选为常委。但是他与丁玲的联系并没有断，1939 年 11 月底，陈明和导演侣朋排演了歌舞活报剧《庆祝十月革命节》，留守兵团司令员萧劲光陪同毛泽东看了演出，毛泽东说演出路子是对头的，方向是正确的，内容也是好的，应当坚持下去。有人告诉他，这次演出只花了二十几元钱。过了几天，陈明跑到马列学院来看丁玲，“他的兴奋是不能掩饰的。他一进窑洞就笑，第一句话就是：‘毛主席约我和侣朋去谈话，并在那里吃饭。’……临走还开一张二百元的支票奖给大队。”陈明有了喜事，当然先要告诉最亲近的人。

没多久，陈明对剧社里一个搞音乐的姑娘产生好感，她叫席平，个头不高，纯真活泼，能歌善舞，是鲁艺音乐系的毕业生。烽火剧社有 100 多人，大多是工农出身，有点歧视知识分子，席平有时受点委屈，陈明同情她，渐渐就有了感情。此外还有一个原因，陈明想要摆脱丁玲，摆脱那些闲言碎语，“那时我与丁玲建立恋爱关系还有些顾虑，而与她则没有，于是我们俩开始好起来。1940 年秋，剧团在陇东庆阳，我和席平结了婚。”

陈明和席平结婚时没有告诉丁玲，这对她打击很大，她知道后当着罗兰和其他人的面就哭了起来。有好朋友把丁玲的痛苦转告了陈明。陈明没有想到丁玲这么在意他，没有想到他和席平结婚会给丁玲造成这么深的伤害。这时他才明白，躲是躲不开的，同时他也发现，丁玲在他心中的地位原来也是如此重要。他深深自责自己的草率，只因为逃避外来舆论压力而忽视了自己的内心，反复考虑，决心和席平离婚。或许只有这样才能避免三人之间更大的痛苦。“于是我用鸡蛋里面挑骨刺的手法，制造一个借口，说席平有依赖性，过于依赖丈夫，而我则喜欢有独立性的女性，我提出我们的感情不合，要求离婚。我提出离婚时，席平正住在中央医院，准备生孩子，医院院长是我在马列学院时的一个同学，我告诉她说我要和席平离婚，请她协助做席平的思想工作。席平当然不同意，但是我的态度很坚决。”他们终于离婚了。

无论丁玲的朋友还是陈明的朋友，几乎一面倒地反对他们的婚事。陈明的朋友直言不讳地问他：“你就不怕人家笑话你是‘小丈夫’？”1940 年丁玲到文协工作，文协在杨家岭，烽火剧社在桥儿沟，两地相距十几里，只有一个李又然为他们传递情书。陈明说：“我和丁玲是 1942 年在蓝家坪文抗结婚的，婚后我们去看望罗烽的母亲罗老太太。当时我们一排四个窑洞，分别住着高长虹、罗烽的母亲、张仃、丁玲。丁玲对罗老太太说，我们爱得很苦。我们结婚没有张扬，没有请客。一次在路上碰到陈云同志，丁玲告诉他我们结婚了，陈云同志表示祝贺，说要把各个方面的关系处理好。”

两人 1942 年结合到 1986 年丁玲去世，手挽手走过了 44 年。后来的事实证明，丁玲选择陈明没有错，在今后的人生旅途中，不管是她在延安时期的艰苦岁月，还是在共和国成立之初的高光时刻，或者在被错划为右派，长期下放劳动的风雪人间，陈明始终怀着对丁玲的崇拜之爱，伴随左右，虽经历了无数坎坷，但二人相濡以沫，无怨无悔。

陈明与席平的儿子在延安中央医院出生，陈明想抚养儿子被席平拒绝，后来席平改行从医，留在中央医院做化验员，在那里认识了后来的爱人陈经镇。新中国成立后席平在北京天坛的生物制品研究所任支部书记，1953 年到广州筹建生物制品研究所任所长，后来到卫生局工作。陈明说："我与丁玲结婚后，内心常责备自己为与席平分开所找的那样一个借口，当时我的确没有办法解除三个人的痛苦，而与丁玲结合，只是把痛苦都给了席平，这对她是不公平的。对席平，我始终怀有负疚的心情。"

1939 年 11 月，张闻天院长通知丁玲："中组部决定，你马上结束在马列学院的学习，到边区文协去工作，职务是副主任。"

日军飞机轰炸延安之后，边区文协搬到杨家岭后沟。丁玲带着简单的铺盖和换洗衣服、日用什物，由蓝家坪马列学院涉过延河，去边区文协报到。当时边区文协主任由艾思奇兼任，他住在中宣部，隔几天来一次，有时一两个星期来一次，他"是一个温和厚道的人，遇事从不急躁，对同志诚恳和气，凡什么事情都好商量"，"他对我是完全放手的"，"我们相处近两年，我有缺点和弱点却从来也不用担心他会趁机会整人"。柯仲平是副主任，经常率民众剧团下乡演出。他很欢迎丁玲来，一是喜欢丁玲豪爽的性格，一是他可以无牵挂地下乡去了。他像兄长一样，把他住的窑洞、垫的毛毡都留给丁玲，说："我经常要下乡演出，你就睡我这儿。"丁玲笑着说："你把这一摊鬼事情交给我，要我管事，你倒跑了。"柯仲平虽然经常下乡，但还能经常见面并建立起友谊。丁玲说，我常常看他们的戏，听他的朗诵，听他讲乡下见闻。"我们一同歌唱（虽然我不会唱歌），我们一同豪饮（虽然我酒量很小）"。柯仲平的夫人王琳在《柯仲平传》里说，柯仲平和丁玲两个人都是那么健谈，能说能笑，说起话来就没有完，"尤其是丁玲，有她在场，别人几乎休想开口，她可以包了"。丁玲主要负责文协日常工作，她到文协后一个重要事情便是边区文协第一次代表大会的召开。

1940 年 1 月 4 日，陕甘宁边区文化协会第一次代表大会在中国女子大学礼堂举行，这是党中央机关进驻延安后，规模最大的一次文艺界大会。吴玉章致开幕词，张闻天、艾思奇都做了报告，毛泽东也抱病到会，做了《新民主主义论》长篇演讲。温济泽回忆："这个长篇讲话，从下午一直讲到入夜点起煤气灯的时分。""拥挤在会场里的五六百听众，被他的精辟见解和生动话语所鼓舞、所吸引，聚精会神，屏息静听，情绪热烈，不时响起一阵阵的掌声。"一个月后，这篇演讲经过修改补充，发表在《中国文化》创刊号上。

文代会之后，文协"就渐渐热闹起来了，机关里的人增加了，萧三从鲁艺搬来，高阳也从鲁艺搬来，刘白羽从前方回来，萧军和舒群一同从重庆也来了，舒群应鲁迅艺术学院邀请去了鲁艺。我曾建议最好萧军也一同去鲁艺，但有关方面没有同意，便留在文协了"。人多了，事务性工作就多了，人际关系也复杂了。

1940 年 5 月，丁玲写了《作家与大众》一文，谈的是创作与生活、作家与大众的关系，其中的观点已经和毛泽东两年后的《讲话》很接近。和这一时期丁玲的思想认识相一致，她创作于这一时期的小说《入伍》，就是以知识分子如何看待工农出身的战士为内容，小说运用对比手法，尖刻地嘲讽了夸夸其谈却毫无战斗经验、遇到危险就惊慌失措的"新闻记"（前方战士对一般文化人或来参观的文人的称呼）。小说写记者徐清来到前线部队采访，在前线司令部整天周旋于司令员和政委之间，夸口说：“要是有几杆枪，咱们留下来打游击，几十人打到几百人，几百到几千，几千到几万，那倒怪有趣的，而且我相信我的聪明也还可以在那上面求发展，战争也是艺术呢。”他要去团部，性格倔强又有点散漫、一心要上前线的小战士杨明才给他做勤务，途中遇见日本军队，又遭遇大雪，追赶不上部队，被敌军追得走投无路。幸而杨明才帮他脱险，把他安置在山坡窑洞里。这窑洞是那些秋天上山来收粮食的人的住屋，场子上还剩余有许多没有搬运走的草，杨明才便用这些草将窑洞弄得比较暖和了。安顿好了以后，他又厌恶杨明才总是唠叨过去夏夜守瓜田的事了。杨明才次日出去找食物和探听消息而在天黑未归时，他痛哭流涕，自忖难以脱险而悲观绝望，觉得自己也许要死在这儿了，不会有人知道。但是，杨明才带回食物，带他找到部队之后，他却以亲历战争的英雄口气讲述自己的冒险故事了。而杨明才依旧干着勤务的杂事，一心想着“打死我也得回部队上去”。小说使用了交错对比的手法，使一个人物成为另一人物的镜子，相互映照，优劣自明；以记者虚浮、怯懦、追求名利又弄虚作假的严重弱点，衬托出农民战士踏实、勇敢、忠诚、无私而又朴素无华的高尚心灵。这一正一反之间，既可看到谁是中华民族抵御外敌入侵的中坚力量，又可体会到作家到陕北后的自我解剖和思想的变迁。小说散发着丁玲对她第二个勤务兵杨伍城，那个一直闹着要上前线的“红小鬼”的怀念之情。

在边区文协期间，丁玲遇到了新的烦恼。抗战爆发后，大批国统区知识分子奔赴延安，出于安全考虑，中央组织部在 1940 年 7 月，发出《关于审查干部问题的指示》，要求对干部进行严格政治审查，重点之一即是否被捕、是否有变节自首行为。在战争年代里，在复杂的政治环境下，这样做是很正常的事。丁玲也从不避讳她在南京的历史，一到陕北就在她的欢迎会上讲，还想把这段和敌人斗争的经历写出来。但她从罗兰口中得知康生早就怀疑她在南京的历史，她的气愤可想而知："1940 年有人告诉我，康生在党校说：丁玲如果到党校来，我不要她，她在南京的那段历史有问题。这话是康生 1938 年说的，我 1940 年才知道。"陈明说："丁玲去找了毛主席，毛主席说，这是个组织问题，你应该去找陈云，还可以去找康生谈谈。""丁玲回来就跟我讲了，她说：我才不去找康生呢！在延安，她对两个人印象不大好，一个康生，一个邓发，都是从苏联回来的，穿着马靴、夹克。她找了陈云，陈云让她去找任弼时谈，因为在党内任弼时的职务比康生高。丁玲与任弼时只谈了一次，任弼时专门到边区文协丁玲的窑洞去找她，态度非常好，亲切随和。丁玲告诉我说，弼时同志真好，他的态度让你在他面前什么都愿意谈。"

丁玲人缘好，就连被称为延安几大怪人的萧军、胡考、塞克、李又然，也都和她相处很好。尤其是萧军，敏锐的目光、苛刻的批判精神和勇猛如狮的斗争性，使他极为孤傲。在延安的作家群里，他只看好丁玲一个人。不同质的"痛苦"使二人的思想有了"重合"点，他和丁玲在杨家岭文协的窑洞与窑洞间相距不过几步路，来往方便，他们几乎每天见面，每天长谈，在窑洞前，在延河边，在明朗的月光下，仿佛终于寻见了一个知音。1940 年下半年他们交往最密切那段时间，丁玲的思想受到萧军很大影响，她的一些看法因为得到萧军的鼓励与赞赏，更为发展滋长。他对丁玲不被组织信任的痛苦深表同情，感慨道：“这是一个使徒的磨折！”

1940 年 9 月 26 日，丁玲被组织部约谈，萧军“送她到河边，嘱咐她：‘心平气和，沉着应战。’”那天组织部主要就如下三个问题进行了说明：“一、当冯达写自首书时，她不应该不劝他。二、能够出来为什么不早出来？三、为什么国民党既不审问，不杀，也不下狱？”10 月 4 日，由陈云、李富春签名的《中央组织部审查丁玲同志被捕被禁经过的结论》完成，后由陈云通知丁玲，特意告诉她，结论的最后一句“应该认为丁玲同志仍然是一个对党对革命忠实的共产党员”是毛主席亲自加上去的。这说明，毛泽东过问并关注了此事。“组织”给了丁玲一个公正的审查结论，丁玲对于“组织”的牢骚和怨气就渐趋平息。

1940 年底，丁玲创作了长达 13000 多字的小说《我在霞村的时候》。小说委婉细致，艺术意味浓厚，是丁玲对人的心灵和命运双重关怀的抒写。小说中的贞贞姑娘遭遇极为不幸，她反抗包办婚姻，不愿做米铺老板的填房，逃离家门之志难偿，便毅然到天主堂要求当修女。她却因此落入进村劫掠的日军手里，受了数不清、道不尽的蹂躏。灾难并没有压塌她的灵魂，她要挺着腰杆过下去，“我总得找活路，还要活得有意思”。她终于与抗日队伍取得联系，利用特殊的身份出入敌巢，为我方传递消息。但她的苦恼并不因此而终止，那些势利守旧的村人鄙视她，把她看得连“破鞋”也不如。不过,也有人同情她,过去与她恋爱的夏大宝,依然真诚地向她求婚。但她不愿在怜悯的眼光下生活。组织上安排她到延安治病，她想到延安可以重新做人，会比活在有亲人的地方好些，因而把自尊心和追求光明的心融合在一起了。作家不是一般地同情一个被侮辱被损害的女性，不是一般地控诉日本帝国主义的兽行，而是层层深入地揭示了一个被侮辱的女性坚强而又向往光明的灵魂，试图在重重灾难的烂泥中发现一颗复杂而特殊的珍珠。贞贞的忍辱负重，已不再仅仅是关系个人生存的问题，而是体现着一场伟大斗争所锻造出的新的灵魂。她们对传统耻辱观念的漠视，并非由于麻木，而是基于主体意识中所萌生的关于女性人生价值的新的观念，它与整个民族的命运连在一起，从一个侧面体现了中国妇女在时代的血与火中获得的思想升华。

关于这篇小说的素材来源，丁玲说：“我并没有那样的生活，没有到过霞村，没有见到这一个女孩子。这也是人家对我说的。有一个从前方回来的朋友，我们两个一道走路，边走边说，他说：‘我要走了。’我问他到哪里去，干什么？他说：‘我到医院去看两个女同志，其中有一个从日本人那儿回来，带来一身的病，她在前方表现很好，现在回到我们延安医院来治病。’他这么一说，我心里就很同情她。一场战争啊，里面很多人牺牲了，她也受了许多她不应该受的磨难，在命运中是牺牲者，但是人们不知道她，不了解她，甚至还看不起她，因为她是被敌人糟踏过的人，名声不好听啊。于是，我想了好久，觉得非写出来不可，就写了《我在霞村的时候》。”

小说在艺术上显得气度从容，写得山重水复，作家用层层剥笋的方法，慢慢拨开街谈巷语的迷雾，一步一步让读者看清事件的真相，揭开人物的表面而窥见人物隐秘的内心，而这个人物的复杂性格便由幻入真、由朦胧而渐趋清晰，从而散发出浓郁的艺术魅力。这充分显示出丁玲于无中生有、编织故事、营造氛围、升华生活、塑造人物的才情和本领。对丁玲有着深刻理解的冯雪峰说："《我在霞村的时候》，作者所探究一个'灵魂'，原是一个并不深奥的，平常而不过有少许特征的灵魂罢了，但在非常的革命的展开和非常事件的遭遇下，这在落后的穷乡僻壤中的小女子的灵魂，却展开出了她的丰富和有光芒的伟大。这灵魂遭受着破坏和极大的损伤，但就在被破坏和损伤中展开她的像反射于沙漠上面似的那种光，清水似的清，刚刚被暴风刮过了以后的沙地似的那般广；而从她身内又不断地在生长出新的东西来，那可是更非庸庸俗俗和温温暾暾的人们所再能挨近去的新的力量和新的生命。"

丁玲因南京的经历问题而对"组织"的牢骚和怨气渐趋平息后，和萧军的分歧却一天天凸现了。1941 年 1 月下旬，围绕《文艺月报》用稿问题二人发生严重冲突和争吵，思想和立场本就不同的两个人从此便分道扬镳了。

二十

延安整风前后

1941年2月底，丁玲向张闻天提出申请并获得批准，她拿着延安县委的介绍信，到川口区农村去体验生活，这是她头一次下乡。她所以要下乡，一方面是“这时文协人更多了，……人一多，关系自然也会复杂起来。我那时实在怕管事，只想住在乡下，体验生活，从事创作，因此我很少回机关”。另一方面是与萧军、舒群合作不愉快。她在川口开始创作小说《在医院中》的同时，先写完了小说《夜》。

《夜》简洁而深细，圆润而谐和，是丁玲小说中难得的精美之作。全文不到4000字，描写乡村指导员何华明每天忙于工作和开会，很少能够回家，这天傍晚却意外地被准许回家。小说的主线，是通过一夜之间遇到的3个女人，表现何华明在家庭关系和情感上的苦恼。

第一个女人，是地主的女儿清子。何华明开完选举会出来时，她正坐在窑洞门口纳鞋帮，“长而黑的发辫上扎着粉红的绒绳，从黑坎肩的两边伸出条纹花布袖子的臂膀”，虽然只有 16 岁，却“发育得很好”，“是应该嫁人了的啊！”何华明看到扭过头来笑的清子，心里忽然产生“一个很奇异的感觉”。接着，他用另一种想法把这个感觉压制下去：“这妇女就是落后，连一个多月的冬学都动员不去的，活该是地主的女儿，他妈的，他赵培基有钱，把女儿当宝贝养到这样大还不嫁人……”何华明“有意地摇了一下头”，仿佛要抹去这烦人的思绪。

第二个女人，是大他 12 岁，已经秃顶而显出老态的妻子。他 20 岁时，挟着一个小包卷入赘到妻子家时，妻子虽已 32 岁，但很好看。后来，1 岁的儿子死了，4 岁的女儿也死了，如今的妻子既老又病，已是“一个不会下蛋的母鸡”。她不能满足他，引不起他的丝毫兴趣。他厌恶地看着她已经开始露顶的前脑。她除了每天烧三顿饭，只剩下无尽无休的抱怨和唠叨。他甚至想到了离婚，乡长在年下刚娶了一个才 16 岁、长得很漂亮的妻子。工作也激化了家庭矛盾，“她骂他不挣钱，不顾家，他骂她落后，拖尾巴。自从他做了这乡的指导员以后，他们便更难以和好，像有着解不开的仇恨”。他常用不开口说话来回应老婆的哭诉。

第三个女人是间壁 23 岁的侯桂英，且钟情于他。她的丈夫才 18 岁，她总不喜欢，提出要离婚。“她是妇联会的委员，现在被提为参议会的候选人”，晚上何华明“起来喂牲口时，她也跟着来喂，而且总跟过来说几句话，即使白天见了，她也总是眯着她那单眼皮的长眼笑”。在这个夜里，何华明起来喂牛时，她又出现在他面前挡住他的路，“他感到一个可怕的东西在自己身上生长出来了，他几乎要去做一件吓人的事，他可以什么都不怕的，但忽然另一个东西压住了他，他截断了她说道：‘不行的，侯桂英，你快要做议员了，咱们都是干部，要受批评的。’于是推开了她，头也不回地走进自己的窑里去”。躺在炕上，“他长长的抽了一口气”，对自己理智的表现“觉得很满意”，这时他抛弃了对老婆的厌恶，终于开口说话了，又想，“就让她烧烧饭吧，闹离婚影响不好”。干部的身份和意识终究占了上风。何华明终于忍受了家庭生活的缺陷，全心沉浸在做好农村工作中了。小说扎实、细致地写出了承袭着传统的重担，在新旧交替时期乡村基层干部生理和心理、感情和理智、思慕和责任、理想和现实的多重矛盾的错综和冲突。

这篇小说写作的隐秘心理，恐怕和丁玲这一时期与陈明的恋爱挫折有关。这是丁玲面对小他 13 岁的陈明，在她追求遇挫情况下对自己内心世界大胆的直视，也是对她与陈明恋爱前景和结局最悲观的估计、预想。好在这一切并没有发生在她和陈明未来的婚姻中。当然，我们不能对这样一篇有着个人心理体验而内蕴丰富的佳作仅做如此狭隘的理解。

在这次下乡过程中，她创作的最重要的小说《在医院中》，是以她 1939 年春因痔疮在拐茆医院住院时的产科助产士俞武一为模特而创作的。

小说的女主人公叫陆萍，她毕业于上海的产科学校，在“抗大”入了党，服从抗战需要到离延安 40 里的新开办的医院当产科医生，她是一个充满青春朝气的知识女性。但医院的人际关系和环境使她失望。院长出身军旅，在军队工作了很久，但对医务全然外行。“他以一种对女同志并不需要尊敬和客气的态度接见陆萍，像看一张买草料的收据那样懒洋洋的神气读了她的介绍信，又盯着她瞪了一眼：‘唔，很好！留在这里吧。’”其他医生来源复杂，身上多有未经改造的洋气。看护对本职工作不热心，却热衷于飞短流长，关心的是谁更有可能和谁恋爱。院内到处有杂物、污物。她出于医生的职业道德，精心护理病人，在会议上大胆提出改良卫生条件的意见。因不善于察言观色，可行的意见不被采纳，她反而被视为爱出风头。她协助外科医生动手术，因院长为节省几十块钱不给手术室装煤炉，在外科医生郑鹏做一台大手术时，在手术室生了三盆炭火升温。因门窗紧闭，时间又长，陆萍等被炭气熏坏，晕倒在手术室门口。她病倒了，那些不学技术，只会嘁嘁喳喳的人却传播着她与外科医生郑鹏恋爱、害了单相思病的流言。连党支部也批评她因恋爱妨害工作，党性不强，有小资产阶级意识。院长也把她叫去说了一顿。她所付出的努力收不到什么成效，反而使自己陷入相当孤立的境地。只有病员、火伕和一个因误判而被锯了脚的老党员同情她。老同志开导她说，眼睛不要只看到某几个人，不要只看到生活中的消极因素，应当多同一般群众谈谈，从他们那里汲取力量。陆萍冷静下来，开始辩证地认识自己。直至卫生部派人调查，她幸运地被理解了，并要求再去学习，以迎接春天的心情离开医院。

丁玲没有把陆萍写得完美无缺陷，比如，她想改造环境，却不善其事；她光明磊落，但多少有些脱离群众；她遇事倔强，却又难免孤傲。但她是一个有血有肉有责任心、积极向上的好医生。作家对根据地医院（尽管是偏僻地区的新建医院）的光明因素挖掘得不够，但对小生产习惯风气的危害捕捉得极为敏捷。小说末尾写道："新的生活虽要开始，然而还有新的荆棘。人是要经过千锤百炼而不消融才能真正有用。人是在艰苦中成长。"

小说围绕陆萍的努力和挫折，苦恼和醒悟，不仅写出知识分子出身的革命青年走向成熟的艰苦历程，而且在这一人物身上发掘了前进中的新型知识女性可贵的精神境界：她已不只满足于走向延安，融入革命集体，获得自身解放，而且要坚持同落后的习惯势力和历史造成的愚昧做斗争，使集体的生活变得更合理、更美好；她不只希望运用自己掌握的科学知识为革命事业服务，而且在实际生活中开始意识到，应当把改造环境与自我完善结合在一起。小说再一次展示了丁玲以女性的视角和立场，独立审视生活、勇于揭露矛盾的胆识。

小说主体创作完成后，她感到对医院的光明因素挖掘不够而无法收尾，又接到了让她回延安的通知，只好暂时放置起来。半年后，全国文抗延安分会机关刊物《谷雨》准备创刊，丁玲也是主编之一，当时征稿很急，她便在仓促中给小说加了一个有亮色的结尾，于 1941 年 11 月发表在《谷雨》创刊号上首篇。

1941 年 4 月底，负责中宣部的张闻天通知她，结束在川口体验生活，回延安主编即将创刊的《解放日报》的文艺栏。延安的《解放日报》是中共中央机关报，于 1941 年 5 月 16 日发行。毛泽东题写了报名，并为创刊号写了《发刊词》。这是延安第一次出版的大型日报，由博古出任社长。

丁玲从川口回到延安，宿舍也搬到了清凉山《解放日报》社。丁玲之后，陈企霞、马加、黎辛等人先后在文艺栏工作过。文艺栏设有小说、散文、诗歌、报告文学、评论、杂文以及外国文学作品的翻译和介绍。发表的作品都较好地反映了八路军、新四军的英勇事迹和边区的生活。这些作品，尤其是小说创作，不仅数量较多，质量也较好，题材广泛，内容丰富。因为这些作家或是去过前方，或是深入到边区农村、工厂，都有切身的体验。

丁玲自从编辑《文艺栏》以来，一直处于忙碌紧张之中，曾打算以陕北革命为题材写一部小说的打算一直没能实现。在即将编到 100 期时，她向中宣部和中组部提出申请，想退出文艺栏专事写作。她的申请得到了批准，她的工作由舒群接替。舒群还未到任，丁玲便以治疗关节炎为由，以“暂住的客人的身份”搬到蓝家坪“文抗”驻地。一时没有空窑，她就借住在罗烽母亲的窑洞，舒群到《解放日报》上任后，才搬了进去。本已经不去文艺栏上班的丁玲，在 3 月 7 日收到陈企霞派人送来的信，约丁玲写一篇纪念“三八”妇女节的文章，要得很急。丁玲对于延安女同志的处境早已有些意见，近来又有两起离婚事件闹得很大，一起是陈学昭与何穆，一起是朱仲芷和萧劲光，还有她与陈明的恋爱引来的非议，她正有话要说。于是便“连夜挥就，把当时我因两起离婚事件而引起的为妇女同志鸣不平的情绪，一泻无余地发出来了”，3 月 8 日清晨写成《“三八节”有感》，3 月 9 日便登载在《解放日报·文艺》第 98 期上。

在《“三八节”有感》这篇杂文中，丁玲以激切的口吻为妇女鸣不平。她认为，中国妇女长期承受的封建压迫在革命圣地延安也并没有彻底消失。一些本来有着“凌云的志向”和“刻苦的斗争生活”的女性，结婚以后在大男子主义思想严重的丈夫逼迫下却成了“回到家庭的娜拉”。她们不但为家务、孩子所累，还要在精神上承受重压。女同志的结婚永远使人注意，而不会使人满意的。她们不能同一个男同志比较接近，更不能同几个都接近。最初，她们牺牲自己的理想守在家中还能换来“贤妻良母”的称赞，但若干年后，当容貌开始衰老、与社会的联系日疏时，“落后”的帽子和被丈夫抛弃的命运往往就会降临。丁玲痛切地写道：“我自己是女人，我会比别人更懂得女人的缺点，但我却更懂得女人的痛苦。她们不会是超时代的，不会是理想的，她们不是铁打的，她们抵抗不了社会的一切诱惑和无声的压迫。希望男子们把这一切看得与社会有联系些，少发些议论，多对自己修身负责任些。”与此同时，丁玲也希望妇女们努力克服自身的弱点，自强不息，在战斗和进取中充实生命。这篇文章实际上提出了革命队伍内部与封建意识做斗争的必要性和长期性这样一个相当深刻的社会问题。作者从女性的立场发言，而其意义显然超出了妇女婚恋问题本身。

1942 年 3 月 12 日《解放日报·文艺》上，丁玲发表了《编者的话》：“最近我大约要离开报馆，工作不久就告一结束，但不管我离开多远，我是不会和《文艺》无关的，也许我会更多的同《文艺》写稿。只要我有空的话，有文章和问题需要垂询时，仍可寄给我。我暂住文抗。投寄稿件则请径寄文艺栏收。三月十日。”至此，丁玲以正式公告方式，结束了在《解放日报》文艺栏的主编工作。但是,她的《“三八节”有感》和经她签发的在第 102 期、第 106 期分两期登载的王实味的杂文《野百合花》，使她在随即开展的延安文艺整风运动中受到了严肃的批评。

丁玲说:“因为这篇文章，第一次对我提出批评是在四月初的一次高级干部学习会上。这时延安各机关已经开始了整风学习。这次会毛主席自己主持，讲了几句开场白。第一个发言的是曹轶欧。她很有条理地批评了《‘三八节’有感》和《野百合花》。”前后有 8 个人发言，7 个人的话题是《‘三八节’有感》和《野百合花》。最后，毛主席做了总结，说:“《‘三八节’有感》同《野百合花》不一样。丁玲同王实味也不同，丁玲是同志，王实味是托派。”毛泽东的话保护了丁玲，她心里一直心存感激。文艺整风时期，只有个别单位在墙报上和个别小组的同志对《“三八节”有感》有批评。她在中央研究院批评王实味的座谈会上，做了一次检查，并且发表在 6 月 16 日的《解放日报》上，组织上也没有给她什么处分。

王实味则没有丁玲那样幸运。党中央决定开展整风运动之初，王实味认为是党中央要求普通党员给领导提意见。于是他于 3 月先后发表了杂文《政治家·艺术家》《野百合花》等，很尖锐地批评了延安存在的问题。一些阴暗面被夸大了，比如说战士在前方流血，而延安却是“歌转玉春堂，舞回金莲步的升平景象”，现在的延安是“衣分三色，食分五等”，“天下乌鸦一般黑”等。

很快《野百合花》被当作反党文章受到严厉批判，又由思想认识问题上升到政治立场问题，被定为“反革命托派分子”“暗藏的国民党特务”，1942 年底由中央社会部康生下令逮捕，1947 年撤离延安时未经审判被处决。

丁玲和王实味等人，之所以受到如此严肃的批评甚至是过分严厉处理，须把它放在抗战和延安整风运动的大背景下，才能看得明白。

1942 年是中国抗战史上最为艰难的一年，抗日战争全面爆发已经 5 年，整个中国力量消耗都太大，而地处自然条件恶劣的抗日根据地就更加困难。1938 年 10 月武汉、广州失守以后，日军因战线过长而停止了正面战场进攻，把力量移向华北，对各抗日根据地进行了残酷的大扫荡。同时，1939 年后国民党连续发动反共高潮，调集胡宗南的 30 万大军驻扎在解放区周围，一直在包围、封锁、骚扰解放区；1941 年 1 月，国民党又制造了震惊中外的皖南事变。解放区不仅抗击着日军日益猖狂的进攻，而且还抗击着解放区周边的国民党敌对势力。这时的解放区，在各方面都很困难，无饭吃，无衣穿，武器装备不足。根据地在缩小，兵员在减少。为度过难关，党中央一方面开展生产自救，一方面开展了整风运动，以提高全党的认识，把抗战进行到底。

就解放区文学界来看，抗战爆发后，大批知识分子和文艺工作者从北平、上海等大城市来到解放区。但他们的思想很难一下子转过弯来。他们不了解战时的政治军事体制及解放区工农兵对文艺的特殊要求与期待；不了解根据地和国统区文艺工作者的环境及任务的区别，出现了严重的不适应。他们依然习惯地用启蒙的眼光、暴露讽刺的手法来对待解放区生活的方方面面，把“启蒙”看得高过“救亡”。如丁玲的《“三八节”有感》、王实味的《野百合花》、艾青的《了解作家，尊重作家》等，都不同程度存在这样的问题。这就和眼下解放区抗战的急迫情势发生了“冲突”，受到严厉批评也便不难理解（当然，处决王实味是错误的，此案早已定性为冤案并平反）。因此中央决定文艺界也要开展整风，以统一思想，使文学给抗战以更好的配合。1942年5月2日至23日，中共中央在杨家岭召开了文艺界人士座谈会，毛泽东作了《在延安文艺座谈会上的讲话》的发言。丁玲自始至终参加了座谈会，座谈会结束时集体合影时，毛泽东还特别要丁玲坐在他的身旁。会后，丁玲即写了《关于立场问题之我见》，以表示对毛泽东《讲话》真诚的拥护。她说:“我很情愿在整风运动中痛痛快快洗一个澡，然后轻装上阵，以利再战。”

1943年，是丁玲在延安时期最压抑的一年，她大部分时间在参加整风学习和接受审查，她因为有过被捕的经历，成为重点审查对象。年初，中央发布的《关于继续开展整风运动的决定》指出:“整风的主要斗争目标，是纠正干部中的非无产阶级思想与肃清党内暗藏的反革命分子。”5月，丁玲被安排去中央党校一部参加整风学习。此时的延安城里因为康生主持的“审干”和“抢救失足者”运动而风声鹤唳。丁玲说:“我和许多被国民党逮捕过的同志们的命运相似，自然是逃不脱这个嫌那个嫌的。当面说的少，但背底下就多了。”

丁玲在南京被捕的历史再次被提出来，甚至有人怀疑她是国民党派遣到延安的特务。审查人员找她谈话，要她对党忠诚老实，彻底讲清楚。他们不能理解她在南京每月拿着国民党 100 元生活费，不坐牢不受刑，却没有给国民党做事。她有口难辩，求助无门，有如惊弓之鸟，陈明又不在身边，整个夏天他们都不能单独见面，不能在一起说话。她焦虑、失眠，欲哭无泪。住她隔壁的杨植霖后来告诉陈明："丁玲当时精神负担很重。"

为了能够"过关"，8 月 27 日，丁玲写了一份南京历史的补充交代材料，增加了一个过去隐瞒的细节："我相信了一个奸细的话，以为能够求得即速出去为妙，以为只要不写脱离共产党字样算不得自首，以为这对国民党的一时欺骗不要紧。我听从了他，我写了一个条子。"条子的内容大意是："因误会被捕，生活蒙受优待，未经过什么审刑，以后出去后，不活动，愿家居读书养母。"这张条子，一下子加重了丁玲问题的严重度和复杂性，审查小组多次找她谈话，施加压力。中秋之夜，万家团圆，丁玲却孤苦地想念着陈明。她在日记中写道："我知道，你的心是不能为月饼弄甜的，你会想着我，痛苦地想着我。"巨大的压力把她的信心摧垮了。当时党校教务处副主任刘芝明，时常约丁玲参加一些文艺活动。比如《逼上梁山》这个戏，她"当时跟着刘芝明同志反复看了许多次它的排练、彩排和它的公演"，这大大减轻了丁玲的思想压力，使她度过了那段艰难的时光而没有崩溃。

1944 年初，毛泽东在西北局干部大会上指出，审干运动搞得过火了，误伤了许多同志，要予以纠正。不久，丁玲的所谓"特务"

问题得以澄清。1944 年春天，在胡乔木安排下，丁玲去陕甘宁边区文协专职写作。陈明也由中央党校三部调来，他们终于在一起了。1944 年春到 1945 年秋在边区文协这段日子，是丁玲、陈明结婚后第一次比较稳定地在一起生活。陈明说："到边区文协以后，丁玲专心致志于创作，每天晚上都写得很晚。我也看书、写作。晚饭时我们多打些小米饭，吃剩下的留作夜点。山下边区政府大礼堂的晚会散场，人声熙攘，这时我们就开始吃宵夜。在剩饭里加点水，放到炉子上热一热。坛子里有我们自制的泡菜，吃点小米饭和泡菜，又继续工作。没有钟表，也搞不清楚准确的就寝时间。除了开会，时间都是由我们自由支配。丁玲从西战团回来后，把马匹交公了，所以我们上山下山都是步行。那时丁玲一直有个公务员，每月上级发给我们每人四块大洋的津贴。我们自己在院子里喂鸡，也种了西红柿等一些蔬菜。星期六、星期天有朋友来访，去买一斤肉，就能配上好几个菜，肉皮烧汤，好的部位烧回锅肉，其他的就放到别的菜里面。我们那一排窑洞有四五家，隔壁住的有罗烽的母亲，张寒晖一家，还有边区文协主任赵伯平等。窑洞前面是一大片空地，罗老太太也种菜，挑不动水，总是我帮她挑。挑水是一件很苦的差事，要从山脚下挑到半山腰。我们和柯仲平、林山组成一个生活小组，在山顶上种南瓜、西瓜，我和林山是强劳力，浇地用水，都是我们两个从机关借来两只大桶，把水抬到山顶上去。可是到收获时，一个瓜都没有了。那时的生活比较自由安闲，没有什么人具体管你，自己管自己，按当时延安流行的说法：天塌下来有毛主席，地陷进去有管理员，只要有饭吃就行。"

1944年5月，丁玲和陈明准备到柳林区看望采访劳模吴满有，到了区里，孔厥在那里当副乡长，他在丁玲主编文艺栏期间发表过作品，所以很热情，介绍说麻塔村的开荒和妇女纺织工作都搞得好。于是丁玲、陈明决定改去麻塔，还约了画家石鲁同行。这次下乡，丁玲很快就以优美的笔调写出《三日杂记》，在《解放日报》发表后，毛主席读了很高兴，见到丁玲说："你能够和柳拐子婆姨睡在一块聊天呀，真不简单嘛！"

1944年6月，陕甘宁边区政府召开边区合作社会议，丁玲参加这个会议，采访了靖边县新城区五乡民办合作社主任田保霖。她写了一篇报告文学《田保霖》，和欧阳山的《活在新社会里》采访记一起，登在6月30日的《解放日报》上。第二天上午，有人送来一封信，丁玲一看，她太熟悉那字体了：

丁玲　欧阳山二同志：

快要天亮了，你们的文章引得我在洗澡后睡觉前一口气读完，我替中国人民庆祝，替你们两位的新写作作风庆祝。合作社会议要我讲一次话，毫无材料，不知从何讲起，除了谢谢你们的文章之外，我还想多知道一点，如果可能的话，今天下午或傍晚，拟请你们来我处一叙，不知是否可以？

敬礼！

毛泽东

七月一日早

丁玲说："那天下午，我和欧阳山应约去到枣园主席处，谈了一阵，又在那里吃晚饭，我记得欧阳山同志喝了不少酒，天黑，我们从枣园策马回来。"

丁玲知道，1944 年初，虽然澄清了她的"特务"问题，但她的名誉还是受到了不小影响，而毛泽东在她做出新的成绩后，除了请她吃饭，还在不同场合多次表扬了她，其用意是在给她恢复名誉。"我的《田保霖》写得没有什么好，我从来没有认为这是我的得意之作，我明白，这是毛主席在鼓励我，为我今后到工农兵中去开放绿灯。他这一句话可以帮助我，使我通行无阻，他是为我今后写作、做人，为文艺工作，给我们铺一条平坦宽广的路。"

丁玲为纪念抗战 7 周年而写的长篇报告文学《一二九师与晋冀鲁豫边区》,连载于 1944 年 8 月 14 日至 19 日的《解放日报》上。这篇将近 4 万字的报告文学，从一二九师创建到百团大战到敌后游击战，从反"扫荡"到收复失地，从晋冀鲁豫边区政权建设到经济斗争，都有具体、生动的介绍。为了写这篇报告文学，丁玲走访了蔡树藩、杨秀峰、陈再道、陈赓、陈锡联等将领。"我跟他们谈了几天，记载了一些材料，我觉得学习了很多东西，但是无法动笔。"她把这些零金碎玉般的材料用一种思想串连起来并形成思路，是在见到刘伯承之后。她说："我见到了一二九师的领导人和晋冀鲁豫解放区的创始人之一的刘伯承同志，我把我所想好的初步计划告诉他，立即得到了他的鼓励和赞助。并且他滔滔的同我谈了起来。我听的有趣极了，我以为我已经掌握住他的思想，也就是一二九师的战略思想和创立根据地的政治思想与群众路线。他的了如指掌的谈话给我很大的启发，我充满了信心和感情来动手写作。那时天气热的厉害，窑洞里也闷的很，我躲在一个黑角上一面扇扇子，一面写。有几个地方我边写边笑。”她只用了3天时间就写完了这篇将近4万字的报告文学，并交给了刘伯承审阅。刘伯承对稿子进行了很仔细的修改，又加进去了很多材料，但却删除了一些丁玲认为很精彩的地方，这些地方“非常忠实的暴露了国民党的无用、怕死和对于人民的烧杀抢掠”。刘伯承给丁玲说：“我们还希望他们抗日，你写的虽都是真的，但不必刺激他们。我们不放弃最后一点希望。”丁玲承认他删去这一些是对的，可是心里总不情愿。丁玲说：“这篇稿子我始终对它有感情，因为在我写它时，的确是对敌后生活一个很好的学习。尤其是刘伯承同志的宽阔而精湛的才智和他的认真、细腻的工作作风所留给我的印象是很深的。”

1944年10月，丁玲参加了边区文教卫生先进工作者代表大会，写了《民间艺人李卜》，11月，参加边区劳动英雄大会，写《袁广发》，均发表在《解放日报》上。丁玲把她在文艺座谈会之后写的《三日杂记》《袁广发》《民间艺人李卜》《田保霖》等几篇短文，称为“新的开端”，说“这是我读了毛主席《在延安文艺座谈会上的讲话》以后有意识地去实践的开端。不管这里面文章写的好或坏，这个开端对于我个人是有意义的”。重要意义之一便是，充分证明，她又被革命阵营信任、接纳。她决不会把写这样的日记、通讯、报告文学等小文章，当成是她文学目标的实现，而是有机会积累素材，重新出发，以写出有份量的作品。

1943 年 5 月后，赵树理的《小二黑结婚》《李有才板话》等小说，贺敬之等编写的《白毛女》等歌剧，都开创了新文学迅速为工农兵群众喜爱接受的范例。这些实践毛泽东《讲话》并取得成功的作品，也促使丁玲在如何写好工农兵的问题上寻找突破口。她又重拾被延安整风运动打断了的写长篇的计划，想以章回体形式写一部长篇小说，“写陕北革命，陕北怎样红起来的。想写那些原很落后的农民，在革命发展中，怎样成为新的人。我跑到过去闹革命的地方，那里真是些三家村，三家一个村，五家一个村。一个村在山上，一个村在山下，上下起码五里路。我就那样上下跑，大雪天相当冷，我还是跑到这，跑到那。我下去了很长时间”。但她只写了两章便写不下去了，因为章回体小说常常是以说书人的口吻讲故事，需要一个接一个生动有趣的故事单元来支撑，而她实在没有那么多人和事构成的故事。倒是陈明把下乡时收集到的安塞县聚财山发生过的“红鞋女妖精”这一反封建迷信的案件，写成了一个新评书《平妖记》。在丁玲苦苦寻找创作突破口而无果时，抗日战争的胜利到来了。

1945 年 8 月 15 日，日本宣布无条件投降，经过 14 年艰苦卓绝的抗战，中国人民终于取得了伟大的胜利。

王琳在《柯仲平传》中回忆，1945 年 8 月 15 日那天下午，忽然外面锣鼓声、呼喊声、鞭炮声响成一片，跑出来一看，只见往日黑漆漆的那些山上，东一把火，西一片火，新市场和边区政府门前像山洪暴发了似的，人流东一股西一股涌了出来，高声大喊着:“日本投降了！日本投降了！”丁玲和大家一起往山下跑去，汇入狂欢的人流中。艾克恩说:“庆祝日寇无条件投降，延安全市欢腾，张灯结彩，锣鼓喧天，夜间火炬游行，彻夜灯火未灭。”

在新的形势下，延安的干部大批调往东北和其他解放区。丁玲等人也酝酿组织一个由 7 人组成的延安文艺通讯团去东北，一路上有计划地停留采访，写通讯报道，寄给《解放日报》。后来由丁玲请示中央办公厅并被批准了。1945 年 10 月 11 日，八路军总司令部开具“军用证明书”:“兹有延安文艺通讯团丁玲等一行柒人由延安经晋绥、冀察晋各军区转道赴东北工作，仰沿途驻军暨地方武装，予以便利为要。”但到最后出发时只有丁玲、杨朔、陈明 3 人。

出发前,丁玲到枣园去拜会了任弼时。临走时和任弼时说:“我脑子里一直还有一个疙瘩，想起来就觉得别扭，就是关于我的历史审查问题。1940 年你找我谈过，后来中央组织部陈云同志和李富春同志给我作了结论。可是在党校审干时又把我‘抢救’了一下，没有做结论，也没有甄别，这样不明不白，到底该怎么办？”任弼时说:“你放心地走吧，到前方大胆工作吧！党相信你。不会有什么问题，我们都知道的。”

丁玲感到很幸运的是，她能够在离开延安的时候有机会当面向毛泽东辞行。毛泽东于 1945 年 8 月 25 日赴重庆和蒋介石谈判，丁玲曾去机场送行，经过 43 天谈判，毛泽东于 10 月 10 日回到延安，丁玲也去机场迎接。临行前，她去拜望了毛泽东、刘少奇、朱德和康克清等人，向他们一一辞行。

10 月 20 日，丁玲与杨朔、陈明，带着祖林、祖慧和公务员张来福，带着中央书记处办公厅、八路军总司令部和新华总社开具的介绍信和证明书，握别了前来送行的朋友，从延安徒步出发了。

再见了，延安！丁玲从 1936 年 11 月到保安，到 1945 年 10 月离开延安，她在陕北度过了 9 年的时光。保安的窑洞，延安的宝塔，定边前线，杨家岭的灯光，毛泽东等领导人的亲切关怀，甚至经历的委屈，都将成为她永不磨灭的幸福的记忆。

二十一

在桑干河畔

1945 年 10 月 20 日，丁玲、陈明加上杨朔，携祖林、祖慧和丁玲的公务员张来福，带着中央书记处办公厅、八路军总司令部和新华总社开具的介绍信和证明书，从延安徒步出发了。

丁玲一行自延安出发，经绥德、米脂，在碛口渡过黄河，经兴县、岢岚、五寨、神池、平鲁、右玉、左云、阳高到达天镇，再从这里乘火车，经过近两个月的跋涉，终于于 12 月 15 日到达晋察冀中央局所在地张家口。虽然一路上非常辛苦，但丁玲的心情是愉快的。因为她是“带着迎接新生活的战斗的幸福的心情，每天在遥远的、走不到头的山岗上步行，爬过了一座大山又一座山，涉过无数的河流，穿过了许多充满了北方风味的整齐的小城，我们走出了陕甘宁解放区，走过了晋绥解放区，来到了晋察冀解放区。天气越走越冷，塞北的寒风刺骨，可是心情却越走越热，快到年终的时侯，我们到了张家口。自从抗战以来，八年了，我们第一次坐上了火车，我们自己的火车，我们穿着踏遍了千山万水的草鞋，在柏油马路上大踏步的走着，我们自己的柏油马路啊！”

丁玲一行在张家口等待晋察冀中央局安排去东北期间，国民党军队大肆进攻热河、绥远、冀东等解放区，热河又被国民党军队封锁。这样，去东北的交通中断，他们只得暂留张家口，住在东山坡的《晋察冀日报》宿舍。

1946 年 1 月，丁玲与陈明和华北联大的逯斐，去了张家口东南 60 里的宣化，到森下瓦窑厂采访，3 月回到张家口，写了配合清算反霸斗争的三幕话剧《望乡台畔》，丁玲写第一幕，逯斐写第二幕，陈明写第三幕，4 月 1 日刊登在《北方文化》上。1949 年 12 月由大众书店出版单行本时，改题为《窑工》。

1946 年 5 月 4 日，中共中央发布《关于清算减租及土地问题的指示》，即“五四指示”，将我党在抗战时期实行的减租减息政策，改为消灭封建土地制实行“耕者有其田”的政策。指出：“解决解放区的土地问题是我党目前最基本的历史任务，是目前一切工作的最基本的环节。”土改是几千年来中国农村在政治、经济、文化上的一次翻天覆地的大变动，它将进一步调动广大农民的革命和生产的积极性，使解放战争获得源源不断的人力物力的支持。丁玲也想投身到这一运动当中，决定参加晋察冀中央局组织的土改工作队到农村去。

1946 年 7 月到 9 月，丁玲先后参加了三个村子的土改。

第一个是怀来县辛庄，这个村子很大，土地肥沃，盛产大蒜。这个村子的土改工作由晋察冀边区农会主席郭强带队，他是老农会干部，很有经验，告诉丁玲、陈明：你们什么也不用干，跟着我看就是。郭强一到村里就开大会，把裤腿撩起来，给农民看地主家的狗咬的伤口，一下就把农民的情绪煽动起来了。丁玲他们在辛庄住了半个来月，但他们不愿只是跟着跑跟着看，他们想亲自主持参与土改工作，决定离开这个工作组。不过，在这里，丁玲却遇到了《太阳照在桑干河上》里的第一个人物黑妮的原型，并产生了写一部长篇小说的想法。她说："我在怀来搞土改的时候，看见过一个小姑娘，在地主家的院子里晃了一下，我问人家，这个女孩子是谁呀？人家给我讲，她是这地主家的侄女，说她很可怜，他们欺负她，压迫她，实际是家里的丫环。这个人在我面前一闪而过，我当时并没有把这个女孩子仔细地观察。就这么一点影子，却在我的脑子里晃动了，她生活在那个阶级里，但她并不属于那个阶级，土改中不该把她划在那个阶级，因为她在那个阶级里没有地位，没有参与剥削，她也是受压迫的。所以，写黑妮的时候，并没有什么具体的模特，而是凭藉一刹那间的印象和联想，那一点火花，创造出来的一个人物。"

他们一行转到怀来县东八里村，在这个村只住了一个多星期，主要是调研，虽然住的时间很短，但丁玲又注意到两个人。"有一天，我到一个村子去，我看见他们把一个实际上是富裕中农（兼做点商业）的地拿出来了，还让他上台讲话，……那富裕中农没讲什么话，他一上台就把一条腰带解下来，这哪里还是什么带子，只是一些烂布条结成的，脚上穿着两只两样的鞋。他劳动了一辈子，腰已经直不起来了。他往台上这一站，不必讲什么话，很多农民都会同情他，嫌我们做的太过了。我感觉出我们的工作有问题，不过当时不敢确定，一直闷在脑子里很苦闷。所以当我提起笔来写的时候，很自然的就先从顾涌写起了。”除了这个后来演化成小说中顾涌的人以外，还有一个人，“这人不是什么大地主，但是在官面上说得上话。村干部都怕他，说，你们一走，国民党一回来，我们都得掉脑袋。这个人有个弟弟，是个贫农，还是土改斗争的英雄，他就这样说：我的哥哥不好，应该枪毙”。这个人，后来演化成小说里被称为“赛诸葛”的地主钱文贵。

他们真正主持土改工作的村子，是涿鹿县一个名叫温泉屯的村子。丁玲和陈明，还有一个赵可，他们一起主持了这个村庄的土改工作。这个村子在桑干河畔，盛产葡萄，比较富裕。丁玲说，在这里“我卷入了复杂而又艰难的斗争热潮”。“我在涿鹿温泉屯村里参加了一个月的工作，经常和老乡们在一块儿。今天和这个聊，明天又找那个聊，我在工作上虽然本领不大，却有一点能耐，无论什么人，我都能和他聊天，好像都能说到一块儿。我和那些老大娘躺在炕上，两个人睡一头，聊他们的家常，她就和我讲了：什么儿子、媳妇啊，什么闹架不闹架啊，有什么生气的地方啊，有什么为难的事情啊；村子里谁家是好人啊，哪一家穷啊，哪一家不好啊。我可以和老头子一起聊，也可以和小伙子一起聊……不论对什么人，我都不嫌弃他们，不讨厌他们。”

丁玲在《一点经验》中说，他们在温泉屯的工作结束时：“村子里的人们欢腾地开过了土地还家大会，又在欢庆中秋节，我在村里的小巷子内巡走，挨家挨户拜访那些老年人，那些最苦的妇女们，那些积极分子，那些在斗争中走到最前边最勇敢的人们。

月光像水似的涌入每一个小院，温柔的风轻轻送来秋天的花香，在每一个小院里我看到了希望和肯定。他们在忙着，却又很安稳。家家的刀砧板都像打鼓似的响，他们都在包饺子。他们有说不完的话告诉我，这些生气勃勃的人，同我一道作过战的人，忽然在我身上发生了一种异样的感情，我好像一下就更懂得了许多他们的历史，他们的性情，他们喜欢什么和不喜欢什么，我好像同他们在一道不只二十天，而是二十年，……于是我不能安宁了，我不能睡，我吃不好，原来融化在土地改革斗争熔炉里的全心全意，现在又堕入另一种燃烧中，许多人纷至沓来，拥挤盘据在我脑中，我要和他们商量，他们又要同我争吵，我一会儿增加了我的联想，一会儿又减去许多事物，有时觉得太膨胀，有时又觉得太单薄。总之，他们带给我兴奋，紧张，不安定，好像很不舒服，但我感到幸福。我在他们的宇宙里生活着，编织着想象的云彩，我盼望着劳动，我向我自己说：‘动起手来吧，不要等了！’”

当时内战形势逼人。9 月中旬，国民党军队出动了 11 个师 7 万余人，对张家口形成东西夹攻之势，从南口、怀柔和集宁、丰镇两个方向，向张家口进逼。以当时的敌我态势来看，怀来、涿鹿都属于张家口东线前沿的两个县份。战争形势容不得他们过细地开展工作，在一个多月的时间里，他们完成了对全村贫富情况的分析，发动广大贫雇农起来，和地主进行斗争，平分土地、支前参军等一系列工作。中秋节刚过，丁玲和陈明去涿鹿县汇报工作时，遇见晋察冀军政干校副校长朱良才，他着急地说：“你们怎么还在这里，要打仗了，赶快回张家口，干部都在转移呢！”丁玲和陈明从新保安坐上火车，赶回张家口时，机关几乎都疏散空了。边区政府民政厅厅长柯庆施告诉丁玲，只有最后一辆卡车了，是准备送从北京来张家口讲学、访问的陈景昆教授的，你们和萧三两口子赶紧搭这辆车走！他们在张家口只待了一天，便于9月19日乘这辆卡车撤离了张家口，一路向南，到了山西境内的灵丘后，便一路步行到边区老根据地阜平地区。丁玲、陈明和萧三两口子便在阜平一个叫红土山的村子暂时落了脚，这里是《冀晋日报》社驻地。丁玲回忆说："在一路向南的途中，我走在山间的碎石路上，脑子里却全是怀来、涿鹿两县，特别是温泉屯土改中活动着的人们。到了阜平的红土山时，我对一路的同志们说，《太阳照在桑干河上》已经构成了，现在需要的只是一张桌子、一叠纸、一支笔了。"

他们从张家口转移到红土山村时，16岁的祖林则跟随晋察冀边区工业学校，撤退到平山县的柏岭村。11岁的祖慧则到当地小学就读。丁玲在红土山村一安顿下来，便开始了这部以农村土地改革为内容的长篇小说的创作。此时，丁玲收到冯雪峰从上海辗转寄来的一封信：

冰之：几次要写信，都因交通不便，怕你收不到，同时想谈的话也不知从何说起而作罢。今天也怕不能畅谈，——我常在一种匆迫的心境中，拿起笔来，就这样感到。先说些事务罢：(1)你母亲于5月间写了一封颇惨的信寄重庆给我转你，现在转给你，并附了一短信给我的。此信由重庆转到上海来已是7月初，我收到的当日即写了一信，分抄两份投寄两个通信处，请她立即寄给我确实的地址，我可以很快先寄她一点钱救急。现在我在等她回信，回信到即可先寄她二十万光景，此数已有把握，因我曾向"朋友"们说过，同时蓬子亦说可寄一些，此外胡风处也存有你的版税八万余。我的意思，你应立即写一信去安慰她一下。至于她的生活费，在年把之内，可由我代你负责在沪集一点钱，按月寄她若干，是没有问题的。或者，她的情况和确实地址明瞭后，可整笔寄多点去。"文协"救济金，大概亦可由我等提一下，拨一点。此外则你的版税当可叫以群去收一下。朋友们亦都可挤一点。所以她的生活费是没有问题，你可勿念，现在就等她回信。(2) 你请人带来的你编的小册子及陈明兄的《平妖记》都收到，你信亦收到。

读了你大略说你八九年来生活的经过和简单介绍陈明兄的信，我是很感到一种理解到什么叫真挚似的愉快的。你的性格，我觉得，大致上没有什么改变，但你的心情却的确有些不同了。这我很同意你自己的说法，是一种进步。"平静"是和"热情"一样需要，无论写文，无论做别的事情。我们所要注意的，大抵"平静"须是见到深广，沉着而坚毅地工作的意思，所以这是"热情"之最高级的表现。否则，"平静"往往是开始枯萎或停滞，对革命或创作的探求力，冲动性减退了的表现。那也是不好的，它的不好并不下于小资产者的"任性"，我忽然想起了这一点，是因为我相信你在长期的磨练中已逐渐达到了深广明快的地步，并且能够沉着和坚毅的缘故，我很羡慕，因而我觉得我们在个人方面说，都才开始走路。譬如写文章，过去是练习与摸索，现在才是开始真的写作，所谓“平静”，就是开始的意思。你觉得我这样幼稚地给你注释是对的么？或者你在笑我罢。

我以前曾要你寄你的作品，无论印的未印的，现在也希望能读到你全部的东西。我是为了想理解你在创作上的发展，并且想写一论文，专论你在十五六年之间的“心”的经历的。我要你寄文章，并非拉文章，因为我不编刊物。现在你仍能搜集你的作品给我么？盼望之至的！

你工作了多年，生活了多年，斗争了（也被斗争了）多年，是否已准备从事比较概括性的，历史性的，思想性的较巨型的作品的写作？请告诉我，——这实在是我最关心的。你“平静”是我所希望的，但在写作上引起“野心”和燃烧起“热情”则更为我所希望！陈明兄的作品，我读过一遍，没有特别意见，只以为为了需要，我从来就不曾反对这类作品，为了试验，我也不反对，不过一则在把握旧形式之先更需从社会生活及生活变革上去把握大众，二则特别注重语言的精髓，而不必全抄旧的调子，生出新的形式，——我觉得这两点是我们须特别注意的。余再谈，盼来信！握手！陈明兄一同握手！

诚之

七月十五日

与此信一同带上《论民主革命的文艺运动》单行本共五本。除你自己留一本外，送仿吾一本。假如可能，请各转毛与洛甫一本。

1936 年秋，在冯雪峰的亲自安排下，丁玲从南京被营救出来，经上海奔赴陕北后，至今已经整整过去了 10 年。起初，她和回延安汇报工作的冯雪峰有过两次见面。1937 年抗战全面爆发后，冯雪峰便杳无音信。丁玲以为是战争造成的联络中断，实则是冯雪峰奉命到南京参加与国民党联合抗日的谈判，同为代表团成员的博古见到冯雪峰后，给了他一份题为《中国工农红军将士为卢沟桥事变告全国民众书》的文件，他看到“服从蒋委员长”“信奉三民主义”等内容后大怒，一气之下请假回故乡义乌写红军长征的小说《卢代之死》去了。1941 年 11 月，冯雪峰在金华被国民党宪兵逮捕，关押于上饶集中营达两年多。在狱中他一直念念不忘远方的丁玲，特别是“她那双充满了热情、质朴和智慧的美丽的大眼睛”时常出现在他的梦中。冯雪峰把他梦中的眼睛写成诗：《哦，我梦见的是怎样的眼睛》：

哦，我梦见的是怎样的眼睛！
这样和平，这样智慧！
这准是你的眼睛！这样美丽，
这样慈爱！衬托着那样隐默的微笑；
那样大，那样深邃。那样黑而长的睫毛！
那样美的黑圈！

冯雪峰的狱友画家赖少其，读了这首诗后，非常感动，用铅笔画了几张眼睛的素描，冯雪峰选择了一张最像的，并在上面题诗一首，名曰《霞光——题赖少其的画》。赖少其从未见过丁玲，连相片也没有见过。可是10年后，他在北京第一次遇见丁玲，竟然发现他在集中营按照冯雪峰诗的描述，画的那双眼睛竟是丁玲的。他才明白，在囚禁的日子里，冯雪峰所思念的，是一直在他生命中“失之交臂”的丁玲。而身在延安的丁玲也一直深切地怀念着冯雪峰，曾有人问她：你最怀念什么人？她坦荡地回答：“我最纪念的是也频，而最怀念的是雪峰。”

冯雪峰被关押了两年多，出狱后未再担任中央领导职务，而是在重庆、上海等地从事统战和文化工作。他时时关注着在延安的丁玲。1946年，他在上海收集整理了丁玲从登上文坛一直到陕北时期的重要作品，包括《梦珂》《莎菲女士的日记》《水》《新的信念》《入伍》《我在霞村的时候》《夜》共7篇，出版了《丁玲文集》，并写下《从〈梦珂〉到〈夜〉——〈丁玲文集〉后记》约6000字的长文，对丁玲的创作从起步一直到延安的代表性作品，进行了实事求是而又有深刻见解的评价。设身处地地想一下，这在冯雪峰出狱后的落魄中，在“匆迫的心境中”，在战争条件下来做这件事情是多么地不容易。这并非是受到了丁玲的委托，而是完全情甘自愿。从此也便可知道，冯雪峰对丁玲的感情之深厚。

丁玲在《我与雪峰的交往》中说：“一九四六年时，他在国统区给我出版了一本《丁玲文集》。他在前面写了一篇文章，把我在延安时写的小说，加以评论。还是说好话，说我成熟了。日本投降后，我到了张家口，他给我写了一封信，把他的书寄给我，我把他的书转给了毛主席。”丁玲说的冯雪峰给她的这封信，过去人们一直没有见到过，等于有目无文。2019 年 5 月陈明去世后，与晚年的陈明有密切来往的李向东、王增如夫妇，从他所藏旧物中发现了此信，这对研究丁玲与冯雪峰的关系，是一份弥足珍贵的文献。

从丁玲的记述和冯雪峰来信内容看，大约是丁玲在收到冯雪峰给她出版的《丁玲文集》之后，离开延安前后给冯雪峰写了信，报告了她赴陕北后八九年来的生活创作情况，尤其是与她执子之手的爱人陈明的情况。冯雪峰的这封回信，我们不难发现他在经历了人生大磨难后“却道天凉好个秋”的慨叹，但更不难发现这慨叹背后，是冯雪峰对丁玲的一往情深的关爱。冯雪峰给丁玲写这封信的直接推动力，是不久前他收到丁玲母亲写于 5 月的一封信，这封报告她生活苦况并委托冯雪峰转交丁玲的信，辗转了两个月后，才于 7 月初经重庆转到他手里。收到信后，冯雪峰便立刻行动，多方筹钱，并且已经做到了“她的生活费是没有问题，你可勿念”，要求丁玲做的只是“你应立即写一信去安慰她一下”。从冯雪峰来信简单说明的筹钱渠道，便可知道此事有多难，有多麻烦，且这都是丁玲应该做的啊。但在冯雪峰的笔下，说的是如此风淡云轻，好像这本就是他分内事，应该做的。是啊，以他对丁玲的感情之深厚来说，丁玲的事当然就是他的事！他的来信中关于“热情”与“平静”之论，更可见冯雪峰以热切的目光，期待着丁玲积极进取，努力向上，他期待丁玲在创作上有更大成就，写出“历史性的，思想性的较巨型的作品”。这何尝不是对丁玲深厚感情的另一种方式的表达呢？他对丁玲寄去的陈明《平妖记》也以行家眼光谈了两点见解。其实他知道，这不过是丁玲借此通报她和陈明的婚事。他的见解也是对她和陈明婚姻的认可与祝愿。信中虽没有对二人婚姻幸福的祝语，但最后“握手！陈明兄一同握手！”已在不言中。此信写得大气而意涵丰富，足见冯雪峰人格魅力之一斑。遇上这样优秀的男人，虽然有“恨不相逢未嫁时”的遗憾，但丁玲应该是知足了。冯雪峰也回赠丁玲一册《论民主革命的文艺运动》，并请她转送毛泽东、成仿吾、张闻天，丁玲也遵嘱做了。

1946 年 11 月初，天气变冷了，陈明在屋子里砌了一个火炉，这样丁玲写作时，后背还可以靠着火炉取暖。当时陈明也在写一首土地改革的叙事诗。丁玲在《〈太阳照在桑干河上〉重印前言》中回忆说:“那年冬天，我腰痛很厉害。原来一天能走六、七十里，这时去区党委二里来地走来都有困难。夜晚没有热水袋敷在腰间就不能入睡。白天我把火炉砌得高一些，能把腰贴在炉壁上烫着。我从来没有以此为苦。因为那时我总是想着毛主席，想着这本书是为他写的，我不愿辜负他对我的希望和鼓励。那时我总想着有一天我要把这本书呈献给毛主席看的。……我那时每每腰痛得支持不住，而还伏在桌上一个字一个字地写下去，像火线上的战士，喊着他的名字冲锋前进那样，就是为着报答他老人家，为着书中所写的那些人而坚持下去的。”应该说，鼓励丁玲以顽强的毅力写下去的动力，除毛泽东外，还有来自冯雪峰的殷切期待和热切关注的目光，也有陈明的全力支持。

1947年3月初，丁玲从红土山搬到了同是阜平县的抬头湾。抬头湾是一个只有30户人家的小山村，依山傍水，一条清澈的胭脂河从村北流过，河的两岸是沙滩。这个村子，离晋察冀中央局机关不远，又比较清静，可以专心写作。丁玲到延安后，多数时间处在战争背景下和频繁的流动中，加上她又处在延安文艺界的政务、事务、纷争的核心区，这对于艺术的生成是不利的。现在终于有了难得的安定期，这有利于她把心理状态由形而下调整到形而上，有利于她展开艺术思维，把纷繁的生活片段、场景、人物组合升华成艺术化的形象。丁玲的创作比较顺利，到此时已经有了约10万字的规模。

陈明和丁玲结合后，一直承受着创作上的压力，他也一直想在创作上能和丁玲一样有所成就。在抬头湾的生活安排好以后，陈明便在丁玲支持下，于1947年3月7日离开抬头湾到晋察冀军区野战军第四纵队体验生活。一个月后他写信告诉丁玲说："到现为止，我记了四万字的笔记。包括替部队写了一个材料（五六千字）、一篇短稿。"但陈明离开后，留在抬头湾的丁玲创作上却不顺利，一是晋察冀中央局宣传部召开的边区文艺座谈会要她参加，她推脱不掉。她在3月19日给陈明的信中说："你走以后我们生活照常，但因环境扰嚷，没有写文章。萧三一走（指萧三夫妇去了西柏坡），艾青他们又来了。第二天便一同搬到中央局，于是成天开会，虽然当一人独处的时候，黑妮、张裕民、程仁等人物还环绕脑际，但既断续，又模糊。会议恐还须持续四五天，已开了八天了！总之，三月份已无希望了。因此，这文章还得拖至七八月完工，这对你或有好处，可多在前方呆一阵。”

另外的原因是，她的小说情节已经全面展开，主要人物都已经出场，小说中围绕土地改革，各种矛盾纷沓而来，这些矛盾将如何发展，如何最终解决这些矛盾，尤其是多涉及土改政策，她有点不知道应该如何处理，如何写下去。恰好晋察冀中央局组织干部下去调查土改情况，丁玲决定停止写作，去冀中参加土地复查，她想这或许对小说会有帮助。动身前她给陈明写信说：“这次决定去冀中搞土地改革有意义的，尤其对我的未完之作。……我去搞土地改革的中心是了解熟悉走群众路线的干部作用。这是我文章中最需要的。我拟两个月即回，以便续写。”从 5 月 16 日起，她与周扬等人一起，到曲阳、定县、安国、蠡县、肃宁及行唐进行了考察。半个月后陈明与丁玲在行唐会合，回到了抬头湾。陈明本想再回前方，但又感到丁玲一个人在抬头湾生活多有不便，也太寂寞了，便决定留下来。他给丁玲换了一个大一点更安静的住房，以便使丁玲能安心写作。

陈明回忆说：“有时我和丁玲两人下跳棋，没有棋子，就用黑豆和黄豆代替。夏天的晚上，我们在炕上的大蚊帐里点着油灯下跳棋，这就是我们俩那时的文艺活动。写作之余，到村口，看路过的队伍，也打听一些情况。孩子都在学校住宿，就剩我们俩，还有公务员，所以过得挺安逸。也不寂寞，常有朋友来访。康濯、萧也牧（吴小武）也就是这时在抬头湾认识的，他们常上我们这里来，萧也牧还帮丁玲抄过几段《太阳照在桑干河上》的手稿。”这是丁玲到晋察冀解放区后比较安定的一个写作时期。

二十二

求救西柏坡

1947年下半年，《太阳照在桑干河上》的主体已基本完成。1947年10月10日《中国土地法大纲》公布，丁玲为了进一步了解土地法大纲在土改中落实的情况，汇集更多的土改“样本”，以充实校正小说中涉及土改政策描写的生动性和准确性。“我反复去，反复来，又读了些土地改革的文件和材料，我对于我的人物选择更严格了些。我又发现我在工作中的许多不可弥补的缺点，我看见了我在工作中所不曾看到的事和人，我用我对于现实生活的认识批判和那些具体的人和事，交织在一块，写出我小说的故事和行动。我尽我所能，希望能表现出我所想到的那些。”当然最好的办法是回到她熟悉的桑干河地区，回到她的小说主要取材地温泉屯去。但是，一方面是抬头湾距温泉屯路途太远，交通不便，更重要的是这时的张家口及周边地区还在国民党军队控制下，因此这一愿望无法实现。于是她决定到正在开展土改运动的石家庄解放区去。

1947年11月丁玲先去了石家庄正定县，住在华北联大校内。陈明则随石家庄市委进驻刚解放的石家庄，在宣传部帮助工作。丁玲先是参加了华北联大的土改工作队，在正定新解放区搞土改。成仿吾是华北联大的校长，沙可夫是文学院院长，艾青、陈企霞也在这个学校任教员。整个学校的师生都下去了，所以丁玲便带了几个学生去石家庄近郊宋村。于中义就在丁玲这个组，他后来导演了电影《太阳照在桑干河上》。

丁玲一行共负责石家庄市东南近郊5个村的土改，宋村是其中比较大的一个村，也是区公所所在地。陈明在《我与丁玲五十年》中回忆说：

宋村的形势比较复杂，有假贫农团，甚至要把丁玲他们轰走。在区委的配合下，把这个假贫农团的枪缴了。……丁玲在这个土改点工作做得很深入，走张家，进李家，与老百姓同吃同住。对那些被认为落后的群众，总是她去做工作。她对大家说，在不了解人家的时候，不要轻言人家落后，即便有某方面落后，也是社会给造成的，不能歧视人家，要做耐心细致的思想工作。分浮财时，她比那些人熟悉当地的情况，谁家有几口人，有多少地，谁家有多少房子，质量怎么样，她都一清二楚，能做到公平合理，所以她在宋村的人缘非常好。石家庄到宋村大约有二十里地，我一两周去看她一次，有时骑马去，有时骑自行车去，也顺便给她带点吃的。去宋村的路很难走，坑坑洼洼，有很深的车辙印，很多地方自行车没法骑，只能是推着走。我去看她时，她让我去饭馆吃两毛钱一碗的烩面，她自己仍旧跟老百姓、跟工作组的同志一起吃，从没有跟我一起在饭馆吃过。在进行土改的地方，还有扩军的工作，鼓励翻身农民报名参军，保卫胜利果实。春节时，我应丁玲的要求，去宋村帮助排戏，演延安时的秧歌剧《牛永贵负伤》《兄妹开荒》《夫妻识字》等，祖慧、张来福、于中义和我自己，还有沙可夫的夫人也都参加演出。我们驾着大马车，在五个村子轮流演。

丁玲在宋村一共住了4个月，在宋村的土改经历对她的创作大有帮助，《太阳照在桑干河上》中的人物、细节的补充以及涉及政策描写的调整，多是在这里完成的。另外，这段经历也为她以后创作《在严寒的日子里》积累了资料。她说："党中央的'五四'指示下来了，我便去参加土改工作。三年中只认真的搞了两个村子（即温泉屯和宋村），就是这两个村子，对我创作上、感情上起了很大作用。特别是在石家庄市郊的村子里，我感到收获比什么时候都多，更舍不得离开这个地方，真想在这里工作一辈子。后来我只要看到报纸，讲到别的农村事情的时候，我就想到那个村子，想到这个政策到了那个村子，张三会怎样，李四会怎样。我经常想去看看，看看那些熟人，想到很多人都一定更好了，就禁不住欢喜；有时又有些怕到那里去，我怕有些人，那些我曾经用心培养起来的人，万一有了变化，万一他现在落后了呢？"

1948年初，《太阳照在桑干河上》已经基本定稿。按边区政府当时的规定，图书出版的审查工作由晋察冀中央华北局宣传部负责，未经审查的书籍不准印刷出版。陈明在《我与丁玲五十年》中回忆说："在正定，《太阳照在桑干河上》正式修改定稿，一共复写了三份，有一份复写本送给了在阜平县城南庄的周扬，想听听他的意见。可是过了好久，周扬没有回音。土改结束后，丁玲要出国去匈牙利参加世界妇女代表大会。她从正定去西柏坡，路过周扬那里，取回了手稿，周扬也没提什么意见。"

周扬，在解放区和新中国成立后的文学界并不是一个陌生的名字。周扬比丁玲小 3 岁，湖南益阳人，和丁玲也算老乡，也是老熟人。1928 年毕业于大夏大学，曾留学日本。回国后于 1931 年加入"左联"。丁玲主编《北斗》时就发表过周扬的文章，《北斗》被查封后，"左联"改出《文学月报》，两期后，由姚蓬子改由周扬主编。抗战爆发后周扬来到延安，也受到重用，历任鲁迅艺术学院院长、延安大学校长等职。1942 年延安整风前后，周扬在鲁迅艺术学院组织了一批以歌功颂德为主调的"歌颂派"，而丁玲、王实味、萧军等因写作了《"三八节"有感》《野百合花》等作品，被人称作"暴露派"，两人的阵营与立场虽有所不同，但表面上关系还算是可以。抗战胜利后，周扬在丁玲离开延安不久也来到晋察冀解放区张家口，历任华北联合大学副校长、中共晋察冀中央局宣传部部长等职。丁玲不仅将本书复写稿送给周扬，还写信征求他的意见，甚至后来当面征求周扬的意见，周扬都是以冷淡、暧昧的态度处置，这让丁玲大惑不解。以周扬的艺术学养和眼光，他不可能如此地不识货。其中的原因后来人们有过各种猜测：或是与他全力推举赵树理为解放区文学典范相矛盾；或是小说多有涉及土改政策的章节他尚拿不准；或是对黑妮的描写有歧见；或者认为其中的文采是讽刺自己；或者他感觉丁玲的风头太盛不能再助长。不管原因是什么，丁玲知道，周扬的态度已经表明，《太阳照在桑干河上》要在晋察冀出版将遇到麻烦。正在此时，丁玲收到了邓颖超 4 月 29 日的来信：

丁玲同志：接学昭同志信知你到了石家庄，不知是常住还是短居？土改工作想已告一段落，收获想必不少？现在又有洋务要办，特函相商。世界妇女第二次代表大会于今年九月在欧洲举行，拟定地点是南斯拉夫，中国解放区可组织十人的代表团去出席，交通可不成问题。代表人选正在考虑选定中，关内可去部分，大部由东北选出。关内人选中拟提出你来，因你是国际民主妇联的候补理事，能去最好。究如何，特函征求你的意见？不知你有无远行之意？更不知你的身体是否便于长途跋涉？望你考虑后速即函告我，因代表人选，近日即须决定也。我已回公校，人很好，知注并告。

紧握手！

邓颖超

四月二十九

丁玲当然愿意出去开开眼，见见世面，但她犹豫的是小说还没有最终定稿。在邓颖超再次来信的劝说下，她决定出国参加世界妇女大会。促使丁玲选择出国参加世界妇女大会的另一个原因是，她想趁去西柏坡与其他代表会合的机会，寻求中央对她小说出版的支持。

1948 年 4 月 13 日，毛泽东、周恩来、任弼时已经率中央机关离开陕北到达阜平县城南庄。国民党军得到暗藏在中央机关后勤人员中的特务提供的情报，派飞机进行轰炸，击中毛泽东的住房，为了党中央和毛主席的安全，5 月 27 日中央机关和毛主席转移到平山县西柏坡村。

6 月 14 日，丁玲动身去西柏坡报到。第一天坐大车走了一天，很晚了才抵达中央华北局所在地阜平县城南庄。丁玲先到组织部歇了一会儿，“周扬就过来了，随即跟他到宣传部去，在他那里吃的饭”。饭后随周扬到村边散步，丁玲想借机就《太阳照在桑干河上》的出版问题与周扬当面沟通一下，但周杨和丁玲谈话的核心是恳请丁玲放弃参加世界妇女大会，留下来担任准备设立的文艺工作委员会领导工作。周扬告诉丁玲说他已经给邓颖超打过电话，提议丁玲不去参加世界妇女大会，留在华北更好，邓颖超的答复是去与不去由丁玲自己决定。但丁玲还是希望能和周扬谈谈她的小说，她事先已经写信告诉周扬，说接受了他的意见，把黑妮改写了，希望能批准出版。但是当丁玲把话题引到这上边，“说到我的小说已突击完工时，他不置一词”，“对我之写作是有意的表示着冷淡”。丁玲已经感觉到，她的小说要通过周扬领导下的晋察冀中央华北局宣传部的审查已不可能。丁玲到西柏坡时把这件事告诉了周恩来副主席，周恩来笑着说，你在华北这么长时间，没有让你做什么，现在要出国了，却要留你做事了。

丁玲一到西柏坡，就见到了毛泽东和周恩来，这让她喜出望外，激动不已。毛泽东邀她一同散步，忆旧，询问土改工作，问她的作品，还答应看她小说的原稿并请她吃饭。第二天一大早，丁玲就写信给陈明，向他报告了这个喜讯：说她乘汽车从阜平县城南庄到达西柏坡时，“对面来了汽车，我下车来走，我看见两个穿黄衣的走来，呵！是谁呢？我认出来了，是主席，他也看见我了，对我在笑，我赶忙跑过去，主席说：‘呵！好得很，看见你，几年没有见面了！’江青也走过来。主席很胖，身体很好的样子。江青也还同以前一样，或者稍微老一些。主席即要我和他坐汽车一道散步去，汽车上同去的有十几个小娃娃，他们女儿和别的人的儿女们，半路上又上来了傅钟夫妇和他们的儿女，挤满一汽车。主席告诉我收到了前年我给他的信，他说我已经到了农村，找到了‘母亲’，写‘母亲’，我了解土地，他问我的作品，并且答应我读我的原稿。后来我们在野外坐下来又谈开了。主席两次重复着对我说：‘历史是几十年来看的。不是几年来看的，要几十年才能看出一个人是发展，是停止，是倒退，是好，是坏。’我明白他的意思，他是多么的在鼓励着我呵！他还怕我不明了，第三次在他院子里坐时又重复了这句话。并且拿鲁迅做例子。他并且说我是同人民有结合的，我是以作家去参加世界妇女大会的，我是代表，代表中国人民。陈学昭也去，却只能做随员，因为她没有做工作，不懂得中国人民，不能做代表。他又问了我搞土改的情形，还问了你，并且说我已经在农村十二年，可以够了，以后要转向城市，要转向工业，要学习工业，要写工业，写城市建设。我们天快黑时，又坐汽车到他的家，在他们家里吃晚饭。他又同我说我的名字是列在鲁、茅、郭一等的。……吃过了饭，江青就陪我去找小超。伯夏呵！你看我多幸福呵！我第一个就做了他的客人，就听了他给我这样多的鼓励，想着柯仲平为看见不到他而喝醉了酒骂人，我是多么的有了运气，我并且同他约好，以后我要找他时，就在他散步时来。他也高兴的答应了。”

当时，正值解放战争由防御转入战略反攻时期，也是震惊中外的三大战役前夜，毛泽东太忙，他委托江青、胡乔木、艾思奇、萧三、陈伯达等人审阅，然后向他汇报。丁玲这次在西柏坡住了9天，和毛泽东有5次见面，还有“我同副主席谈了一夜，天明才回。可能引起小超的不满，觉得谈得太久了，但这是由于他的健谈。”还看望了其他领导和熟人。

6月24日下午，中国解放区代表团关内代表一行5人，从西柏坡启程赴哈尔滨。25日凌晨到达石家庄，在宣传部工作的陈明把丁玲接到市委，天明又把在石家庄读书的祖慧接来，代表团在石家庄只停留了一天，一家3口有了一个短暂相聚。离开石家庄后代表团一路东行，经衡水、德州到达山东荣成，从这里乘船渡海，去往大连。

因为华北、山东地区还未全部解放，代表一路基本上昼伏夜行，十分辛苦。而丁玲一路上都在惦记着浸透了她心血的《太阳照在桑干河上》到底能不能出版，自己却也不好再问。7月1日代表团到山东潍县时，丁玲在给陈明信的最后说：“我的书问问乔木。”

7月11日代表团到达大连时，丁玲先于陈明的信接到了胡乔木发来的电报，告诉丁玲说，几个审阅的人读后都给出了正面肯定的意见，《太阳照在桑干河上》修改后可以出版，电报附有修改的几条意见。并且说世界妇女大会要延期到11月举行，正好可以赶印出来，她可以带着书去布达佩斯参加世界妇女大会，丁玲悬着的心终于放下了。她知道，这背后的一切是毛泽东的推动。

关于《太阳照在桑干河上》出版决定的形成，当时在西柏坡的萧三的夫人甘露有过一段回忆："七八月炎夏的一天下午三点钟后，毛主席的警卫班长李树槐来我家通知说：天气太热，主席日夜工作太累，大伙要他到室外散步，他请胡乔木、萧三、艾思奇等同志同去。萧三和我赶紧带着一岁的萧平来到毛主席门前，和乔木、思奇以及三个孩子会合。毛主席高兴地和我们一起坐上他的中吉普，驱车二十余里，到一个树林边下车。我们把椅子、板凳搬下来，陪着主席走进树林。毛主席坐了一会儿，却见乔木、萧三、思奇同志没有坐而走到一边，只剩毛主席同我和孩子们在一起。毛主席摇着大蒲扇，一边给孩子们赶蚊子，一边问我：'他们几个在干什么呀！'我忙走过去问他们：'主席问你们干什么呢！怎么不来陪主席呀？'他们说：'我们在谈对丁玲写的《太阳照在桑干河上》的意见。'我把他们的话对主席说了，并补充说：'最近丁玲写完了一部长篇小说《太阳照在桑干河上》，是写张家口附近农村土改的。丁玲请他们几个同志看看，提提意见。'前些日子，萧三曾告诉我，他们几个把丁玲的稿子都看完了，要找个机会讨论一下，却找到了今天这个机会。主席边听边抽烟，想了一想说：'丁玲是个好同志，就是少一点基层锻炼，有机会当上几年县委书记，那就更好了。'过了约半个小时，胡、萧、艾三个人来到主席身边，主席问他们讨论得怎么样，乔木同志说：'写得好，个别地方修改一下可以发表。'主席这时把刚才说的关于丁玲的话又说了一遍。"甘露的回忆也说明，胡乔木、艾思奇、萧三、陈伯达、江青都对《太阳照在桑干河上》持肯定的态度，也得到了毛泽东的首肯。

《太阳照在桑干河上》于1948年8月，由哈尔滨光华书店正式出版（此版名为《桑干河上》，1949年5月由新华书店出版时易名为《太阳照在桑干河上》）。小说以1946年"五四"指示发表到1947年9月全国土地会议召开之前一段时间为背景，通过对华北地区桑干河畔暖水屯土改过程的曲折描写，真实地反映了中国农村发生的这一天翻地覆的社会变革。这是中国现代文学史上最早出现的以描写土地改革运动为内容的长篇小说，也是丁玲小说创作的里程碑。

在丁玲笔下，温泉屯纷繁的社会生活被提炼升华成如下的故事构架：富裕中农顾涌从八里桥赶着亲家胡泰的胶轮大车回到了暖水屯。村子里很多人都来打听是怎么回事，他不肯把胡泰怕土改没收财产而转移大车的真相告诉大家。钱文贵的儿媳妇回娘家打听到了真实情况。村里人议论纷纷，贫苦农民都盼望着土改运动的到来。人称"赛诸葛"的钱文贵诡计多端——土改之前他见风使舵，把儿子钱义送去参加八路军，成了光荣的军属；把女儿嫁给村治安委员张正典，有了一堵挡风的墙；又搞假分家，把自己的土地化整为零，自己被划成中农成分。村里的穷人不敢碰他，村干部们也对他无可奈何。1946 年夏，中共中央关于土改的“五四指示”下达后，土改工作组来到暖水屯。工作队长文采是一个没有工作经验又虚荣的大学生，带领工作队一进村就把村民召集起来开会，他一口气讲了 6 个钟头，把劳累一天的人们都讲睡了，加上小孩子哭闹，大会没有收到他想要的效果；张正典则暗中捣乱，使村干部人心不齐、群众顾虑重重、运动冷冷清清。而地主们却在暗中加紧活动，钱文贵则玩弄爱情与阴谋之计，逼迫侄女黑妮以恋爱为诱饵笼络住农会主任程仁；他施加手段，企图将群众的斗争锋芒引向地主李子俊。在任国忠的恐吓之下，李子俊逃跑了。农会发动李家佃户上门追索地契，李子俊的老婆哭哭啼啼，下跪求请，佃户们被软化，觉得于心不忍，便纷纷离开李家，对李子俊的斗争便告失败。组员杨亮深入群众，访贫问苦，受到农民们的欢迎和信任；他与富有斗争经验的老党员、支书张裕民分别联络干部们，发动群众把全屯地主的果园都看管起来，统一收摘和出售，农民便得到了实惠；随后又发动佃户向地主江世荣要回地契。这些胜利大大鼓舞了农民，他们要求斗争钱文贵，但遭到文采反对。此时，县委宣传部部长章品来检查工作。他曾是最早进驻暖水屯的八路军战士，对村里的情况较为熟悉，在他的支持下，紧紧依靠杨亮、张裕民等，发动群众，最后钱文贵被斗倒，从而使这场同地主的斗争取得了阶段性的胜利。农民分得了田地和浮财，一片欢喜。为保卫胜利果实，100 多名青壮年组成的民工大队开赴前线。工作组则回县里去汇报工作和接受新的任务。

小说成功塑造了张裕民、程仁、钱文贵、文采、黑妮等众多人物的形象。

张裕民，是暖水屯的第一个党员，也是暖水屯的党支部书记。但起初这个形象却并不光辉。他从小父母双亡，是祖母把他带大的，稍大一点便跟舅父在田里劳动。这种无爱的生活经历养成了他头脑清醒、内热外冷的性格，身上也有一些不良习气。他对党的认识也只是停留在"共产党是穷人党"。入党的目的是"死活替穷人干一辈子""跳黄河一块跳"等。土改开始时他并不积极，怕斗不倒地主自己吃亏，出于自我保护一度退缩不前。后来在工作队员杨亮等人帮助下，思想认识才开始逐步明确起来，他大公无私、坚决果敢的品性开始显示出魅力，成为在群众中很有号召力的基层干部。

程仁，农会主任。虽然他也是苦出身，渴望着翻身，但他在地主钱文贵家当过长工，又是远房亲戚，还和钱文贵的侄女黑妮恋爱，因此在斗争中有思想矛盾。他常常觉得自己应当在斗争中勇敢些,但总感到"有个东西拉他下垂"。只有当群众情绪起来后，钱文贵和他老婆一改过去反对他和黑妮恋爱，并给他送来地契作为黑妮的陪嫁时，他才明白了钱文贵对他的利用。他终于站在了斗争的前列。

对于这两个形象，丁玲没有超越时代和生活环境来拔高人物，而是把人物的真实性放在第一位。她说:"我不愿意把张裕民写成一无缺点的英雄，也不愿把程仁写成了不起的农会主席。他们可以逐渐成为了不起的人，他们不可能一眨眼就成为英雄。"她从现实主义原则出发，常常是把人物放在特定的历史环境和现实矛盾中加以透视，既努力发现他们的先进思想和优秀品质，也不掩饰旧的东西在他们身上的消极影响。土改就是在这些有缺点的基层党员干部们的领导下完成的。作品细致地剖析并展示了人物的内心矛盾与思想认识的演变过程。他们在改造社会的同时，也在改造自己。这正是土改深远的历史意义之所在：土改不仅改变了几千年来的封建旧秩序，而且也给农民的思想性格带来了深刻的变化。

钱文贵则作为暖水屯地主中的“首尖人物”，作者没有对他作脸谱化处理，也没有用他的“罪恶事实”来代替其性格刻画。他作为地主阶级的一员，并不像一些恶霸地主那样凶相毕露，而是以一种更潜在的方式体现着生活本质和独特存在。他在暖水屯有很复杂的社会关系，他的女儿嫁的是村治安员张正典；儿媳妇是中农顾涌的女儿；他的亲哥哥是一个仅有两亩地的地地道道的贫农。钱文贵外号“赛诸葛”，富有政治意识和谋略才能。这主要表现在土改到来之前，他早已有了“应对”的准备，他把儿子钱义送去参加了八路军，给自己涂上了军属的保护色；他的侄女黑妮是在他的家里长大的，现在利用黑妮与程仁的恋爱关系拉住了农会主席程仁；又通过假分家，把他的土地化整为零，自称“无产阶级”。他还以小恩小惠拉拢教员王国忠，使他为旧政权代言，这条线体现了地主阶级的存在离不开对政权的依附。作品从这个人物深层的“动机”与“远见”上表现了钱文贵的狡猾与阴险。毫无疑问，在解放区创作出的地主形象中，钱文贵是相当出色的一个。这个人物关系网的复杂性正表现了封建宗法制农村社会生活的复杂性，也就决定了土改必然是充满着复杂的矛盾和斗争。作品以宏大复杂的结构，对土改中这种错综复杂的人事关系和矛盾斗争的描写，显示了这部小说扎实而深刻的现实主义特色。

工作队长文采也很有普遍性，文化程度高，大学毕业，工作也很有热情。但不了解农村，脱离群众，显得很教条。一进村就召开大会，作土改的长篇动员报告，把劳累了一天的人们都讲睡了也不散会。工作队员几次提醒才停了下来，喜欢人们叫他文主任。

黑妮是丁玲笔下又一个动人的形象，她不是暖水屯政治生活中的重要角色，但她有为获得婚姻幸福而来的冲破封建牢笼的热望，有丰富的情感世界。她虽生于钱文贵家，但却爱着她家的雇工程仁，她的美好愿望一直遭受压抑。由于丁玲满含同情地写出了她寄人篱下的孤独凄凉，与程仁爱情受阻挠的苦恼（程仁被钱家解雇，是因发现了黑妮对程仁的恋情），以及土改后期受到程仁冷落后的恐慌和被钱文贵一家求她去软化程仁时的痛苦，使这一形象显得美丽动人。最后有情人终成眷属，他们的爱情也包含着时代内涵。这个人物身上，体现了丁玲对人的个体生存超阶级的关注和她对社会问题的独立思考。

《太阳照在桑干河上》在艺术上也取得了突破性的成就。首先是真实反映了农村阶层关系的复杂性。血缘宗法的传统，生活进程中的分化与升沉，使农村各阶级之间往往是“你中有我，我中有你”，呈现出极为复杂的关系。作者对暖水屯这个普通村落复杂微妙的阶级关系没有进行理性的简化，而是努力表现其固有的复杂与真实。这种在土改政策与艺术追求间的分寸拿捏，实在不易。其次是如实写出了人物的心理真实。这是作者刻画人物的主要艺术手法。如作品中对张裕民在带领群众前进时，内心潜藏的自我保护意识的展示，程仁为避嫌有意疏远黑妮的愧疚，黑妮的种种苦恼，地主李子俊老婆的阴暗心理，都揭示得细致入微。尤其是丁玲对人物心理真实的揭示，并不因为人物的阶级属性而拔高或歪曲。如被革命吓坏了的地主侯殿魁，他战战兢兢捧着地契送到佃户侯忠全家里，然而被传统尊卑观念压弯了腰的侯忠全对旧主子唯恐有所不恭，只好也陪着不肯上炕的侯殿魁坐到地上。正是这种真实而深刻的心理描写，赋予了这部长篇非同一般的思想深度，也使人物真实生动、血肉丰满。在小说的语言处理上，丁玲认真实践毛泽东《讲话》中要求的“为工农兵服务”的创作宗旨，努力把晋察冀群众的有生命力口头语言提炼入作品，形成了质朴平实、简洁明快中融合着文雅凝练的叙述语言，在增强艺术感染力的同时也保持了自己的特色。

《太阳照在桑干河上》代表了延安文艺座谈会以后解放区长篇小说创作的最高成就，1951 年荣获斯大林文学奖金二等奖。冯雪峰在他的长篇文章《〈太阳照在桑干河上〉在我们文学发展上的意义》中认为：“这一部艺术上具有创造性的作品，是一部相当辉煌地反映了土地改革的，带来了一定高度的真实性的、史诗似的作品；同时，这是我们社会主义现实主义的最初的比较显著的一个胜利，这就是它在我们文学发展上的意义。”

二十三

跨入新中国

丁玲 1948 年 11 月 9 日从哈尔滨启程，随蔡畅为团长的中国妇女代表团经莫斯科前往匈牙利首都布达佩斯，出席了 11 月 30 日下午开幕，会期 6 天的世界民主妇女第二次代表大会。由于语言不通，丁玲感到从大会上得到的东西不多：“三十日下午开幕式后连开了三天会，今天是第四天。我们几个哑子聋子也很忙，忙着坐在会场里，有时有人翻译几句，有时无人翻，就装蒜。看到的东西太多，无法记；零零碎碎听一点讲话，无法记，我们的学习一团糟。”丁玲被选为理事会执行委员。由于当时国内国共两党的斗争尚在胶着状态，代表团在各方面都比较谨慎，外事活动不多。代表团返回途中到苏联参观访问。

出访前，丁玲就希望访问苏联时去作家协会一次，她想了解苏联文艺工作的组织情况、创作方法、组织领导等问题。因中国妇女代表团不是作家代表团，她的请求需要特别安排。12 月 24 日，苏联工作人员告诉她，明天就可以见到法捷耶夫了，并说你有什么问题，都可以问他，他会答复你。这个消息让丁玲兴奋不已。

12 月 25 日下午，在苏联作家协会楼上一间会客室，苏联作家协会主席、著名作家法捷耶夫会见了丁玲，这是她此行最高兴的事。苏联戏剧家梭甫洛罗夫和维斯纳芙斯基等人也一同参加了会见。法捷耶夫以他的《毁灭》和《青年近卫军》为苏联人民所爱戴和推崇,也为中国读者所熟知。法捷耶夫个子高大,满头银发，面色红润，衣着整洁，精神饱满，有大方干练的军人风度。寒暄过后，丁玲扼要介绍了俄国文学在中国，特别是在解放区的深刻影响，简单地介绍了中国解放区的文艺工作情况之后说："中国的形势很快将有个大的变动，因此文艺工作也将产生新的组织和领导方式，我希望了解苏联社会主义的一些组织及领导方法，以作为参考。"以此话题开始，会谈涉及中央政府文艺机关的设立和职能、作家团体的组织与领导、文学批评和作品的审查出版、稿酬版权、文工团组织以及城市剧院、苏联目前文艺上存在的问题和中心任务等等，不知不觉他们谈了 3 个小时。整个谈话过程使丁玲感到："法捷耶夫同志总是这样亲切的同我说话，他一点也不客气，没有虚伪的客套，好像同我说这些话都是有一种责任似的。我喜欢这种态度，这种态度使我舒服，使我能够像在家里一样不感觉拘束，想到哪里就说到哪里。"

临近谈话结束时，法捷耶夫签名题赠给她《青年近卫军》;她也把她的《太阳照在桑干河上》赠送给法捷耶夫和其他几位作家。这时，维什涅夫斯基问："你这本书第一版印多少？可以得多少稿费？"丁玲回答道："中国解放区现在版权制度尚未建立，作家不计较印多少，销多少，也不计较稿费，没有也行。如果有一些，能拿来买瓶较好的墨水就很高兴。作家不保留版权，而且欢迎翻印。”他们都笑了，法捷耶夫会意地说：“三十年前我们也是这样的，一块吃餐饭就完了。”大家都笑了起来。丁玲把她收集来的解放区的文学作品《李有才板话》《暴风骤雨》《白毛女》《血泪仇》等送交苏联作家协会，希望被译成俄文介绍给苏联的读者。1949年1月9日代表团离开苏联回到哈尔滨。

由于世界妇女代表大会召开改期，代表团滞留在东北，这使丁玲有了和从晋察冀来到哈尔滨工业大学读书的儿子祖林见面的机会。

在西柏坡时毛泽东曾对丁玲提出希望，要她以后转向城市，转向工业，写城市建设。丁玲把这作为自己的新目标。她曾在致胡乔木、周扬的信里，明确提出过想要留在东北写作的想法。鉴于丁玲滞留在东北和她的想法，中央组织部同意陈明到东北工作，这样在9月下旬，陈明便带着祖慧，还肩负着护送其他在东北工作的政工人员的孩子家属的任务，走上和丁玲相同的路线赴东北。陈明回忆说：“我们到了山东的俚岛，准备从那里坐船到大连。白天海面上常有国民党军舰巡逻，晚上也有，我们就在黄昏时起锚。我们坐的是民用货船，船舱囤货，我们只能呆在甲板上。船老大都是自己人。第一次出发，遇到敌舰，远远地，探照灯打过来，我们的船不敢再走，一连三次，都没有过去。……我们又换了一条小一点的船，第四次终于过去了。我们到达大连的第二天，正好是沈阳解放。我到哈尔滨时，丁玲她们代表团已经走了，坐火车去苏联了，她留下书和一些其他的东西给我，特别是留了一本刚刚出版的《太阳照在桑干河上》精装本，扉页上写着：‘留给陈明，因为你给我许多帮助，使我这本书写的比较少一些错误和缺点，而且当我写作的时候，不致为外界所影响我的情绪，我是应该感谢你的。丁玲一九四八，十月底去欧洲以前数日，于哈尔滨市。’这本书，至今我还完好地保留着。”

陈明一行于 1948 年 12 月 14 日到达哈尔滨。丁玲行前给陈明留下的一封信，由罗烽的母亲转交给了他，信中丁玲详细说明了她要陈明到东北来的原因：“我为什么要你来呢，第一我想要写工业还是东北好，我如果要留一时，我就希望你来，这是我的自私。第二呢，祖林第一次未出成国，我也不打算叫他出国，他的精神身体都不好，我想暂时全家在一处，彼此有个照顾，所以也希望你来，这也是我的自私。同时我想你在那里（指石家庄）也不太稳当，总好像不是个生根的样子，所以也想叫你来。最后我实在不愿回去和那个人（指周扬）在一起。我以为这样办都较好，而且我以为你最迟九月可以动身，我可以等着你，路上也不太冷。谁知想的全错了。现在只有一条理由还存在，就是写工业。那末咱们就为着这一条努力吧！”陈明按照信中的说明，从《东北画报》社社长朱丹那里取回了丁玲为他和祖慧购买的毛衣毛裤等生活用品以及前面他说到的精装本《太阳照在桑干河上》。

先期到达东北的文艺界人士中有很多陈明的同学，有上海时期的，有延安时期的，他们各有所司，各有成绩，这使陈明也有些着急。延安鲁艺戏剧系主任张庚，现在沈阳新创办的东北鲁迅文艺学院做副院长，极力劝说他来这里搞创作，并答应给他提供创作条件。这样，陈明带着祖慧就到沈阳，在东北鲁艺落了脚。丁玲随代表团回国后，便从哈尔滨到沈阳，一家人在东北鲁艺住下。丁玲除写《参加国际民主妇女代表大会报告》外，先后写成《记“东方语言学校”》《法捷耶夫同志告诉了我些什么》《世界民主妇联第二次代表大会的开幕》《十万火炬》等文，后均收入《欧行散记》一书中。

丁玲和陈明虽然一直处于迁徙流动中，但她从不放松两个孩子的教育。女儿祖慧已经 14 岁，已经出落成了一个亭亭玉立的少女，生得纤腰婀娜，活泼好动。张庚的爱人陈锦清在东北鲁艺教舞蹈，她见祖慧喜欢跳舞，身材也好，就建议送她去平壤，跟崔承喜学舞蹈。此事丁玲在 1948 年 11 月给陈明的信里就说过：“她的将来我非常想要她学俄文，懂文学，而专门却是学跳舞，朝鲜有个世界有名的女跳舞家，名叫崔承喜，陈锦清已去学了半年，我很想将来叫妹妹去学几年。”丁玲跟祖慧说起在苏联看的芭蕾舞，讲乌兰诺娃怎么美丽，舞蹈跳得怎么好看，还说新中国也要发展文化事业，同样需要舞蹈人才。加上她一直依赖且信任的陈明从旁动员，祖慧终于改变了原想学化学的初衷，同意学习舞蹈。1949 年 3 月，祖慧便启程去平壤崔承喜舞蹈研究所学习，后来又去莫斯科留学，1961 年，蒋祖慧从苏联学成回国，编导了《西班牙的女儿》《巴黎圣母院》《红色娘子军》《祝福》等芭蕾舞剧，成为中国第一代芭蕾舞编导。

祖慧去了朝鲜，陈明在皇姑屯铁路机车厂体验生活。皇姑屯铁路机车厂，是制造火车头的，厂里的工人搞“死车复活”的生产活动，也就是把在战争中报废的火车头修理好重新投入使用。陈明带了两个鲁艺戏剧系的学生去那里采访，体验生活。他以此为素材写了一个三幕话剧《死车复活》。后来这个戏在沈阳公演，因需要把大机器拿到舞台上，又不注重写人，演了三场，效果不好。陈明忙于在工厂体验生活搞创作，丁玲一个人在家便感到寂寞。她在1949年3月15日的日记中说：“早上很早就醒了，睡不着，却不愿起，觉得寂寞得很，非常之想伯夏，伯夏老不愿和我在一起，他总要找一些零碎工作，譬如到前方去啦，到工厂去啦，他总以为这样他就有了工作，就不会被人认为是跟着老婆啦，但又却不能不因为我老是没有一个固定的工作，实际上就成了两片不着边际的浮萍。我是不怕飘来飘去的，但让我们在一道吧。前年把我一个人丢在抬头湾，去年无论怎样不肯去联大，一定要石家庄、正定两头跑，现在我将就他住到鲁艺，他又要去工厂，把我一人丢在鲁艺。”其实，与其说丁玲感到寂寞，不如说是近一时期她感到了陈明与她关系的一些微妙变化。

自从离开延安之后，她在事业上虽然也屡有挫折，但却是在激流中精进，做过两任土改组长，不断发表文章，与党中央最高层交往，出版长篇小说，出国访问等等。她取得的成绩陈明当然高兴，但也让在创作上成绩不彰的陈明感到了压力，她感觉创作上的压力已经使陈明不愿意“跟着老婆啦”。敏感的丁玲其实早就为此而焦虑。比如在参加世界妇女大会到达布达佩斯前一天的日记中记道：“前晚昨晚都梦见伯夏。前晚两次，第一次是使人满意的，第二次是使人不安的，醒来就觉得自己冤枉，以我们之关系，为什么还有这样的担心。昨晚梦中就更使我生气了，我觉得很痛苦，我很想理智的处理，感情却又不能抑制，我为痛苦扰醒了，醒来情绪还很低。我想我是不会有梦里的情况的，伯夏爱我。”丁玲知道，陈明一直以来都是以她为中心，为她牺牲了很多，她准备做出调整。查看丁玲近一时期给陈明的书信或者是日记，她已经在这样做了，这次到沈阳，便是她第一次有意的“妇随夫行”。她为陈明不明了她的用心而感到委屈。在15日的日记中说：“假如能收到伯夏的信也好，但是他决不会来信的，他已经把我看做一个不必费心的老婆看待了。他是致全力于他的工作的，为工作而工作，为写作而写作！好！”可是3天后，她又在日记中说：“非常奇怪的是伯夏回来了。晚上我不能做事了。我觉得太兴奋，我实在太寂寞了，实在需要他。他没有回来，我怨他不给我写信；他回来后我一切都原谅他了，好像还对不起他似的。我的房子不空了，我的房子里充满了愉快和新鲜。”

陈明说过：“丁玲对于我以她为中心，实际成为她的助手，影响了自己的工作和创作，常常感到一种心理负担。我安慰她说，我还年轻，还有时间努力做些事情，不必为我担心。事实的确是，我不能不管丁玲，只去做自己的事。她要下去，我得打前站，为她打开局面。从1942年开始，就是这样。”

其实，陈明一直是带着对丁玲崇拜的爱而心甘情愿、无怨无悔地充当助手这一角色的，丁玲的担忧有点多余。

1949年3月25日丁玲又接到通知，要她参加中国代表团，去巴黎出席保卫世界和平大会。丁玲和美术家古元从沈阳一同乘火车，3 月 30 日早晨抵达哈尔滨，住在中央大街著名的马迭尔饭店。31 日上午,郭沫若率领的来自北平的代表团员抵达哈尔滨，团员中有许多是丁玲的老师旧友，如曹靖华、郑振铎、田汉、洪深等。她在给陈明的信中说:“今天早晨十点半我们去车站迎接他们，当然你可以想见那种热闹。我们一直陪着谈天，曹靖华、郑振铎均久别重逢，颇为关心。”4 月 1 日上午，在兆麟公园举行 3 万群众参加的欢送大会，丁玲在会上讲了话。下午代表团启程，10 天后抵达莫斯科。上次访问苏联，给丁玲印象最深的是苏联作家协会主席法捷耶夫，这一次则是西蒙诺夫。西蒙诺夫到火车站迎接中国代表团，次日又宴请中国代表团的文艺组成员。丁玲在给陈明的信中说:“昨天西蒙诺夫招待我们文艺组人吃饭。此人是社会主义国家培养出来的，给人完全是一种愉快、潇洒之感。在座之卡达耶夫、费定等人都是属于沉重一流的。西之夫人，极使人爱，妩媚之极。”

因为法国政府拒绝签发一些国家（包括中国）的代表的入境签证，保卫世界和平大会分别在巴黎和捷克首都布拉格两地举行，中国代表团在布拉格出席了大会。4 月 23 日上午，大会的主要议程是欢迎从巴黎会场回来的代表并听了居里夫人等人在巴黎大会的发言录音。12 点钟，大会主席宣布了中国人民解放军进入了南京的消息。这一消息使“全场鼓掌,争围着中国代表握手,亲吻,欢呼中国万岁，毛泽东万岁，斯大林万岁。”或许只有中国代表团更能理解这一消息的深刻意义：它标志着国民党反动派在中国的统治已经土崩瓦解！或许是太激动了，中午回驻地时丁玲还从车上跌了下来。她在这一天的日记中说："中国人民受了多少灾难才取得这一天！中国人民从此解脱了帝国主义、封建主义的枷锁，我们要创造一个新的中国，我们要回想着三十年来为此牺牲的烈士的血。我们庆祝解放，我们感到幸福要来！我们受够了痛苦，我们艰苦斗争，我们想着中国人民的欢欣，眼泪如泉涌，心恻恻而跳。"

大会结束后，代表团在莫斯科参加苏联"五一"庆祝大会。莫斯科的文学期刊《旗帜》准备连载《太阳照在桑干河上》，但阅读过小说的 3 位编辑，有些问题弄不明白，比如，为什么小说中许多妇女没有名字，文采是怎样的一个人，顾涌到底是富农还是中农等。编辑部便邀请丁玲到编辑部开了一个座谈会，就这些问题进行了热烈率直的座谈。丁玲于 5 月 5 日写成《作者的话》作为《太阳照在桑干河上》俄文版的前言，在此文中她详细回答了如上的问题，因为 3 位编辑的问题也将是广大苏联读者遇到的问题。由波兹涅耶娃 · 柳芭翻译的《太阳照在桑干河上》，分三次在《旗帜》杂志连载，随后由莫斯科外国文学出版社出版了单行本。

丁玲随代表团于 1949 年 5 月 19 日回到沈阳，此次行程用了将近两个月的时间。刚刚到家，她又接到了让她到北京参加全国文学艺术界代表大会筹备会的通知。丁玲回忆说，她"回到家的第一个感觉是空"。回想去年 6 月离开石家庄北来，将满一年，在四处奔波中，"我总觉得是脱离了实际"，"我还想回到真正的工农群众中去”。她说，“以前我没有这种情感，自从参加土改之后，我就有了这种情感。我常常想到他们，我觉得他们是我工作上最好的有力的支持者。我会把他们当知己来看，因为有了他们，我把过去所最看重的朋友之情都看得比较浅薄和无力了。……好吧，再开两个月会吧，以后不要再开会了！让我能有两三年的写作时间，让我回到群众中去。”是啊，毛泽东主席在西柏坡鼓励她以后要转向城市，要写工业和城市建设，她早就计划践行，因此去北京前，丁玲已经和刘芝明（东北局宣传部副部长）谈妥，文代会后就在东北找一个工厂深入下去。

第一届全国文学艺术界代表大会即将在北京召开，她是筹备委员会委员，组织不仅决定要她去参加文代会的筹备工作，又派甘露专程从北京来接她，所以她服从组织决定，于 1949 年 6 月 8 日回到了阔别 20 余年的北京。

丁玲在 6 月 11 日早晨写给陈明的信中说：“我八号下午到的北平，住东总布胡同二十二号。这里有甘露、企霞，生活一切自然很好，你可想象得出。工作还无头绪。昨天见到周扬，不得要领。此地筹备工作很差，头绪多，思想计划不够，因此我还不能给刘芝明报告，要等周扬再来时谈，他现在是宣传部副部长。见到一些人，但我不能四处拜访人，因此还有些人未见到。今天准备上香山，明天回来。昨天去看了表哥（即余嘉锡，当时在辅仁大学任教）和沈从文。林老（即林伯渠）昨天来玩过，此老太可爱。”信中所说今天准备上香山，即指到香山和毛泽东主席见面。在“不能四处拜访人”的情况下，除表哥，她还去看望了沈从文。这是二人从南京苜蓿园一别 13 年后第一次直接互动，对此时已经身处逆境、绝望到要自杀的沈从文肯定是一个很大的安慰。

沈从文抗战时期在西南联大任教，1946 年他终于回到古都北平，在北京大学任教，同时兼任了 4 家报纸的文学副刊编辑。但是，就在他回到北平还不到一个月，由国民党挑起的全国内战终于爆发。抗日战争结束不到一年，战争又一次笼罩在中国的大地，这让沈从文异常忧心。1946 年 11 月，沈从文以悲悯的眼光和超党派的立场审视着这场战争并发表了自己的看法："国家既落在被一群富有童心的伟大玩火情形中，大烧小烧都在人意料中。历史上玩火者的结果，虽常常是烧死他人时也同时焚毁了自己，可是目前，凡有武力武器的恐都不会那么用古鉴今。所以烧到后来，很可能么都会变成一堆灰，……因为在目前局势中，在政治高于一切的情况中，凡用武力推销主义寄食于上层统治的人物，都说是为人民，事实上在朝在野却都毫无对人民的爱和同情。在企图化干戈为玉帛的调停声中，凡为此而奔走的各党各派，也都说是代表群众，仔细分析，却除了知道他们目前在奔走，将来可能作部长、国府委员，有几个人在近三十年，真正为群众做了些什么事？当在人民印象中。又曾经用他的工作，在社会上有以自见？在习惯上，在事实上，真正丰富了人民的情感，提高了人民的觉醒，就还是国内几个有思想，有热情，有成就的作家。"

这种超越战争双方的立场和价值估量，使他取了对国共两党各打五十大板的方式，均予以贬斥。这当然是基于他对"现代政治"极度不信任，他在写于同一时期的《一种新希望》等文章中，将重造民族生机的责任寄托在非党派、非集团而学有专长有“理性”的知识分子身上。这种知识分子应当游离于包括国共两党在内的政治派别之外，形成“第三种”政治势力，走“第三条道路”。持这种主张的也并非只有沈从文一个人，作为对国统区“走第三条路”思潮的批判，沈从文同样受到了批判，其中最著名的便是郭沫若 1948 年 3 月发表在香港的杂文《斥反动文艺》，文章中说：“特别是沈从文，他一直是有意识地作为反动派而活动着。在抗战初期全民族对日寇争生死存亡的时候，他高唱着‘与抗战无关’论；在抗战后期作家们正加强团结、争取民主的时候，他又喊出‘反对作家从政’。今天人民正‘用革命战争反对反革命战争’，也正是凤凰毁灭自己，从火里再生的时候，他又装起一个悲天悯人的面孔，谥之为‘民族自杀悲剧’，把全中国的爱国青年学生斥为‘比醉人酒徒还难招架的冲撞大群中小猴儿心性的十万道童’，而企图在‘报纸副刊’上进行其和革命‘游离’的新第三方面，所谓‘第四组织’（这些话见所作《一种新希望》，登在去年十月二十一日的《益世报》）。这位‘看云摘星’的风流小生，你看他的抱负多大，他不是存心要做一个摩登文素臣吗？”

促成沈从文自杀的更直接的原因则是，1949 年 1 月，北平和平解放之际，被沈从文称之为“小猴儿心性的道童”的北京大学的学生用壁报形式，把郭沫若的这篇文章全文抄录公布于众，并在教学楼上醒目地挂上了大幅标语：打倒新月派、现代评论派、第三条路线的沈从文！突如其来的这种阵势，使沈从文害怕到了极点，他以为学生的行动是有人指使的，以为共产党要清算他了，于是便失去了常态，完全被多疑、恐慌包围。他终于在 3 月 28 日选择了割腕自杀，因被夫人张兆和发现送医才没有致命。

沈从文轻生的消息丁玲是在 5 月间从布拉格参加完世界和平大会回国后听说的，所以到北京后的第三天便去看望了沈从文。月底，丁玲又邀同为“京派作家”的何其芳，由陈明陪同一起去看望了他。陈明回忆说，在沈从文家里“丁玲反复劝慰他：‘你一定放心，不要再疑神疑鬼，共产党怎么也不会整到你的头上。你一样可以写你的文章’”。

此外，蒋祖林在他所著的《丁玲传》中说，他从东北回京，大约是 8 月 10 日前后，陈明到上海探亲，丁玲晚饭后要去探望沈从文，因为大人们有些话不便他听而没有带他一起去。很晚了丁玲还没有回来，当时的北平经常有敌特活动，他担心母亲的安全，便带上陈明留在家里的手枪出去迎接，“由于长期生活在战争的环境，我会使用手枪。一切准备停当，向外走去。哪知刚走出楼门，就遇见母亲迎面走来。……由于有这么一个情节，所以母亲那天去看沈从文的事，深深地留在我的记忆里”。

但张兆和及沈从文的儿子虎雏都否认丁玲前去看望过沈从文，反而是沈从文主动去访问丁玲并受到了冷遇。李辉在其所著《沈从文与丁玲》一书中记载了张兆和 1990 年 11 月 16 日与他的谈话内容：

张兆和回忆，他们在得知丁玲回到北平的消息后，非常高兴，沈从文马上前去拜访，处在困境的沈从文，盼望着昔日的友人向他伸出热情的手。然而，这次重逢，却使他们感到失望。

沈从文第一次去看望丁玲，是由十二岁的二儿子虎雏陪同的。

虎雏记得他们是在 1949 年春天去看望丁玲的，当时还穿着棉衣，因为打仗，学校没有开学，具体时间应是二三月之间。这就是说丁玲重返北平的时间不是 1949 年 7 月。

虎雏和父亲来到位于骑河楼的一个大院。铁门前，有解放军士兵在站岗。丁玲穿着灰布军装。在虎雏的印象中，丁玲不像他们预料的那样热情。她显得冷淡，说话没有老朋友的样子，像是礼节性地接待客人。

…………

这次见面之后，张兆和也和沈从文一起去看望过丁玲，张兆和说，本来她预料丁玲见到他们会感到兴奋的，因为自上次北平见面后她与丁玲已有十多年没见面了。张兆和特地带上当年看望幽居南京的丁玲时为丁玲的儿子拍的照片。但她很失望，丁玲拿到照片，没有任何激动或高兴的表示，只是不在意地放在一旁，对他们的求助，也只是淡淡地敷衍几句。

张兆和作为沈从文的妻子，她的谈话内容很重要。如果真是这样的话，那么李辉先生得出如下的结论便是合理的："沈从文不再寄希望于朋友能帮他摆脱困境。他只有独自品尝自己种下的苦果。1949 年春末，在日渐严重的精神恍惚状态下，一天，他选择了自杀，用小刀割破手臂上的血管。"也就是说，是郭沫若文章形成的政治压力和丁玲对朋友的冷淡把沈从文送上了绝路。持相同观点的比如刘祖春，他在 1991 年《新文学史料》第 1 期上发表的文章《忧伤的遐思——怀念沈从文》中，同样把沈从文的自杀，归咎于郭沫若“《斥反动文艺》对他的评价与丁玲的态度”。

但是，如细究谈话的内容，还是有让人疑惑处。谈话中说沈从文和虎雏去访问丁玲，“当时还穿着棉衣，因为打仗，学校没有开学，具体时间应是二三月之间”，时间上是不对的。丁玲 1948 年 6 月动身前往东北，先到布达佩斯出席世界民主妇女代表大会，又到布拉格参加世界和平大会，回京参加第一次文代会筹备会是 1949 年 6 月 8 日，这都不是个人行为，是中央的安排。在 1949 年 6 月 8 日之前去访问丁玲是不可能的。沈从文割腕自杀未遂发生在 3 月 28 日，这一定要让正在前往布拉格途中的丁玲负责，似乎不合情理。而解志熙先生在《爱欲抒写的“诗与真”——沈从文现代时期的文学行为叙论》中则认为，郭沫若的文章《斥反动文艺》，于 1948 年 3 月发表于香港，其形成的政治压力并不是沈从文自杀的主要原因，沈从文发生于这一时期的婚外恋致使张兆和要离家的情感危机才是主要原因。外来压力与内在情感危机同时俱来时，“外来的政治压力便成了掩饰内在的家庭——情感危机的恰当说法”。相关而又互相矛盾的观点有很多，限于篇幅，更限于个人能力和眼界，也就不一一辨析了。总之，两个旧日好友在北京的重聚，不仅没有如人们期望的那样接续过去的友谊，反而是在隔阂中仅维持着一种淡淡的关系。

1949 年 6 月 11 日下午，丁玲应邀去香山和毛泽东主席见面。自去年 6 月中旬她在西柏坡和毛主席见面，至今一年过去了。在这一年里，中国革命的形势发生了天翻地覆的变化。著名的辽沈、淮海、平津三大战役胜利结束，1949 年 1 月底北平和平解放，3 月 23 日，毛泽东等中央领导同志率领中共中央机关和解放军总部进驻香山，指挥了举世闻名的渡江战役，吹响了解放全中国的号角；中共与各民主党派、各界人士共同筹备中国人民政治协商会议，起草通过《中国人民政治协商会议共同纲领》，确定了新中国国体、政体，制定了一系列基本政策，一个崭新的中国即将诞生。蒋祖林著《丁玲传》中记叙丁玲与毛泽东见面时的情景："与毛泽东见面，主席问她对自己工作的想法：'是当官，还是继续当作家？'母亲说，她回答想继续当作家，并且表示她自己对搞创作比较有兴趣，对自己的写作也有一点儿信心。毛泽东听后说：'如果打算继续写农村的话，就去当几年县委书记。'毛主席还要她多学点儿马列主义，并问她，文艺界要建立全国统一的组织了，'党内谁挂帅？'母亲说：'周扬比较合适。'母亲认为，其实都明白中央已决定由周扬挂帅，因为文代会筹委会副主任即为茅盾、周扬两人，主席之所以问她，不过是征求征求意见，体现民主作风就是了。那天，毛泽东留丁玲在他那里吃饭。"丁玲在当天写信向陈明报告说："见了老板一次，谈了些不重要的问题，也无特殊之事，他又在劝我读书，可是我实在不想进学校了。"老板即毛泽东，战时为保密故常以此称。

1949 年 7 月 2 日至 19 日，中华全国文学艺术工作者代表大会（后称第一次文代会）在中南海怀仁堂召开，从而揭开了中国当代文学的历史帷幕。从全国各地会师北平的两千多名代表参加了会议。大会的基本任务是：总结经验，确立今后全国文艺工作者的方向和任务，成立一个全国性的文艺组织，把来自各方面的文艺工作者的思想统一到毛泽东文艺方向上来。郭沫若、茅盾、周扬都做了报告，丁玲作了《从群众中来，到群众中去》的大会发言。本次大会宣告了中华全国文学艺术界联合会成立，郭沫若任文联主席，茅盾、周扬为副主席，丁玲当选为文联常委。

1949 年 7 月 23 日中华全国文学工作者协会（后更名中国作家协会）召开成立大会，大会选举茅盾为主席，丁玲、柯仲平为副主席。

1949 年 9 月，丁玲参加了中国人民政治协商会议，当选为全国政协委员。

1949 年 10 月 1 日，毛泽东主席在天安门庄严宣告：中华人民共和国，中央人民政府成立了！丁玲激动万分，“鞭炮响彻了天安门。人民的心呵！像飘游在碧空的五彩红云。光明在前面，希望在前面，幸福在前面，人民的心团结在一起，人民的力量聚集在一起。我愿在党的指引下，继续做好一名小号兵。”

丁玲本想做一名小号兵，回东北搞创作，但现在的情势使她的这一打算已经不可能实现。文代会期间，周扬诚恳地同丁玲谈，希望她留在北京工作，共同担负起新中国文艺战线的组织领导任务。胡乔木也劝丁玲说：“现在各方面都处在初创，事情多，任务繁重，你就留下来做几年工作再说吧！”从组织原则和党性原则上，丁玲都不好再坚持回东北搞创作的计划。这样，陈明只好再一次“夫随妇行”，于 6 月下旬来到北京，把关系落在电影局剧本创作所。陈明说："我当时反复考虑，觉得电影受众面大，很喜欢搞电影。当时，袁牧之是中央电影局局长，陈波儿在电影局艺术委员会当主任。我和陈波儿在延安就很熟悉，关系一直很好。陈波儿欢迎我到她那里去。"

陈明还没有正式上班便接到了江西老家寻找他下落的电报，但他没有回江西老家，而是请假先到上海看望了资助他上学的大伯父及其一家，他在上海待了两周。在上海时，丁玲在给他的信中说："常德解放了这样久，一直也不见妈来信，我很怀疑她已经死了。不过我不愿肯定它和相信它，但我是很不安的。"好在不久丁玲便收到了母亲的来信和照片，她马上给母亲回信说："昨天下午收到了你的信和相片。你的相使我大吃一惊。我难过了。这十多年的生活，你过的生活一定很坏很坏，不知为什么这样的老了！""我一定派人回湖南来接你，你等着好了！"

陈明从上海回到北京不久，就是新中国成立的开国大典。开国大典以后，送各地来北京开政治协商会议的代表回去，到湖南有一趟专列。陈明于 10 月 12 日乘这趟专列离京，去湖南接丁玲的母亲。陈明于 17 日到达长沙，亲戚把丁玲的母亲从常德送到了长沙。22 日，陈明给丁玲写信报告说："她精神很好，很爽朗，比照片中看到的要胖一些，穿一件蓝布夹袍，宽大合身，外罩一件咖啡色的毛衣，方面大脸，满头白发，见面非常亲热。……我告母亲你的《太阳照在桑干河上》，她要看的。我说：字太小，你的眼睛行吗？她翻了翻书，肯定地说：能看，一天看两章。我写信时，她正在看今天的报纸。"

1949年11月中旬，陈明将丁玲的母亲平安接到了北京。这时，丁玲已经率领由吴晗、沙可夫、许广平、赵树理、曹禺、丁西林等团员组成的中国代表团前往莫斯科参加十月革命32周年庆典去了。行前她给陈明留信说："总以为你们回来得很快。但昨天接到你的来电，知道不行了，我等不到你们了。……如果你手边到北京后没有钱，可以与陈企霞商量向公家借一部分，趁天气好时，和妈妈玩几个地方。"在访苏期间，丁玲应邀再次访问连载《太阳照在桑干河上》的《旗帜》杂志编辑部，老朋友重聚，格外高兴。苏联作家协会总书记法捷耶夫设宴招待中国代表团，并把俄文版的《太阳照在桑干河上》和《李家庄的变迁》送给丁玲和赵树理。

1949年12月4日丁玲由苏联返回北京，她终于见到分别13年的母亲。他们把家安在东总布胡同22号，这是文联、文协办公机关后院的一座小楼的二层，与沙可夫、萧三两家为邻，各住一套两室带有盥洗室的房子。从此，丁玲一家正式开始了定居北京的生活。

二十四

从辉煌到屈辱

一心想当作家的丁玲，原本想到北京参加完第一次文代会后“不要再开会了！让我能有两三年的写作时间，让我回到群众中去”。不承想她在文代会上当选为文联常委，又在中华全国文协会上当选为副主席，后陆续当选为全国妇女联合会常委、全国政协委员、中国保卫世界和平委员会委员、中苏友好协会理事、中央人民政府政务院文化教育委员会委员，等等。一心想搞创作的丁玲，无可奈何地变成了官员的丁玲。

新中国成立之初，百废待兴，文艺界也有大量的工作要做。丁玲意气风发，以她的爽朗和满腔热情，全身心地投入到新的工作中。丁玲的职务和头衔很多，但大部分是挂名的。在这些职务中，最实的一个就是全国文协副主席。因为另一副主席柯仲平一直在陕西，没进京，所以丁玲便成为主持文协日常工作的常务副主席。在这个职位上，她投入时间精力最多的两件事：一是主编《文艺报》，二是主持中央文学研究所。

第一次文代会筹备期间，为方便文艺工作者“交流经验，交换意见”而创办了会刊《文艺报》，会后，文联想把《文艺报》办成公开刊物。第一次文代会后文联和文协合署办公，文联除秘书长沙可夫外也没有什么人，所以便将《文艺报》交给文协来办。

丁玲在第一次访问苏联期间，苏联作家协会主席法捷耶夫便和丁玲谈到文学批评对创作和读者的重要性，作品要提高就要展开批评，最重要的就是文学报纸，告诉读者什么叫好，什么叫坏。丁玲在第一次文代会的发言《从群众中来，到群众中去》就说到，文艺批评是必要的，因为“许多文艺工作者需要指导，许多读者也需要文艺批评来帮助他们学习”，“假如缺少正确的批评作为指导，创作是要走许多弯路的”。这也是基于她在“左联”时期主编《北斗》、延安时期主编《解放日报》文艺栏时的体会。基于对报刊重要性的认识，丁玲便首任了《文艺报》的主编，而陈企霞和萧殷为副主编，负责日常工作。仅在第一年，丁玲就在《文艺报》上发表了20多篇文章，以此为新中国成立初期的文学建设清障铺路，进行探索，她还利用会议发言、报告会、讲演等形式，来实现对新中国文学的导引和推动。

从第一次文代会的发言《从群众中来，到群众中去》后到1956年前后，丁玲陆续发表的重要文章或讲话有:《知识分子下乡中的问题》《跨到新的时代来——谈知识分子的旧兴趣与工农兵文艺》《创作与生活》《要为人民服务得更好》《到群众中去落户》《作家需要培养对群众的感情》《生活、思想与人物》等。从这些文章可以看出，她虽然身为全国文协副主席、党组组长及中央宣传部文艺处长，但她考虑工作和问题的出发点更多的是从创作的主体作家出发，来考虑当革命主体成为建设主体以后，文学创作的活力应该如何重新获得，作家在新的文学体制下如何才能开创出新的写作空间。在这些文章中，她大声疾呼“生活”对于作家的重要性，呼吁作家重视生活、投入生活、理解生活、表现生活。丁玲是亲历了毛泽东《在延安文艺座谈会上的讲话》的作家，她的生活、思想和创作都经过了《讲话》的重新塑造。她正是在毛泽东《讲话》之后于1946年来到桑干河畔，在土改过程中实实在在、真真正正地与农民生活、劳动在一起。农民从几千年封建压迫下爆发出来的力量震撼了她；农民淳厚、质朴的品质吸引了她；土改中纷纭复杂的社会现实丰富了她。她走家串户吃派饭，和身上长着虱子的老大娘睡在一个炕头。正是如此深入的现场体验，才使丁玲的创作不是从概念和公式出发，而是循着生活的脉络，将农民的生存环境及农民心态的复杂性、丰富性与政治、经济、家族、血缘、道德、文化、个体心理等元素进行了水乳交融般的描写，成就了《太阳照在桑干河上》超过了同时期同类题材的作品，成就了丁玲在中国现当代文学史上的地位。她寄希望于作家能以深入生活为切入点，创作出无愧于时代的作品来。

新中国成立初期，文学的生态环境也很复杂，她在主编《文艺报》期间，也不可避免地介入参与了一些文学论争，其中对萧也牧《我们夫妇之间》的讨论最为典型，丁玲自己也写了《作为一种倾向来看——给萧也牧同志的一封信》，对作品中的“小资产阶级知识分子倾向”提出了诚恳严肃的批评。

萧也牧的短篇小说《我们夫妇之间》，发表于1950年《人民文学》第1卷3期。它描写的是一对在革命战争年代结合的夫妇进城之后发生思想矛盾的故事。李克是一个知识分子出身的干部，其妻出身贫农，后参加革命，当了6年工人。两人的出身、经历和文化水平虽然差别很大，但在婚后二三年的时间里却相处得很融洽，被誉为“知识分子和工农相结合的典型”。新中国成立后进了北京，李克兴奋地觉得一种熟悉的新生活开始了，而其妻却对城市生活处处看不惯。在两人的关系上，妻子以绝对掌握真理和正义的身份，经常教训丈夫要“好好反省一下”，丈夫则将妻子的表现看作狭隘、保守、固执等，夫妇之间的思想与感情裂痕越来越大，以至发展到考虑离婚的地步。但随着时间的前进，妻子开始慢慢容忍和接受了城市的一些生活态度和习惯，丈夫也逐步认识到妻子的直率、坦诚、注重感情等品质正是自己所缺乏的。于是，在相互取长补短中，夫妇之间又仿佛恢复到了初恋时的幸福时光。

小说取材敏锐，立意深刻，作家试图把夫妻关系放在新的社会环境中，探讨个性的冲突和情感的变化，而这些矛盾在以往革命年代是往往被掩盖的，是一个没有人表现过的题材领域。同时，小说语言生动，朴实自然。小说发表后，反响强烈，先后被4家报刊转载。《光明日报》先后发表了肖枫等人的赞扬性评论文章，认为小说“有一定的社会意义”（肖枫语）。但也引起一些争议，批评的意见主要是那位农民出身的妻子语言过于粗俗，有损工农出身干部的形象。

面对争议，萧也牧感到茫然，1951 年 5 月 11 日给丁玲写信说:“丁玲同志：近来，我为了创作的事情，思想负担很重。几个月来，看了些书，也想了些问题，但有些问题，总还是看不准，想不透。今后怎么办？是有点‘渺茫’了。诸如一切，信里是写不明白的。在这个时候，我很想得到你的帮助，想找个时间和你谈一谈，看你有没有时间而定，早一点迟一点都可以。总之，我是想切实地把自己整顿一下，这样下去是决计不行的了！”丁玲和萧也牧在晋察冀就熟悉，她因外出南京、武汉而并没有能和萧也牧及时见面。在这期间，便有批评的文章见诸国家级大报。比如，1951 年 6 月 18 日《人民日报》上发表的陈涌的《萧也牧创作的一些倾向》一文，认为作者“依据小资产阶级观点、趣味来观察生活，表现生活”，因而成为“小资产阶级创作倾向”的代表。6 月 25 日《文艺报》发表了读者李定中的来信:《反对玩弄人民的态度，反对新的低级趣味》，这实是陈企霞约冯雪峰写的。来信把萧也牧称为“最坏的小资产阶级分子”。自此，萧也牧和《我们夫妇之间》开始受到公开批判。

丁玲从南方回京后觉得和萧也牧见面已经不能解决相关论争产生的是是非非，她准备以公开信的方式发表她的意见，以期在更大范围统一认识。1951 年 6 月，丁玲住在颐和园给萧也牧“写信”。一个星期天，萧三的夫人甘露带着孩子来探望丁玲夫妇。下午 3 时左右，正等车准备回城时，有个警卫员跑上山来，问：丁玲是否住在这里？等他弄清楚后，说：你们等一等，有一位首长要来看丁玲同志。众人正在猜是谁？忽然看见毛泽东在罗瑞卿的陪同下，上山来了。天热爬山，毛泽东的黄绸子衬衫被汗水湿了半截，陈明忙一步跨出去，扶着他，一边叫勤务员去买西瓜。

丁玲告诉毛泽东，自己正在写一篇文章，是关于萧也牧的小说《我们夫妇之间》，并介绍了小说的主要内容。毛泽东说，那是在吹他自己，作家捧作家自己。然后他就从中国有几百万知识分子这个话题谈开去，谈了对知识分子的团结、改造问题。

甘露帮着切西瓜，大家边吃边谈，休息了一会儿，警卫员来说游船准备好了。丁玲和大家一起送别毛泽东去昆明湖划船了。显然，毛泽东是出来散心，顺便来看看丁玲，他们互相之间的感情就像在延安时一样，那么融洽、亲切。但这样的见面对丁玲来说却是最后一次了。

丁玲在《作为一种倾向来看——给萧也牧同志的一封信》中认为，在小说中工农出身的干部张同志从始至终是被奚落的，“有些地方，好像是在说她好，说她坚定，说她倔强，但这种地方，实际又是在说她缺少文化，窄狭，无知，粗鲁”，把她描写成一个“无修养的工农分子”，“给她插上正确的革命干部的旗子，出她的洋相”。李克则“是个很讨厌的知识分子”，他高高在上地看他老婆，“装出一个高明的样子，嬉皮笑脸来玩弄他的老婆——一个工农出身的革命干部”，“一点都不像是经过抗日战争、解放战争的知识分子出身的干部”。丁玲认为“这篇小说很虚伪”，“它表面上好像是在说李克不好，需要反省，他的妻子——老干部，是坚定的，好的，但结果作者还是肯定了李克，而反省的，被李克所‘改造’过来的，倒是工农出身的女干部张同志”，“这篇穿着工农兵衣服，而实际是歪曲嘲弄工农兵的小说”，“迎合了一群小市民的低级趣味”。被改造的不是李克，而是工农干部，要害就在这里。

丁玲怀着亲切而惋惜的感情写道：“也牧同志，你为什么要欣赏这样一个人物，而且还拿他作为今天知识青年的指路标呢？你在晋察冀边区住过不少年，也做过群众工作，经过各种锻炼，为什么一到北京就又让李克这样的人物在你的作品中洋洋得意呢？仅仅为了这点，我也很替你难过。”并且很诚恳地说：“也牧同志，你是有人民的读者的，你过去一些短篇散文，就有过一些读者，我曾是你的一个读者，在阜平抬头湾时我曾把这个意见告诉过你。你应该不放弃这些读者，而要教育那些比较讲求趣味的读者，却不是迎合他们。他们向你唱的赞歌，虽说好听，可是你不应该就被蒙蔽呀。”

丁玲这封长达 6000 字的长信写好后，先拿给萧也牧和康濯看过，又约二人一起面谈，然后发表在 1951 年《文艺报》第 4 卷 8 期上。萧也牧诚恳地写下《我一定要切实地改正错误》的检讨文章，发表在 1951 年《文艺报》5 卷 1 期上，承认“不论我原来的写作企图如何，确是有着严重的错误和缺点”，“在我来北京后一年多时间里边，自己背上‘作家’的包袱装成教育青年的样子，晃来晃去，披着无产阶级的外衣，出卖小资产阶级的货色，而毫无自知之明，至今想来，真正地感觉到惭愧”。

在这封公开信中，丁玲对萧也牧批评的态度非常真诚，是以毛泽东的《讲话》为准绳，出于对年轻作家的爱护帮助，但也有她从南方回京后面对舆论走势无力扭转的应对性反映，一些论断应该并非出自她本心；而萧也牧的态度也不乏真诚，也认为是自己思想立场出了问题才犯了错误，但又难免有被情势所迫下的不得已。批评与被批评者都把原来属于认识上的，甚至是技术上的问题，在某种情势裹挟下而上升到阶级立场的高度了。如果联系延安时期对丁玲作品的严厉批评及审干在丁玲内心留下的阴影，再联系萧也牧受批判前后中国文坛上开展的对电影《武训传》的批判，对俞平伯《红楼梦》研究的批判，对胡风文艺思想的批判，以及后来的“反右”扩大化，让人感到文学批评已经开始发生“变异”。

1952年初，丁玲因腰疾辞去了《文艺报》主编的职务，由冯雪峰接任。腰疾可能只是原因之一，丁玲后来说过，冯雪峰“主编《文艺报》是有人在会上提出来我赞成的。因为我觉得我编《文艺报》不合适。我不是搞理论的，他是搞理论的。他编《文艺报》比我好”。至此，主编《文艺报》的工作便告结束。

丁玲投入时间和精力最多的另一件事，便是创办和主持中央文学研究所。她在第一次文代会上的发言《从群众中来，到群众中去》中，就提出要有组织地培养作家队伍的问题：“过去对创作的领导是不够的，我们有很多有才能的写作者，但大半都很年轻，从各方面来讲，修养是不够的，他们埋头在下面，在生活上、写作上都尽了很大的力，他们有一些较好的作品，但他们还要求提高，他们必须要有人帮助。……我以为这还必须有这种组织机构和专门的负责人。”以毛泽东、刘少奇、周恩来为代表的党中央，着眼于新中国文化事业的长远发展，敏锐地洞察到培养社会主义文学新人的必要性、紧迫性，与丁玲的发言不谋而合。丁玲的秘书陈淼回忆，丁玲到北平后，刘少奇找丁玲谈话，说我们应该有一所培养自己作家的学校。

1949 年 10 月 24 日，全国文协创作部在《创办文学院建议书》中提出：按文学艺术各部门来说，文学是一种基础艺术，目前有戏剧、音乐、美术各学院，恰恰缺少文学院；自“五四”新文化运动以来，除延安的鲁艺文学系和联大文学系培养文学干部外，一般的文学工作者都是单枪匹马；各地已涌现出许多青年文学工作者，他们有的实际生活较丰富，尚未写出多少好作品，有的虽写了一些，但思想性艺术性还比较低，迫切需要加强修养，需要进行政治上文艺上的系统学习；只有党和政府有计划的领导，文学人才才能更多更好地出现，文学上也才能有更多更好的作品。所以有创办文学院之必要。

1950 年 4 月，全国文联正式向文化部提出报告，重述文协《建议书》所列理由，经文化部批准首先成立了中央文学研究所筹备委员会。1950 年 12 月，经中央人民政府政务院第 61 次政务会议讨论通过，任命丁玲为主任，张天翼为副主任。即此，中央文学研究所宣告正式成立。其他如秘书长田间、副秘书长康濯、支部书记马烽等，都参与了文研所的筹备和后来的管理工作。

1951 年 1 月 8 日，中央文学研究所第一期 52 名学员在新购买的鼓楼大街 103 号办学地举行了开学典礼。郭沫若、茅盾、周扬、李伯钊、李广田等出席了典礼。郭沫若在开学典礼上的讲话中说：“专门集中一批文艺工作者有系统、有步骤的进行文学的研究工作，在中国的历史上是第一次。”

丁玲为文学研究所的筹备和后来的运作付出了大量心血。起草各种报告、制定招生计划、申请经费、购置校舍和教学与生活设备、制定教学计划、聘请授课老师等一应事情，作为研究所主任，她都是不能回避掉的。既是工作人员也是学员的马烽在《历尽严冬梅更香》一文中回忆说：“白手起家，困难重重，每逢遇到难以解决的问题，我们就直接找丁玲同志。她不管多忙，总是热情接待，有时打电话，有时写信，有时亲自出马去办交涉。”先后在文学研究所讲课的老师，几乎全是当时的文学大师级人物，如郭沫若、茅盾、周扬、赵树理、曹禺、老舍、郑振铎、游国恩、曹靖华、冯至、吴组缃、杨晦等，他们多是丁玲出面请来的。丁玲也给学员们讲过课，她不用讲稿，热情洋溢，讲课很有煽动性。马烽回忆说：“她讲课和别人不同，没有讲稿，也没有提纲，近乎聊天。不过大家都喜欢她这种‘聊天授课法’。”

1951 年 3 月，丁玲从文联宿舍搬到多福巷 16 号。这是一所整齐的四合院，只住她一家。原来的宿舍只有两间，老太太用一间，她和陈明住一间，这样便没有了二人读书写作及招待客人的地方。住在这里，丁玲的母亲也很高兴，除每天看报、读书、写字、听广播，还有了可以活动活动的地方；而热情豪爽的丁玲更是招来各方朋友，家里经常高朋满座。学员中来的最多的是徐光耀、李纳、陈登科、玛拉沁夫等。

徐光耀是从部队来的学员，进入文学研究所之前，他的《平原烈火》已经出版并受到读者的热烈欢迎，至今仍是抗战文学的经典性作品。据他回忆，1951 年 3 月 8 日下午，多福巷来了电话，说丁玲要他和李纳于 5 点钟到她那儿一下。他问有什么事，说是没什么事。他按时赶到多福巷，陈明开了门，还未进屋，说笑声便传出来，感到屋里人不少。一踏进去，除丁玲、李纳外，还有冯雪峰和曹靖华。丁玲对徐光耀说："让你来并没有事，就是让你再受一点憋。"随即把冯雪峰和曹靖华介绍给他。徐光耀本来都认识的，握过手，就坐下了。丁玲又说："叫你受一受憋，锻炼一下。"因丁玲知道他平时怕见生人，总很拘谨。徐光耀说："现在不怕了，不要紧了。"嘴上这样说着，汗还是出来了，且不知道用什么姿势坐好。果然没有事，大家随便乱扯。冯雪峰很活泼地说些笑话。丁玲又提起《平原烈火》，说写得好。一会儿，翻译《太阳照在桑干河上》的苏联女作家柳芭和她的丈夫也来了。说过好多话之后，开始吃饭。徐光耀本来吃了饭，不得不陪着再吃。饭是中国式，一碟一碟慢慢上。陈明还为徐光耀倒了一大杯葡萄酒。柳芭夫妇、李纳、丁玲母亲、冯雪峰都是玫瑰酒，先为祝贺 4 位妇女的"三八"节喝一口，再为柳芭又批准在中国待一年喝一口，之后是乱喝。徐光耀在日记中说：丁玲同志特别照顾我和李纳。先吃鱼，鱼吃光了只剩了汤，她便把盘子拉到跟前，替我和李纳扳着，让我俩用匙子舀着喝。陈明在一旁看到了，笑道："大家看看文学研究所的这三个人哎。"逗得大家一阵笑。丁玲原还劝我多吃，我告诉她已吃过一次了，才不催了。2021 年徐光耀在接受采访时仍然说："丁玲的关心，对我来说是刻骨铭心的。"

中央文学研究所从 1950 年 12 月创办，到 1957 年 11 月停办，共招收了 4 期 279 名学员。它在新中国成立初期的文学队伍建设方面，取得了辉煌成绩。马烽、陈登科、梁斌、徐光耀、玛拉沁夫、邓友梅、刘真、张志民、苗得雨、谢璞、谷峪、邢野、梁信等，均是当时或日后活跃于中国当代文坛的优秀分子，他们均在那一时期来到文研所研修过。在国家及各省市的文联作协、文艺刊物、出版社的领导和业务主管中，也有相当一部分是在那一时期在文研所修习过的学员。陈涛在《中央文学研究所的建构及其历史意义》中说："客观而言，中央文学研究所在中国当代文学史上的作用不容小觑。它开创性地建立了全国性的、专门培养作家的机构。系统性、理论化的集中学习提升了文艺工作者的理论修养，提升了他们的创作水平。"虽然这些不能都归功于丁玲一人，但丁玲作为主要负责人功不可没。

1950 年 10 月，中国人民志愿军入朝作战，开始了抗美援朝。丁玲当选为文艺界抗美援朝宣传委员会委员。丁玲以火一样热的心写了《寄给在朝鲜的中国人民志愿军》和《寄朝鲜人民军》，并且以最大的热忱写了书评《谈魏巍的朝鲜通讯》，对《谁是最可爱的人》给予高度的评价和推崇。她还号召全国文联和文协机关踊跃捐献，捐赠志愿军一架"鲁迅号"飞机，并以身作则，身体力行，带头捐献人民币 500 万元。12 月 1 日，她与茅盾等 145 名作家联合签署了《在京文学工作者宣言》，抗议美帝在朝鲜的侵略罪行。

1952 年 2 月 19 日，丁玲与曹禺一起赴莫斯科参加世界文化名人果戈里逝世 100 周年纪念大会。会上丁玲作了《果戈里——

进步人类所珍贵的文化巨人》的发言。苏联部长会议于1952年3月13日作出颁发授予1951年度斯大林奖金的决定。丁玲的长篇小说《太阳照在桑干河上》获文艺二等奖。同时获奖的还有:《白毛女》获二等奖、《暴风骤雨》获三等奖。身在莫斯科的丁玲对塔斯社记者发表谈话，除表达对苏联人民的感谢外，她说:“这个光荣是给中国所有作家和中国人民的。这是对全体中国人民和作家的鼓励。一切光荣归于中国人民，归于中国人民的伟大领袖毛泽东。我一定要更加努力，为中国人民的建设、为保卫世界和平尽所有的力量，以无愧于斯大林奖金的获得，无愧于人民给我的教育!”

1952年6月8日，全国文联为荣获斯大林文艺奖金的4同志（丁玲、周立波、贺敬之、丁毅）举行了获奖庆祝会，丁玲宣布将她所获全部奖金5万卢布全部捐赠给中华全国妇女联合会儿童妇女委员会，用于儿童福利事业。以陈涌《丁玲的〈太阳照在桑干河上〉》、冯雪峰《〈太阳照在桑干河上〉在我们文学发展上的意义》为代表的评论文章，给丁玲带来了极大荣誉。

1952年10月，丁玲腰疾突发，非常严重，站起来坐不下，坐下站不起来，遵照医嘱，在陈明陪同下到大连疗养了半年。1953年5月4日,丁玲的母亲突发脑溢血,在京去世,享年75岁。陈明接到丁玲的秘书打来的电话，一边沟通后事安排，一边考虑怎样把实情告诉丁玲，因丁玲和母亲感情很深，怕她一时不能接受，只说老太太病重，需要回京，在路上陈明给丁玲说，我们也得有个思想准备，事情要往坏处想，到底老太太岁数大了。一出北京站，文协的秘书长、儿子、女儿都在等他们，丁玲立即明白了，妈妈不在了！车子直接开到了停放她母亲灵柩的贤良寺，丁玲和母亲感情深厚，母亲又走得如此突然，她悲痛不已，泪如雨下。丧事完毕，悲伤和劳累使丁玲的病情加重，又加上心区疼痛，到医院检查，除原有的腰疾外，还查出了高血糖。

鉴于丁玲的健康状况，中宣部同意为她减负。1953 年 9 月，全国文学工作者第二次代表大会召开，丁玲做了题为《到群众中去落户》的发言。大会决定将“全国文学工作者协会”更名为“中国作家协会”。会后，丁玲不再担任中央文学研究所主任，不再担任中央宣传部文艺处长和作协党组组长，只保留了中国作家协会副主席和党组成员两个职务，除参加重要会议外不再负责具体工作。这样，丁玲便完全从行政工作中解脱了出来。年底，她去张家口桑干河一带参观访问，为创作《太阳照在桑干河上》的姊妹篇《在严寒的日子里》搜集素材。

母亲的去世，也勾起了丁玲的家乡之思。1954 年春，在陈明陪同下，她回了一趟湖南。在长沙，他们看了革命历史博物馆、动物园，然后去韶山看了毛主席故居，去了湘西老宅，最后到常德住下来，这是丁玲早年和母亲生活的地方。遗憾的是，这个湖南倔妹子依然没有走进当年有可能成为她公公的三舅的家门。祖林说：“我总觉得她有点儿走极端，这么多年过去了，过去的那些事算了。何况外祖母和他们还一直保持来往。”

1954 年 6 月，丁玲在黄山边休养边开始写作长篇小说《在严寒的日子里》，小说述说的是，桑干河畔翻身获得土地的农民，在国民党军队入侵后，为护地开展的武装斗争。在黄山期间，以每天 3000 来字的速度，写出 5 万多字。9 月因回京出席第一届全国人民代表大会而中止了创作。10月，丁玲再次到张家口、怀来、宣化、涿鹿等地采访，为小说进一步搜集素材。

1954 年 10 月 16 日，中国文学界发生了一件大事，即毛泽东写了《关于〈红楼梦〉研究问题的信》，批评了《文艺报》和《人民日报》。事情缘于 1954 年 9 月，山东大学两个学生李希凡、蓝翎写了《关于〈红楼梦简论〉及其他》，批评红学家俞平伯在《红楼梦》研究中的唯心主义观点。这篇曾经被《文艺报》退稿过的文章，后来在山东大学的学报上刊登出来。退稿本来是很正常的事情，但不知怎么让毛泽东知道了，竟引来了毛泽东的严厉批评。信中指出："事情是两个'小人物'做起来的，而'大人物'往往不注意，并往往加以阻拦，他们同资产阶级作家在唯心论方面讲统一战线，甘心作资产阶级的俘虏。"问题提到了资产阶级学术权威压制"小人物"，打击新生力量的高度，《文艺报》和冯雪峰就落到了被动挨整的境地。文联和作协立即召开主席团联席扩大会议，一共举行了 8 次，有 30 多人发言。这是新中国成立后文艺界第一次大规模的批判会，主要批评对象是冯雪峰主编的《文艺报》，对丁玲在《文艺报》期间的工作也有一些批评。冯雪峰在《人民日报》发表检查文章《检讨我在〈文艺报〉所犯的错误》，随即冯雪峰被解除《文艺报》主编的职务。

丁玲决不会想到这件事也将是她厄运的开端。她后来说："那时我一心要写长篇小说，实在倦于这些过左的和在人事上杂有派性的争论，最后我勉强写了一个书面检讨过关。”会后，中国作家协会派出以周扬为团长，丁玲、老舍等为团员的代表团，参加在莫斯科举行的第二届全苏作家代表大会。会后赴列宁格勒参观访问，她和在列宁格勒造船学院学习潜艇设计制造的儿子祖林一起度过了宝贵的 4 天。

包括丁玲在内的许多人不会想到，毛泽东主席这封措辞严厉的信，是文学界后来一系列重大连环事件的起点：这封信直接掀起了对俞平伯的批判，又由对俞平伯的批判过渡到更大规模的对胡适的批判；对胡适的批判尚未结束，紧接着迅速转移到对胡风的批判和对所谓“胡风反党集团”的整肃，由追查“胡风反党集团”而牵出“丁玲、陈企霞反党集团”及后来的“丁玲、冯雪峰反党集团”。用一波未平，一波又起来形容当时中国的文学界实不过分，而且每一波都犹如暴风骤雨，来势迅猛，丁玲无可奈何地陷入了暴风眼中。

1955 年 1 月，中央批转中宣部的报告，把胡风的文艺思想定为“反党反人民的文艺思想”，于是，全国性的批判便立即展开。随着《人民日报》陆续发表了三批《关于胡风反党集团的一些材料》，把胡风本是文艺思想的问题，错误地上升到“反党集团”，进而“反革命集团”的高度。5 月 17 日凌晨胡风夫妇被捕。这一切发生的时候，丁玲正在无锡。

丁玲和陈明是 1955 年 2 月来无锡的。丁玲在这里继续写她的《在严寒的日子里》，陈明则受命写《太阳照在桑干河上》的电影剧本。在无锡 3 个月的时间里，丁玲除修改原来写成的 5

万字，又写了3万字，共8万字，陆续在《人民文学》刊出。6月中旬回京参加全国人民代表大会二次会议，议程是审议通过第一个五年计划，会期长达一个月。丁玲尚不知道，中国作协党组已经开始整理她的材料，她已经在劫难逃。

陈明在《我与丁玲五十年》中说："1955年6月间胡风的第三批材料见报不久，作协一个党组副书记和一个党总支书记，就是刘白羽、阮章竞，共同署名，向中央宣传部写报告，揭发丁玲、陈企霞的问题。中宣部部长陆定一接了这个报告之后，觉得这个问题很严重，7月下旬，陆定一就署名把这个报告转到中央书记处去了。8月3号到9月6号，作家协会就开了16次党组扩大会，批判'丁陈反党集团'。9月30号，作协就把关于开会的报告送到中央去了。12月15号，中宣部就开会，传达中央的批示。现在把它总起来看，就看得很清楚了。"陈明认为，这一切背后的推手是周扬。因为一个党组副书记和一个支部书记，如果不经时任中宣部副部长兼中国作家协会党组书记周扬同意或授意，他们也没有这个胆量向中央宣传部写报告，揭发一个受到毛主席重视的作家和领导。

由于刘白羽、阮章竞的揭发报告经中央宣传部转呈中央书记处，中国作家协会立即行动，从8月3日起到9月6日连续开了16次党组扩大会。那些被批判胡风反党集团声势吓坏了的文人们，不顾人性和道德底线，在周扬的指挥下开始争先恐后地展开对丁玲的围攻、揭发、批判活动。会后形成并呈报中央报告的题目是：《关于丁玲同志等进行反党小集团活动及对他们的处理意见的报告》。报告列出的“丁玲、陈企霞反党小集团”的反党活动，主要有四方面内容：一、拒绝党的领导和监督，违抗党的方针、政策和指示；二、违反党的原则，进行感情拉拢，以扩大反党小集团的势力；三、玩弄两面派的手法，挑拨离间，破坏党的团结；四、制造个人崇拜，散布资产阶级个人主义思想。

《报告》中说：“各种各式反党的小暗流，几乎条条都通向丁玲，在她那里汇合为一股反党的巨流。多福巷十六号（丁玲的住处）成了一个超乎作协党的组织之上的特别的指挥机关，一种特殊势力。”并称丁、陈小集团的反党集团与胡风反革命集团的破坏活动起了互相呼应互相配合的作用。胡风反革命集团把丁、陈反党小集团看作“可以合作”的“实力派”；而丁玲同志对于党所发起的批判胡风的运动，一直是消极旁观的。

处理意见是：“责成丁玲同志向党做出深刻的书面检讨，并根据她对所犯错误的认识和检讨的程度，考虑对她的处分问题。同时对她在南京的一段历史进行审查并做出结论。”

这个报告并未向丁玲本人及相关人员核实就上报中央宣传部并转呈了中央。

春节马上就要到了，为了能减轻这意外的沉重负担和精神痛苦，这年的除夕（1956 年 2 月 11 日），丁玲与陈明同到公务员夏更起的家（河北曲阳夏赵邱村），与农民乡亲同过春节。春节过后，丁玲决定行使一个党员的权利，就所谓反党集团之事向党组织提出申诉，请求辨正。

1956 年 4 月，毛泽东在政治局扩大会议上提出了“百花齐放，百家争鸣”的口号，中国文坛迎来了小阳春。中宣部成立了专门小组，对“丁、陈反党小集团”的问题重新审查，调查核实的结果是，作家协会《报告》中所揭发的丁玲反党事实，绝大部分属子虚乌有。这就使 1955 年作协党组扩大会的主持者，处于十分尴尬的境地。李之琏在《我参与“丁、陈反党小集团”案处理经过》一文,回忆了陆定一主持的中宣部部务会上的相关情况:“1956 年 12 月的一次部务会议由部长主持，专门工作小组张海等作了调查结果的汇报，最后提出‘究竟应该根据落实的结果，实事求是地处理，还是按过去定性的反党小集团结论处理？要求明确指示’。部长听了汇报后，感到很尴尬，并对周扬有埋怨情绪。他说:‘当时一再说要落实，落实，结果还是这样的！’对今后如何处理，部长说:‘也只能实事求是，根据查实的结果办。’周扬这时表现得很不安。”

丁玲满怀期待，希望早日看到对她重新审查的结论，还她政治清白。1957 年 6 月 6 日起,作协党组召开了旨在解决丁陈问题、加强党内团结的扩大会，宣布“丁、陈反党集团”不能成立，给丁、陈摘去“反党集团”帽子。周扬、刘白羽同志在会上承认对丁、陈斗争有偏差，斗争过火，对揭发材料没有调查核实就向中央做了报告，是不慎重的，并表示承担责任。这个党组扩大会议举行了三次，因为作协党组既要承认搞错了，又要保面子，所以在调查结论中多有含糊保留处，因丁玲、陈企霞均表示不接受调查结论而告休会。

1957 年 6 月 8 日,《人民日报》发表了《这是为什么？》

的社论，标志着反击右派的斗争正式开始。同一天，中共中央转发毛泽东起草的《关于组织力量准备反击右派分子进攻的指示》，说“这是一场大战（战场既在党内，又在党外）”。风向突变，一切又都颠倒了过来。文艺界反右斗争一开始，首先受到集中批判的，就是所谓“丁玲、陈企霞反党集团”。中国作协党组扩大会议共开了 27 次，揭发批判丁玲“反党”的事实，她向党组织写的申诉书，便是“翻案”，是“向党猖狂进攻”的证据。这次党组扩大会的最终战果是又挖出一个“丁玲、冯雪峰右派反党集团”，成员为丁玲、冯雪峰、艾青、陈企霞、罗烽、白朗、李又然 7 人，被牵涉的有几十人。

8 月 7 日，《人民日报》在头版头条以《攻破丁玲陈企霞反党集团——文艺界反右派斗争的重大进展》为题，报道了中国作协党组扩大会议的消息，从此丁玲、陈企霞便成了人人喊打的过街老鼠。9 月 16 日作协召开了总结大会，会期两天。周扬作了《不同的世界观，不同的道路》长篇讲话，说：“在全国反击资产阶级右派的斗争中，文艺界揭露和批判了丁玲、陈企霞反党集团及其他右派分子，并且取得了很大的胜利。这是文艺战线上的一场大是大非之争，社会主义文艺路线和反社会主义文艺路线之争。”参加了党组扩大会的韦君宜后来说到周扬的这次讲话：“杀气腾腾，蛮不讲理，可谓登峰造极。”这篇讲话经过修改，5 个月后以《文艺界的一场大辩论》为题发表在 1958 年 2 月 28 日的《人民日报》上。

丁玲作为“丁、陈反党集团”和“丁、冯右派反党集团”主要成员，被开除党籍，撤销一切职务，取消原级别，陈明亦遭株连，被划为右派分子。在这个过程中，对丁玲出手最重的是周扬。人们不禁要问：这究竟是为什么？

有关周扬与丁玲的恩怨，相关的说法很多，盛夏在《毛泽东与周扬》中分析周扬和丁玲结怨的原因时说："周扬与丁玲有一个共同特点，那就是都愿意成为人们环绕的中心，但所表现和所追求的方式却是不同的。周扬更愿意以一个领导者的身份出现在文人中间，也就是说，他的个性决定着他许多时候许多场合的选择，而丁玲，尽管她也愿意为人们拥戴，但不是借助地位、权力，而是靠文学成就所形成的名作家、大作家效应。丁玲作为女作家，具备了女性与文学家的双重特点。同时，她也为自己是一个革命者而自豪。政治、文学在她那里以一种独特的结合，这是与周扬不同的丁玲，也是与众不同的丁玲，她乐于以文学的方式与人们见面，便把自己的文学兴趣与成就，放在了一个特殊的位置。自己仰望着，也愿意别人怀着同样的心情仰望着。她始终没有放下手中的笔，每个时期，她都用新的作品来证明自己的存在，而且是不同于他人的存在。"

如果这个分析有合理性，便不难明白周扬对丁玲下如此重手的内在原因。1936 年丁玲早于周扬来到陕北，毛泽东对她青眼相看，赠她诗词，支持她的工作，丁玲的名望盖过周扬；在延安整风前后，周扬为首的"歌颂派"和丁玲为首的"暴露派"立场有所不同。丁玲的《"三八节"有感》曾令毛泽东不快，但毛泽东还是保护了她；在延安文艺座谈会之后，丁玲努力实践《讲话》

精神，写成了《田保霖》等一批作品，受到毛泽东在多种场合的表扬；在解放战争时期，丁玲的长篇小说《太阳照在桑干河上》，也是在毛泽东的关怀、支持下出版并获得了斯大林奖金，被翻译成十几种文字，走向了世界。这使得丁玲风光无限。然而此书的出版，正是丁玲绕过了周扬主管的晋察冀中央局宣传部而到西柏坡"告状"的结果；丁玲随周扬为团长的代表团出访苏联，而苏联文学界几乎是只知丁玲而不知周扬，这些都让周扬心生不快。从"左联"时期的上海到延安再到晋察冀一直到新中国成立前后，二人有意无意间积累了不少矛盾，多有罅隙。

1954 年前后,因《红楼梦》研究问题毛泽东发起对《文艺报》的批评，随后又发起全国性批判胡风文艺思想运动。这时的丁玲已经退出文学界的权力中心，她虽然还是作协副主席，但二次文代会后的作协副主席位置，由原来的两个增加到 7 个，她不过是其中之一。新中国成立后，她与毛泽东见面已经不大容易；而周扬一直在文学界权力核心且地位不断上升，这就使周扬有了打击丁玲的机会。在周扬推动下，中国作协党组给中央《关于丁玲同志等进行反党小集团活动及对他们的处理意见的报告》中，用子虚乌有的"事实",无中生有地把丁玲放在毛泽东的对立面。说"丁玲公然反对党对于《文艺报》所犯错误的检查和批评"，"丁玲对于党所发起的批判胡风的运动一直是消极旁观的"，"与胡风反革命集团的破坏活动起了互相呼应互相配合的作用"，还要"为胡风反革命集团翻案"等等。如此地挑拨离间，尤其是以中国作协党组、中宣部名义正式提交党中央，也容不得毛泽东不相信。就从一般的人情事理来讲，丁玲如此和毛泽东作对，说她辜负了毛泽东的厚爱还太轻，这简直就是忘恩负义！这自然地会使毛泽东对丁玲心存不满，从而做出与此相应的判断，丁玲的命运也就此被确定了。周扬借“反右”的东风，高妙地实现了除掉异己，彻底消除丁玲身上的光环之目的。

当然，这不是说丁玲厄运的全部责任仅在周扬，因为“文化大革命”爆发后，周扬被作为“十七年文艺黑线的总头目”而投入秦城监狱关押了 9 年。因此说，由于毛泽东及中央高层对国内阶级斗争形势做出了极端的估计而发动了“反右”运动和“文化大革命”。在这个大背景下，单独指责某一个人也不公平。经验与教训，是非与对错，人们还在深思辩证。

二十五

到北大荒去

1958 年的春节刚过，陈明的单位北京电影制片厂来了对他的处理决定：因支持丁玲翻案，划为右派，撤销级别，保留厂籍，下放到黑龙江密山农场监督劳动；3 天后去东郊双桥农场报到，待命出发。

第三天，陈明去东郊双桥农场参加集训，3 月 15 日，陈明乘坐火车出发了。这是一个国务院系统右派、准右派分子的专列，有 1000 多人，3 个人有一个卧铺，大家轮流睡觉。火车开到黑龙江密山县，铁道兵农垦局设在那里，陈明被分到八五三农场二分场一个新建生产队，条件苦得很，住地窨子，陈明和吴祖光等五六个人睡一铺炕。陈明写信告诉丁玲，他们队有 100 多人，每个月工资 28 元。陈明要丁玲去人民市场给他买一个垫肩、一副裹腿，连同雨衣一起寄来。

陈明走后，现在的四合院，丁玲只剩下保姆为伴，显得十分冷清。在这寂寞的日子里，只有罗蓝经常来看望她，安慰她。作协党组书记邵荃麟来告诉她:“对你的处分是按右派分子的第六类处理。冯雪峰也是按右派分子第六类处理，这是在政协会议小组会上讨论过的。你可以不下去劳动，分配工作，也可以留在北京，从事研究或写作，稍微降低或者保留原工资；像雪峰，大概仍将留在人民文学出版社，参加《鲁迅全集》的注释工作。”丁玲虽有心留在北京继续《在严寒的日子里》的写作，“可是，他个人的这番好心，能够获得另外权威人士的恩准吗？我实在不敢有这样的奢望。”

1958 年 5 月初，农垦部部长王震到八五三农场视察工作，来到陈明所在的生产队。陈明向他汇报说，丁玲也想来农场。王震爽快地回答:“好嘛，她来，我同意！”当天晚上陈明就写信告诉丁玲。丁玲收到信后立刻向作协党组提出去北大荒的申请，得到批准。行前，她从作家协会拿到了去黑龙江农垦局报到的介绍信:“我从作家协会拿到由中宣部署名的一纸简单的介绍信。这一张窄纸条，几行字，使我又一次堕入五里雾中。那上边清清楚楚地写着:‘撤销职务，取消级别，保留作协理事名义。下去体验生活，从事创作；如从事创作，就不给工资。如参加工作，可以重新评级评薪……’‘取消级别，从事创作就不给工资’，谁决定的？没有人向我解释。这种决定，这样处理，为什么事前没有一个人通知我，和我谈谈呢？试问掌握我的命运大权的那些先生们，照你们用中宣部名义写的这封介绍信，如果我在下面果真能够有条件从事创作，你们谁能批准哪个刊物发表我的作品？！又有谁胆敢触犯你们的权威，按照常例支付给我稿费呢？我明白了，总有那么几个人，不只是要把我驱逐出党，赶出文艺界，而且还要趁此夺走我手中的笔，永远不让我再提笔写作。……于是我下了决心了，什么都不说，不问，带着这张‘通行证’，壮胆下去，沉在人民中间去，胼手胝足，卧薪尝胆，和人民在一起，总有一天能和人民一样光明磊落地生活。我不相信，北京我是不可能再回来的，天下决不会就由少数这几个人长此主宰摆弄。”

丁玲戴着“丁玲、陈企霞反党集团”和“丁玲、冯雪峰右派集团”两顶大帽子，于 1958 年 6 月 12 日登上了开往哈尔滨的火车，第二天上午抵达哈尔滨。在延安时曾和陈明在中央党校三部同学过的黑龙江省文联主席延泽民接待了她，给她安排在马迭尔旅社一个头等房间暂住，等他与农场方面联系的消息，而这间房恰好是 1949 年春天丁玲出国参加世界和平大会时住过的那一间，这不禁令她百感交集。

6 月末一天的凌晨，丁玲从哈尔滨乘火车抵达密山，这是一座小县城，铁道兵农垦局驻在这里。她在小饭馆吃了一碗豆腐脑，8 点多去农垦局见王震部长。1936 年 12 月初，她在红军前方总政治部时和王震见面的情景还历历在目；她也还清楚记得，“1954 年第一次人民代表会议散会时，我挤在人群中，他忽然喊我，笑着说道：‘你的《太阳照在桑干河上》我读过了，写得很好。’我惊诧了，而且脸红了。我没有想到像他那样的武将，政务繁忙，会有时间读我的小说？而且还那么直截了当来了一个评价。我仓促间不知该怎么回答他，只是感激地对他笑了笑。”王震 1956 年 5 月调任新成立的农垦部当部长，正在这里指挥安置陆续抵达的一批批转业官兵，十分忙碌。今天和王震部长的见面将会是怎样的情景呢，她内心五味杂陈。

丁玲在局长办公室见到了王震，他没有了过去看到她时的笑容，也不过分严肃，很随便地说："思想问题嘛！我以为下来几年，埋头工作，默默无闻，对你是有好处的。"见丁玲没有说话，便接着说："我已经叫他们打电话给八五三农场，调陈明来，同你一道去汤原农场。那里在铁道线上，交通方便些，离佳木斯近，住处条件较好些，让他们给你们一栋宿舍。"丁玲虽然点头，但依然没有说话，他便又说："你这个人，我看还是很开朗，很不在乎的。过两年摘了帽子，给你条件，愿意写什么就写什么，你愿意去哪里就可以去哪里，这里的天下很大，我们在这里搞共产主义啊！"他把一封给佳木斯合江农垦局局长张林池的信给了丁玲，说了一句："安心等陈明，他一两天就要到了。"丁玲知道，在这种时候，肯对她伸出援手的人极其难得，虽心存感激感谢，但也无言以表，便和王震告别，住在招待所等陈明到来。

3天后，陈明从八五三农场赶来了，二人在分别3个月后终于相见。"他紧紧地握着我的手，我们一时都说不出话来。我们分开才三个多月，他又黑，又瘦，显得老了，但很有精神。他深深地望住我，怜惜地说：'只要在一起，什么都好，是吗？'"见到陈明，丁玲一直惶恐不安的心才稍有安定。7月2日，他们拿着王震的亲笔信乘火车去了佳木斯，他们找到了临街的一家旅店住下，美美地吃了一顿西餐。第二天，雇了一辆马车，来到了合江农垦局政治部。在这里，他们先见了农垦局政治部的李主任，李主任却先自我介绍说：“长征时我是徐（特立）老的卫生员，我在延安就知道你，知道你是个作家。”看了介绍信后说：“为什么不给工资，那你们吃什么呢？”丁玲惶惑结巴地答道：“没有关系，我还有一点存款，我还有公债券……”李主任迟疑不解地说：“不能这么办，这是不合乎政策的，我要问问。”他便又问陈明每月多少工资。陈明说：“在八五三农场时，每月 28 元。”他说：“来到这里，每月 30 元吧。”

张林池是农垦部副部长兼合江地委书记，在接见他们时介绍了合江垦区的情况和规划，并提出可以给他们换一个更好的地方，他征求丁玲的意见：“星火集体农庄是个先进农场，条件好一些，可以安心创作。”丁玲很感激，但表示：“去汤原农场是王部长的意思，是否就按王部长的决定办吧。”张林池便同意了他们的意见。

1958 年 7 月 6 日，丁玲和陈明到了汤原农场，被安排住进农场一个养鸡的院子里，给他们的新家是“一间约 20 多平方米的刷得粉白的空房子。只是墙上满是像孩子们涂得乱七八糟的图画和不成字体的字，还沾有许多干了的鸡粪，有两扇窗户，当西晒，空气充足。屋子里放了两张木板床，两张小桌子，两把凳子，我们忙着清理打扫，没有什么别的物质的欲望，我们十分满意。”只是，整个大院养着两千多只来亨鸡，到处是鸡粪，大公鸡还欺生，看见丁玲就扑上来啄，丁玲挥挥手，它们就扑打得更凶，丁玲吓得连打水、上厕所都打怵。她有点发愁：“这里到底是我的家，还是鸡的家呢？”陈明被分配在场部的第二生产队参加劳动，丁玲分在一分场畜牧队养鸡。从此，便真正开始了他们二人共同的北大荒生活。

汤原农场规模不算大，职工队伍由 1600 多名转业官兵和来自全国各地的近千名支边青年组成，转业官兵中，一大半来自参加过抗美援朝上甘岭战役的十五军。职工队伍素质不错，所以王震把丁玲夫妇安置到了这里。

丁玲在农场公众面前亮相是第一次去食堂吃饭。一进食堂，正在吃饭的人都端着饭碗，忽地拥过来，有的人还喊着："来了来了，他们来了！""我们走进了食堂，立刻就淹没在人群里边了。人像墙似地围绕着我们，还跟着我们移动"，丁玲的心猛地一沉，什么也不敢看。陈明则若无其事，买好了饭菜，两个人端着，选了墙角一张没有人的桌子。丁玲埋着头，一口接一口地扒饭吃，她只有一个念头：赶紧吃完，好躲回宿舍去！陈明有意坦然地跟她讲着上午的见闻，可她一句也听不进去。食堂里的人慢慢少了，她才大着胆子，把头抬起来望了望。她的目光，正好遇上邻桌几位转业军人的目光。他们的目光都很和善，很友好。丁玲的心情稍微平静了些。她才感到刚才自己太脆弱了。他们快吃完时，忽然几个年轻姑娘推推搡搡地走到他们桌前，很有兴致地围着他们的饭桌走了一圈。丁玲望了她们一眼，觉得没有什么坏意。其中一个长得非常漂亮，有很分明的眉眼和嫩红的双颊的姑娘对她微笑了。原来她们就是住在他们隔壁的那 4 个女饲养员，都才十八九岁，初中毕业刚从牡丹江种鸡场学了半年养鸡，然后到农场来当饲养员的。她们完全出于一种好奇，想看看从北京来的大右派与普通人有什么不同。

丁玲来到养鸡队被分配在孵化室。孵化组长邓明春分配她和另外一个姑娘一起选蛋，他说这是比较容易，也是比较简单的轻劳动。“我就到另一间堆满了鸡蛋的屋子里，从一箱一箱的鸡蛋里，一个个拿出来分别挑选，把好的，合格的，能够孵化的留在一边。那一个同我一道的姑娘，她一手能拿五个蛋，我只能一个一个拿，最多能拿两个，而且动作很慢，我怎么也赶不上她，心里很慌。原以为这是轻劳动，但半个钟头下来，我的腰疼了，手指也发僵，我开始坐不住了。我原来就患脊椎骨质增生，常常腰疼。……现在刚坐下来选种蛋，轻劳动，才拣了半个钟头，怎好就不坚持，就对年轻组长说我不干，要回家去呢？我心里越嘀咕，腰越疼，手越僵，都急得出汗了，我心里想，是否先站起来，活动活动走几圈吧。并不是我不愿劳动，是身体有病嘛。可是我又命令自己，再坚持半个钟头，哪能干一会儿就停手？又过一阵，我眼花，头晕，要倒下去。被人发现后告诉了邓明春。他忙从孵化室里走出来，抱歉似地说：‘你回家休息去吧，身体好些了再来，不要勉强。’我被人扶到院子里，一阵风悠然吹过，我心里有点迷迷糊糊，觉得不该走，却很自然地慢慢走回家去了，顾不上同他们告别，连交代一声也没有。这第一次上劳动课就这样下阵，我心里好懊恼呵！”

此后，丁玲渐渐地适应，慢慢地锻炼，才好了起来。8 月初，孵化工作快结束时，丁玲转到育雏室饲养小鸡，每天要喂料、洗水罐、搓洗沾满鸡粪的饲料布、打扫鸡舍、清除鸡粪，工作量大得多了。从 1958 年 9 月到 1959 年春天，陈明参加修筑佳木斯至鹤岗铁路复线工程，住在工地上，只有星期六晚上回来。原先住在隔壁的4个养鸡姑娘，因为喜欢到丁玲屋里来玩，农场领导让她们搬走了，这个冬天丁玲基本是独自挺过来的。那个冬天丁玲最辛苦的劳动，是为鸡剁菜拌饲料。小鸡舍，六趟房，一趟房两千多只，一万来只鸡的饲料，都得丁玲来拌。冬天的大白菜、胡萝卜，冻得硬邦邦的，丁玲3点就得起床到饲料室干，右手脖子都肿了。有个好心人看不过去，对指导员说："老丁手脖子都累肿了，换个人干吧！"谁知得到的回答是："右手脖子肿了，不是还有左手脖子吗？"好强的丁玲一直咬牙坚持，不肯求人。冬天昼短夜长，每天喂完最后一趟料，天就黑下来了，养鸡场大院子里除了丁玲，就只有一个上夜班的老王头。老王头大丁玲十来岁，是随转业的儿子来北大荒的。丁玲因为右派的身份，二人也很少搭话。丁玲常常"走出屋子，踩着冻实了的鸡粪和嵌着白色羽毛的硬邦邦的沙土地走到院子外面的路上，望望这灰色的寥阔的天，望望路边几株掉完了叶子的枯枝"独自徘徊。只有陈明回来，"星期六的晚上，才是一个浪漫的梦，是一首美丽的诗，是一段百读不厌的文章"。

在冰天雪地的北大荒，繁重的劳动丁玲尚可以坚持，而此时祖林从列宁格勒寄来的一封信却把她击倒了。祖林的来信告诉丁玲说："近几个月来，受到一些同学的批评，也得到一些同学的同情。我经过仔细思考，决定在一个时期里不同你们发生任何关系和任何联系。"信里没有更多的说明，没有任何解释，也没有流露出一点感情。这种冷静使丁玲吃惊和难以接受："难道这是真的吗？这会是最爱我的儿子此刻写给我的判决书吗？”

祖林的信是在重压下写的。1958 年暑假，在中国留苏大学生中开展反右派斗争教育，祖林在列宁格勒造船学院中共留学生党支部任书记，但因一年来对母亲没有任何揭发，成为重点教育对象，几次检查不能过关，还被责令交出了丁玲写给他的全部信件。祖林只能忍痛暂时中止与母亲的书信来往。面对儿子的信，她再也支持不住了：“我呆呆坐在小桌子旁的椅子上，不知过了多久，我发现老王头站在桌边，他茫然地望着我，又满屋搜索。半天，他才说：‘出什么事了？我一直看见你屋里灯光不灭，唉！陈明不在家，要多照顾自己呵！’我仍然不能动，不能说，只是呆呆地。他给我倒了一杯水，又向炉子里加了木柴，加了煤块。最后他扶我到床上，他为我关了电灯，退了出去。我的表老早就坏了，不知道是什么时候，只听见屋外风吼，天果然变了。第二天我昏昏沉沉地睡了一天，好心的小组长来看过我，问我是不是病了，要我休息。晚上，夜深了，我仍在昏迷中，听到门‘呀’地响了一声，走进来一看，真真吓了我一跳，啊！修路工人又回来了。一股凉气侵袭到我脸上，但全身却暖过来了。严严实实压在心底的热泪，涌满眼眶，忍不住流了下来。陈明说：‘队上有人一早赶来看我，说老王头告诉他你病了。我立刻就请假赶回来了。你到底怎么了？’他拭去我脸上的泪痕。飘浮在海洋中将要沉下去的我的身躯忽然被一双有力的手托住了，我挣扎着，我不怕了，我又得救了。”第二天，她写了一封短信寄往列宁格勒，说：“完全支持你，同意你的决定，你是对的；放心妈妈好了。”

真正关心并以不同方式帮助丁玲的，是王震，他多次对丁玲说：你的问题，我负责到底！他每次到佳木斯，总要打电话给丁玲，约她去聊聊，了解她的生活情况，设法以各种方式给予关照。1959 年 5 月中旬，王震带着新疆生产建设兵团陶峙岳司令员到黑龙江垦区视察，到佳木斯后，他让合江农垦局打电话，把丁玲、陈明叫到宾馆，一见面就说："叫你们来，没有别的事，是让你们休息几天，就住在这里。"王震很忙，有时让秘书找丁玲、陈明到他房间边吃边聊。当他得知丁玲的手腕是因为剁鸡饲料而肿成这样了，便说："你们已经劳动一年了，可以换一种劳动方式，脑力劳动也是劳动嘛，你们可以教书、教文化。"

根据王震的指示，汤原农场在这年秋天便安排丁玲做畜牧队文化教员，陈明做生产二队文化教员。当然这并不只是减轻体力劳动强度的问题，还意味着他们政治地位被"提升"了。丁玲主动要求担任最难教的扫盲班教员。她根据成人的特点，自编教材，认真备课，还自掏腰包给学员买铅笔和练习本。在教学方法上她也有很多创新，比如将教过的生字写在小方块纸上，贴到实物上，叫作"看物识字"。这个方法帮助学员巩固已学的生字很有效。半年后，学员闯过了识字关，她又教学员在用上下功夫，辅导学员造句、写信、写作文，举办作文展览，有的学员的习作生动活泼，还被《农垦报》选登，能写信的就更为普遍。几年来，畜牧队的文化教育都是全场的先进单位。

陈明的右派摘帽之后，在场工会工作。为活跃冬闲时职工的文化生活，丁玲和陈明还为农场职工排演文艺节目。1961 年底，为了庆祝元旦和春节，汤原农场畜牧队排演了歌剧《刘三姐》中的对歌一场。因为丁玲曾经在北京看过演出，所以由丁玲给他们排戏，陈明协助。山东姑娘孙素英饰演刘三姐，几个教员演 3 个秀才。他们从收音机里记下刘三姐与秀才们对歌的歌词，记下来再学。陈明还给他们排演过秧歌戏《牛永贵受伤》。1962 年冬天，陈明还组织青年工人演唱革命歌曲，主持导演大型歌剧《三世仇》，丁玲全力支持积极配合，晚上常和陈明一起到离家有 3 里路的排演场，帮着出主意。这个剧在全场轮回演出，受到热烈欢迎，被邀为汤原县党代会和四级干部会演出，曾轰动一时。

王震为丁玲早日摘掉右派的帽子一直在努力，1959 年 9 月，中共中央发出分期分批摘掉右派分子帽子的指示，第二年王震就指示合江农垦局转告汤原农场，为丁玲、陈明写摘帽申请。1960 年 12 月，王震又以追寻一张当年陕北的长征地图为由，把丁玲、陈明召回北京。他一见面就说：叫你们来，是帮你们解决摘帽问题，农垦部的意见是给丁玲摘掉右派帽子，已经把意见转告中国作协了。王震要秘书帮他们找一家好点的宾馆先住下。不久，王震因病住进协和医院，丁玲、陈明去探视，王震领着他们去看也在此住院的中国作协党组书记邵荃麟。邵荃麟明白王震的意思，说：丁玲在农场扫盲夺得红旗，根据中央精神，右派有立功表现的，可以考虑摘帽。但到春节时丁玲夫妇去给王震拜年，试探地问他们是不是先回农场去，王震说先回去也好。他们明白了，王震的摘帽努力未能如愿。他于 1960、1961、1962 连续三年指示合江农垦局转告汤原农场，为给丁玲摘去右派帽子写报告，均因“上边不批”未能在“文化大革命”前给丁玲摘帽。

当年在汤原农场党委工作的张靖宇回忆说：“从1959年至1963年的五年间，我奉命写过不少‘丁玲表现’的报告。平均半年一次。在写材料前，我都向众多的干部、工人、党员调查过，综合他们对丁玲的看法是：身处逆境而对党无怨，遭受磨难而信仰弥坚，心中装着党，坚信党；她忍受着精神和物质的双层折磨、忍受着屈辱，保持着坚定的革命气节。她对前途充满信心，一个年近花甲的老人，带着一身病痛在寒凝大地的北大荒，自觉地积极地干着以前从不曾干过的体力劳动。白天养鸡，晚上教文化课，辅导学员写作，开展文艺活动，排演节目……样样都干得出色、做出令人佩服的成绩。许多许多感人的事迹，都曾写入摘帽材料，上级都不为所动，这令我困惑不解。”

1964年夏初，在王震授意下，农垦总局安排丁玲和陈明去八五二、八五三、五九七、友谊4个农场参观。这几个农场都是大型农场，那时小麦即将成熟，一望无际的麦海和机械化作业的宏大场面让他们振奋不已。丁玲和陈明一路走一路看一路商量，回北京，也是要创作，要创作，就不能待在北京，何不在农场多住一时，搜集材料写国营农场呢，这是多么好的大素材啊！这也正中王震部长的“下怀”。从1958年起，北大荒进入了大规模开发时期，数万名解放军复员官兵、知识青年和干部，响应党和国家的号召，怀着保卫边疆、建设边疆的豪情壮志来到北大荒。他们爬冰卧雪，开垦荒原，战天斗地，以他们的青春和汗水谱写了一曲曲惊天动地的英雄壮歌。王震拟请丁玲为北大荒建设者们写一部《农垦英雄谱》。

所以这次王震一到佳木斯，就打电话给宝泉岭农场的场长高大钧，要他立刻到佳木斯来。高大钧是 1937 年入党的老红军，50 年代到北大荒农场工作，现在是宝泉岭农场场长。高大钧风风火火地赶到佳木斯，一进门，王震就说：“我叫你来，是要给你一个任务，一个光荣的任务！”他把“光荣的”三个字说得特别重。高大钧与王震很熟，因此，半开玩笑地说：“首长指示，坚决照办！”说完还立正，行了个军礼。王震笑了，拍拍他的肩膀，说：“坐下谈。”落座后王震说：“丁玲同志下来锻炼，改造，不要在肉体上进行惩罚，你看，因为长时间剁鸡菜手腕都肿了。这样不好，人家有错误，要慢慢帮助。将来这些同志还可以为党工作。她是作家，你知道不知道？”高大钧点点头。王震又继续说：“把丁玲调到你那儿去，不要参加劳动，做一点力所能及的工作。丁玲是参加革命的老同志，不要让人家抬不起头来，在思想上多帮助她。”高大钧边听边点头，最后对王震说：“请首长放心，我一定照顾好她！”

1964 年 12 月 5 日，丁玲和陈明来到宝泉岭农场安家落户。他们被安排住在招待所的底楼最后一间套房里。陈明被安排在农场工会工作，丁玲的编制也在工会，但并未安排具体工作。冬天时节北方天气寒冷，高大钧特意嘱咐招待所主任，每天连带帮丁玲烧火墙。据张靖宇回忆：“1964 年春，在王震部长授意下，东北农垦总局派专人陪同丁玲、陈明访问友谊、八五二、八五三、五九七、宝泉岭等规模大、效益好的农场。同年底，又将丁玲、陈明调到宝泉岭农场。时隔不久，我任七星社教团秘书，东北农垦总局王振林局长在七星社教团‘蹲点’，我问王局长为啥把丁玲调出汤原？王局长说，王部长拟请丁玲写《农垦英雄谱》，调去宝泉岭是为她写作有个好环境。不久爆发‘文化大革命’，《农垦英雄谱》也夭折了。”

丁玲刚来宝泉岭农场参观时，高大钧特意给她介绍认识了农垦标兵邓婉荣。她的丈夫是1958年来农场的转业军人，她是甘肃人，是随丈夫到北大荒的。丁玲来到宝泉岭安家时，她刚调来工会做女工工作。征得工会主席苗贡九同意，丁玲跟着邓婉荣一起做家属工作，在此后的工作和生活中，丁玲和她结下了深厚的友谊。她说：“邓婉荣是我在宝泉岭农场最好的朋友与老师。”邓婉荣就是“杜晚香”的原型。

一天，丁玲遇到邓婉荣给两个家属劝架。丁玲来到宝泉岭就听说，场部家属宿舍划分成8个居民委员会，大约有两三百名家属。她们做完家务就串门说闲话，难免招是搬非，发生口角。丁玲给邓婉荣建议说：“要是有人把她们组织起来，学习、劳动，她们有正经事情干了，眼睛就不会总盯着鸡毛蒜皮的小事上了。这样也能给场里解决一些劳动力。”

邓婉荣的眉头舒展开了：“我也正寻思咱们女工部也得管管这些家属的事。就从六委开头吧。”她们把六委的家属们召集起来开会，丁玲热情地和她们打着招呼说：“我来六委帮助你们学习，从今后，我就是你们六委的人了。”有家属说：“学习、劳动我们都高兴，可家里的孩子给谁看？”许多人也随声附和。丁玲说：“咱们办个托儿所，不好吗？”“办托儿所？说说倒容易，我们也早就想办，可房子上哪儿找呀？”这也把丁玲难住了，农场开发初期房子奇缺，许多家属陆续到来都没处安置，这次会没有多少成效。回家的路上，丁玲脑子里蹦出一个想法，她顾不上回家就到场部大楼去见场长。见丁玲来场部，知道是有事，高大钧放下电话，热情让座。丁玲直截了当地说：“我遇到困难了，想请求你的支援。”“啊？是生活上的？还是工作上的？”高大钧很认真地问。丁玲把组织家属学习的想法和办托儿所没有房子的困难，都跟高大钧说了。他听完非常高兴地说：“应该支持，这是为农场办好事嘛！至于房子，眼下的确不好找，不过我马上就让房产科想办法，明天就给你回音。”

第二天，房产科的同志告诉丁玲：“好房子实在找不出，破草房倒是有一间闲着，要是合适，场里可以找人帮助修修。”等不及场里给修，丁玲跟着邓婉荣，带着十几名家属，到30里外的草甸上去打草，苫好房顶，补好了墙壁，屋里刷上了雪白的石灰。丁玲买了一些花花绿绿的彩纸、气球和玩具挂在棚顶。没几天，一所崭新的托儿所就诞生了。

孩子们入了托儿所，六委的30多名家属组成了家属队，全都参加了麦收劳动。丁玲又建议说：“咱们得趁热打铁，趁着这股热乎劲，把学习也搞起来。”“行！你文化水平高，比我强，该怎么学,就由你领头吧。”在汤原农场畜牧队就有了扫盲经验的丁玲，从书店买回了《雷锋的故事》等书，一有空就组织职工家属学习。她们结合农业生产成立了学习小组、读报小组、黑板报小组，成立了合唱队，建了缝补拆洗站等。一年多后，萝北县妇联来检查工作，发现六委家属的先进事迹，呈报黑龙江省妇联，宝泉岭农场六委家属队被树为全省妇女学习毛主席著作的标兵单位。丁玲以邓婉荣为原型写下的散文《杜晚香》，1979 年发表后，在国内外享有盛誉。

丁玲在这里和广大农场职工同忧乐，共命运。人们已经忘记了她是不能“沾包儿”的大右派，她已经是“老丁”“大姐”“大娘”，邻居可以把最微小的烦事托付给她，群众事不分巨细都和她唠唠，听听她的意见。1966 年 3 月，工会主席苗贡九通知丁玲：停止家属工作，可以专门从事写作。丁玲到邓婉荣工作过的七队待了十来天，写出万余字的《垦区标兵邓婉荣》，这是《杜晚香》最初的稿子。还写了参观八五三等 4 个农场的散文近两万字。她又重新开始写作《在严寒的日子里》，共约 10 万字，还写有日记、札记、散文等。

“文化大革命”开始后，为防止这些文稿被抄家抄走，陈明便送到农场公安局交给负责人，说这些都是将来给丁玲定案时的证据，须妥善保存。

二十六

风雪人间路

1966 年 5 月，中共中央发布了“五一六通知”，一场“史无前例”的风暴以迅雷不及掩耳的气势在神州大地刮起。丁玲被“完全必要、非常及时”地“揪”了出来。在造反派的勒令下，丁玲和陈明搬出招待所，住到 7 平方米的“马架子”草房，开始了无休止地被造反派批斗、搜查、殴打、责骂，开始承受剃阴阳头、坐喷气式、下跪等“革命行动”的考验。

丁玲第一次被抓去游街批斗，是宝泉岭中学的红卫兵。陈明说：“那时我正在工会办公室，在文化宫的楼上，有人来告诉我，说批斗丁玲了。我就在楼上朝下面望，看见丁玲穿了一件蓝色的大襟褂子，脸上被抹了黑，戴着高帽子在游街。红卫兵还让她站在板凳上……”陈明心如刀绞，不忍卒看。他下班后心急如焚地赶回家，见丁玲在炕上躺着，没有洗去脸上的黑墨水，平静地说：“我就是要留给你看看，他们把我糟蹋成什么样子！”

宝泉岭农场也分成了两派，开始动刀动枪武斗。两派都为了证明自己一派更革命，比着看谁对反革命分子更冷酷无情。在这狂热而愚昧的革命狂潮中，丁玲在接下来的日子里自己都数不清被批斗过多少次。起初是批斗她这个“右派”，后来斗争的矛头转向“走资派”，但是，批“走资派”的时候要她这个“右派”陪斗，如此交叉，没完没了。宝泉岭农场场长高大钧就属于“走资派”，高大钧被指责“包庇右派分子丁玲”。陈明回忆说：“高大钧那时已经调到东北农垦总局当副局长，佳木斯局里的人把他押回宝泉岭来批斗。他是个老干部、老红军，在宝泉岭当场长时对职工很好，威信很高，很有人缘。把高大钧拉到宝泉岭来斗时，也把丁玲拉去陪斗。高大钧‘坐飞机’，实在受不了了，就说，让我跪下吧。那些造反派就让他跪下。跪下之后，又把他背上加上一只脚，把他头靠下，这样更不好受了。他是这个样子，丁玲也得跪下来，也是头靠到地了，再踩上一只脚。这时，宝泉岭的两个女职工，对佳木斯来的小将说：‘你们休息一下，让我们来。’她们俩站在丁玲旁边，喊：‘丁玲，站起来，抬起头来，让大家看看你的鬼样子。’丁玲就站起来了。实际上，她们是看着丁玲太难受了，想让她好受一点。”她们是在以这种方式保护丁玲。

丁玲由挨批斗、游街而至人身攻击，甚至被打得头破血流。陈明在《三访汤原》中说：“她曾被打得头破血流，被踢伤腰骨，半个多月下不了炕；她曾被从台上推到台下，摔在地上，脚背肿得好高，找不到药，托熟人到兽医院才弄到一点药敷治，……这些她都无言地忍受了。我每次问她，她总是淡淡地说没有什么。邻居见她这样受折磨，都同情她说：‘唉，过这种日子倒不如死了好。’可是她反倒宽慰人家道：‘怎么能死呢？再苦也得熬过去呵。’”

在苦熬中，善良的人们也不时地给他们以温暖。陈明说：“丁玲的脑袋被打破了，出血，晚上下了班了，我们到医院去，人家问是怎么搞的？我们都不敢说，就说是劈柴时崩的。医院离我们家很近，有个姓吴的医生，是协和医院下去的，她不但有医术，对我们也很好，看到我们那个样子，家里没法休息，就说，我隔壁有个床，你到那里去睡吧。以后有几天，一到晚上天黑了，我就躲到医院里头，我在屋里头，丁玲跑到后面去。在那种情况下，只有靠这些知情达理的人了。”他们那间7平方米的小屋，被造反派抄家30多次。他们每次来就无缘由地毒打丁玲一顿。隔壁邻居老头都看不过去，可怎么帮助她呢？一次，对丁玲很坏的那批造反派来抄家，他就跑去吓唬他们，说另一派好多人来包抄你们了，吓得这几个人顾不上抄家和毒打丁玲，赶忙跑了。

1968年6月，丁玲被关进农场水利大楼的“牛棚”，由4个造反派的家属日夜轮班看管。一天她正在炕上看放在桌上的一张旧报纸：“房门忽然砰的一声推开了，进来一群年轻人，我不敢抬头看她们，习惯地低着头无声地坐着，就听到好几个人齐声咆哮道：‘你是什么东西！还坐在那里不动弹。’接着更多的声音乱嚷道：‘还不快站起！跪下！跪下！’而有人扑近来，有人拉，有人推，有的动拳头，有人用脚踢。我就跪在炕边了。我来不及理会到底发生了什么事。接着拳脚像暴风雨般落到我的身上。我听见有人斥骂：‘大右派！大特务！反革命，打死她！打死一个少一个……’

我实在又紧张、又麻木，一下醒悟不过来，不明白我又犯了什么大罪，该挨如此这般的暴打，我只得任她们打骂，任她们发泄。值班看守我的那两个家属也不知怎么一回事，被挤得站到一边去了，不敢保护我。我躬身弯腰缩头缩脑跪在炕边，任她们暴打了一阵。她们又翻了一下我看的报纸，把压在我枕下的几件换洗衣服抖落出来，扔在地上，好像我犯了滔天罪行，又像是得罪了她们，她们跑来痛痛快快地找我出气，报复一番。然后一阵风一股浪似地涌着挤出小门走了。"一个小头头给看管的家属解释说："这是刚从北京来的学生。看她们的造反精神，她们真革命！"

丁玲记忆中对她迫害折磨最严重的一次，是从北京军管会来外调的人对她的夜审。他们把丁玲关到招待所，突击审讯，通宵达旦，搞车轮战，揪她的头发，捶她的胸口，逼迫她承认当年"打入延安，是中统特务"，还要交出特务的组织关系，并企图借她之口陷害胡乔木、周扬等人。丁玲坚持实事求是，不提供假材料，为此备受折磨，她有糖尿病，说话多了口干舌燥，要口水喝都不给，审讯者却存心拿起暖水瓶，往玻璃杯里哗哗地倒水，然后咕嘟咕嘟喝两口，把剩水泼在她脚下。丁玲说："他们得不到他们想得到的东西，便用拳头捶我。我对他们说：'不要打这边（指右胸），我还要用这双手写材料嘛！要打就打这边（指左胸）。'他们齐声吼道，'谁打你了？！谁打你了？！真是反动透顶！'他们便用手推我，一会儿向左，一会儿向右。说我是叛徒，在审问之前就定了。他们逼我承认是中统特务。我百般解释都没有用，他们不听。我头昏眼花，腰酸腿抖，实在熬不过，我软弱无能，只得承认。这样才放我回宿舍睡一觉，让我第二天把材料写好交去。一觉起来，精力恢复一些，我便写材料，把头天晚上承认了的东西又全部推翻。晚上再审，打我的态度，骂我翻供、顽固、死特务。不准翻供，还逼我交出特务的组织关系，又是车轮战，疲劳轰炸；我只得受着，熬着。”有的看守人员，实在看不下去，便帮她出主意说：“他们是要回北京的，不会久留，你就跟他们拖。”

随着运动的深入，“牛棚”规模迅速扩大，各种“牛鬼蛇神”陆续被关了进来。到10月，陈明也被关进了“牛棚”。这些“牛鬼蛇神”每天在监督下集体活动：清晨去打扫楼外的广场，集体在广场前排队请罪和到食堂去打三餐饭等等。他们夫妻二人偶遇到时也不能说话，只能在短暂的目光中相互得到安慰，吸取力量。北京军管会派人来夜审之后，就吩咐下来，严格禁止他们再有往来。咫尺天涯，他们被无情隔离不能会面。丁玲只能从“牛棚”的后窗远望陈明干活的身影。一天早晨她在过道捅火墙的炉子，朦胧得到了陈明偷偷扔给她的一个小纸团儿，说：“你要坚定地相信党、相信群众、相信自己、相信时间。历史会作出最后的结论。要活下去！高瞻远瞩，为共产主义的实现而活，为我们的孩子们而活，为我们的未来而活！”这封短信里的话，几乎全是过去陈明向她说过的，可现在她好像还是第一次听到，还是那么新鲜，那么有力量。以后，她总是抱着希望，每天早晨到走廊捅炉子，出炉灰，等着再有新发现。果然，她有时会在炉边发现一叶枯干了的苞米叶子，一张废报纸的一角，或者一个破火柴盒子。她陆续收到了如下的一些短信：

“他们能夺去你身体的健康，却不能抢走你健康的胸怀。你是海洋上远去的白帆，希望在与波涛搏斗。我注视着你呵！人们也同我一起祈求。

“忘记那些迫害你的人的名字，握紧那些在你困难时伸过来的手。不要把豺狼当人，也不必为人类有了他们而失望。要看到远远的朝霞，总有一天会灿烂光明。

“黑夜过去，曙光来临。严寒将化为春风，狂风暴雨打不倒柔嫩的小草，何况是挺拔的大树！你的一切，不是哪个人恩赐的，也不可能被横暴的黑爪扼杀、灭绝。挺起胸来，无所畏惧地生存下去！

“我们不是孤独的，多少有功之臣、有才之士都在遭难受罪。我们只是沧海一粟，不值得哀怨：振起翅膀，积蓄精力，为将来的大好时机而有所作为吧。千万不能悲观！

……

丁玲像一个背着妈妈谈恋爱收到一封封情书的小姑娘，高兴地说：“这些聪明的发明，给了我多大的愉快呵！”

春节到了，专政办公室宣布，有些人可以回家过年，节后再回来。被恩准回家的人员名单中自然没有丁玲，也没有陈明。陈明说：“趁着过春节的那些天，中午或晚上，我借口送咸菜、辣子酱，端着饭盒，来到老丁的牛棚，当着看守在场，陪她一同进餐，看守并不阻止，也不说什么。此时此地，真是无声胜有声，还需要说什么呢？还能够说什么呢？我们只是默默吃饭，吃菜，我给她一勺辣酱，她让我多吃几粒油炸黄豆，这胜过一切美味佳肴，胜过千言万语。现在我们的确没有过高的奢望，只要两个人能在一起，几秒钟都是宝贵的，都是我们心灵上的莫大享受和慰藉。”

冬去春来，天气一天比一天暖和，“牛棚”里的人也一天天减少，出去的人都回了家或回到原单位。丁玲是多么希望回到她原来住的那间小屋，那间 7 平方米大的小茅屋，那个温暖的家。1969 年 5 月，“牛棚”撤销，陈明被重新戴上右派的帽子，到五区一队劳动改造；丁玲被通知去农场的 21 队，在革命群众的专政下劳动，两人相距 30 多里地。丁玲听说要到 21 队劳动，不禁使她心跳了一下，这个队是在武斗中以凶狠野蛮出名的老虎队。其中的一些人她早就领教过。他们曾一批一批地深夜去过她的家，名为“破四旧”，实为“打、砸、抢”，殴打、折磨她的同时，拿走他们的衣物、鞋、袜、笔记本、稿件和日常的生活用品，将其据为己有，什么坏事都干过。而现在，要在这帮凶神恶煞的人的眼底下过日子，她一想都心颤。

丁玲刚到 21 队，就被命令到晒肥场上劳动。一个留着络腮胡子的中年男人，恶狠狠地走近来，抛给她一个钉耙，厉声道：“就在这里翻晒肥料，老老实实，不准耍滑偷懒！”

中午时她被指引到一间集体宿舍，指定她睡在靠门口的床铺上。吃过中午饭，本想回来休息一下。同屋住的人早回来了，全是 20 岁上下的女孩子。现在她们是神圣的革命女将，造反派的战友。为了不惊扰她们，丁玲动作很轻，悄悄进了屋，坐在自己的木床上，想等她们睡了自己也睡一会儿。可是她还没有倒下身去，就听到火墙那边有人冲她叫了起来：“她怎么也敢睡觉？！她怎么能和我们一样？我们是革命一派，她是反革命，我们休息，她也休息，那怎么成呢？”另一个人也说：“对，总得有点区别。”于是好几个人都嚷起来：“对！对，不能一样！”好几个从那边走了过来，逼着对她说：“出去，出去！下地干活去！你还配睡午觉！”她只好站起身就向屋外走去，脑子膨胀得厉害，心想：怎能这样不讲道理！不仅中午也不能和她们一样睡午觉，每天晚上还要她拿桶去伙房打热水来供她们洗脚。

查丁玲的日记，她是 1969 年 5 月 12 日到 21 队报到的。这一天的日记记述道：“到21队劳动。在场院劳动，搬草帘，摊晒化肥。住在集体宿舍。晚饭后打扫室外卫生，晚擦玻璃。”从她的日记中看，她在 21 队干过的农活有给马铡草、出厩肥、为食堂出炉灰、挑煤、码坯、栽葱、打洋柿子杈，最多的是铲草、铲地、铲苞米、淘厕所，经常是连续多天，当然还有少不了的审讯、学习、写思想汇报和交代材料。

白天劳动虽然累，还是能熬下去，“只是一到晚上，我的魔星就来了，我瞌睡得厉害。同屋的十来个革命女将却精神抖擞，兴致正旺。她们早晨起床比我晚得多，中午再睡两小时，加之她们年轻，精力旺盛。每晚她们都要举行一个娱乐晚会，唱语录歌，唱样板戏，唱他们各自家乡的小调。……我也觉得我如果睡觉了，或是表现要瞌睡了，都是极不礼貌的。我总是熬着，拿张旧报纸好像在看，用来遮掩我的疲惫，但仍是支持不住。尽管我自己以为我是在专心听唱歌，但我会在报纸后边发出鼾声。这很自然地要惹怒那群天之骄子似的姑娘们。这时总有人跑到我床边用力摇撼我的木床，或者啪的一声，拿起顺手抓着的一件任何东西，一把笤帚，或者是一个小缸子等等，扔到我床上。我猛地一下被惊醒了，我张惶四顾，发现了我的疏忽，我怎会睡着了呢，而且还发鼾声。我使劲地大睁着眼，故意让自己想一点事。但是不行，常常很快又睡着了，于是又被惊吓醒。就是等她们大家都安静地躺下来了，我去熄了灯，我放心也躺了下来，以为没事了，可我还是会很快入睡，等不到她们都睡着，我又先发出了鼾声。”日记中还记有治疗“不打呼（鼾）措施”，这个措施就是她用从仓库管理那里领来一些麻，晚上困意难遣时就开始搓麻绳，以此逼迫自己在那些革命小将们睡熟后她再睡下。但她仍终于为造反女将所不容，被从集体宿舍赶出，让她睡在队部的会计办公室。

7月是农场农忙时节，丁玲也要顶着夏天的烈日给大豆玉米锄草。北大荒的地垅，长得不见尽头，尤其是玉米是高秆作物，人在其中常没过头顶，烈日照射下玉米田里使人闷热难耐。为防玉米长叶子上的细毛刺伤或划伤胳膊，劳作时还必须穿着长袖衣服。她一个65岁且患有严重脊椎病的老太太，手把锄头，跟年轻人干一样的活，铲一样的垅。她虽汗如雨下，总还落在年轻人的后边。只好在别人小休时她不休息，紧赶慢赶地跟上去。尽管这样也完不成任务，只得早出晚归。她在日记里说：7月8日，“铲苞米，早去地一个钟头多”。11日，“铲苞米，热，累极（四垅）。”12日，“铲苞米，热极，累极，以为明天不能上班了（五垅）。”13日，

"铲苞米。今天稍凉,坚持就是胜利。回家时,都不想回了。"23 日,铲草,"热极,我实在是勉强支持。"她在《风雪人间》中说:"像这样从早到晚,弯腰出力,劳动过头,我实在支持不住,手上磨出血泡,腰酸腿疼,我都不愿说,也无处说。我咬着牙,强打精神,汗如雨流,跟在人家后边干。"麦收时节,丁玲也得下大田,拿着镰刀出工。有时为收割机打道,有时在小块地面人工收割。她自然割得慢,打勒捆麦也慢,因此常常遭到女将们的斥骂。

一天她正收拾锄头准备下地,给厨房种菜地的老王头把她喊住了,他让她去菜地拔葱。丁玲犹豫地望着他,他肯定地说:"已经给队上说过了,你往后就在菜地劳动,去吧。菜都长起来了,伙房要用,要有人收。"菜地的活也多。她有时和几个老头一起,有时单独一个人收菜,收好了,一麻袋一麻袋背到伙房去。几个老头是职工家属,他们不问丁玲的过去,也不管她的现在。既不讨好也不虐待她。老王头是这个菜组的头儿,丁玲觉得:"他叫我来,可能他们缺少一个专门收菜的人,也可能有什么好人看到我在大田里的狼狈样子,发了善心讲了几句什么话。不管怎样,我在菜地里干活儿要轻松自由一些,精神也就敢于有一点点解放。我可以坐在菜畦的地埂上,眺望无垠的田野,欣赏着蒸腾的袅袅上升的雾气,望着那变幻无穷的云团,想着国家的未来,想着我个人的未来,我的希望真小呵!甚至小到只要能再见到陈明一次也好。这几个老人,老好人,我是永远不会忘记他们的。"

这年的夏秋之间天天下雨,地下水上涨,厕所茅坑里就更明显,已经涨到要满了。人人都以去厕所为苦。革命小将们主意多,就勒令丁玲天天去打扫厕所，不仅要把去厕所的路面垫渣垫土，修理平整，更重要的是把茅坑里的粪水掏干。丁玲请求领导给她焊了一个铁瓢，绑在长竹竿上。她每天站在厕所后面的坑边上向外舀粪汤。这是全队的公用厕所，粪坑有十几米长，3 米多宽，两米深。她在坑边挖了一条沟，顺着坡势，把舀出来的粪水顺沟流到附近的地里去。粪坑的面积大，她舀得很慢，从早到晚，舀五六千瓢，粪水才下去一尺多，但地下水渗得很快，过一夜又会涨起来四五寸。她“不由想到希腊神话里被神处罚的那个人，他每天从井里淘水，白天把水淘干了，一夜又涨满了。好像我也将永世这样干下去一样。”

农场每月只发给丁玲 15 元的生活费，她还想省下点儿补贴饭量比她大的陈明，常常只吃点儿咸菜，加上体力消耗大，营养便跟不上了。她晚上去给革命小将打洗脚水时忽然发现看不清东西了，眼前好似蒙上一层黑云，她真担心长此下去，眼睛会瞎了。去医务室看，医生说是夜盲症，是营养不良造成的，给了她半瓶鱼肝油丸，吃了几天后，视力恢复了。她想巩固一下疗效，再向医生要，医生就不给了。尽管这个医生也常加入到欺负她的行列，但救了她的一双眼睛，她心里还是很感激的，后来一直说他的好处。

秋天还没有过完，给食堂喂猪的一个老头同食堂管理员商量，让丁玲帮他喂猪。这个老头已经 75 岁，比丁玲还大 10 岁。她从心眼里同情这个老头，主动抢着帮他干。他们两个人一共喂 60 来头肥猪。泔水要用水桶从厨房挑到猪舍，一桶泔水 40 斤，一挑 80 斤。每天三顿，每顿十几挑。因为她只会用右肩，不会换肩，这样右肩很快肿起来，每晚火烧火燎地痛。她回想 1958 年刚到农场不久，陈明去修铁路，每次回家看她时，她都要看看他的红肿了的右肩，后来就有一大块茧子似的厚皮，他锻炼出来了。丁玲悄悄鼓励自己：我大约也可以锻炼出来的！她说："我不只要在肩膀上磨炼出一块厚厚的茧子，来承担 80 斤重的水桶，而且要把心也磨出一块厚厚的茧子，来承担无限重的精神上的痛苦，只有这样，才不致于倒下去，才能生活下去。可是，这路究竟还有多远呵！"

1970 年 4 月 3 日晚上，丁玲在队会计室被从熟睡中弄醒，睁开眼，电灯亮着，炕头围着一群穿军装的人。类似的事她经历过很多，一点也不恐慌，镇静地穿好衣服下地，两个女兵给她扣上手铐，让她在一张北京市公安局签发的逮捕证上签名，那上面写着"逮捕归案"，在这一刹那，她想："啊，是救命的来了！"她在北京军管会签发的逮捕证上签了名，便被人群拥上了汽车。她想："在 21 队实在熬不下去，现在离开这里，我可能得救了。可是陈明呢？他还在五区一队吗？他能知道我的消息吗？他如果知道，他会怎样想呢？他能打听到我的下落吧……"

陈明也在这天深夜被捕了。这天凌晨，宝泉岭农场五区一队马队长来到陈明通铺床头，轻轻拍拍他的肩膀，说："你起来，到队部来一下。"队部走廊窄，没有灯，一个穿大衣的解放军，举着手电照着他问："你叫什么名字？""陈明。""跟我走！"走出廊门的时候，闪出两个战士，一边一个给他戴上了手铐。把他带到队部，在昏暗的灯光下，让他签字。陈明一看，签发单位是北京市公安局，上面写着："把陈明逮捕归案。"和丁玲被逮捕时刹那间的心理反应类似：看到来抓他的是解放军，不是造反派，他比较放心了。

他在逮捕证上签了字，一个军人问陈明，你还有什么要说的？陈明就说："有两件事：头一件，我的棉衣搁到服务站去洗了，没拿回来，我身上穿的黄棉衣是一个北京青年借给我的，我得还给他，我有件皮大衣，在我铺底下的纸箱子里。一听这，一个战士就跑去把我的皮大衣拿来了，这还是丁玲到北大荒时给我带来的。他们给我解开手铐，让我换上皮大衣。我又对他们说，第二件，我的床铺底下纸箱子里还有一双水鞋，是我上海的弟弟寄来给丁玲下地劳动穿的，是绿色高腰的，纸箱里还有几双袜子。他们说：这些东西，还有被褥，都存在队上了。我就只要了这件皮大衣，还带了四卷《毛选》，就跟着他们走了。"

他同样担心丁玲现在怎么样了，他知道，抓他就不能不抓丁玲。只是他还不能明白，现在抓他们是到底发生了什么事。他被押上一辆吉普车，汽车开到了宝泉岭农场场部。昏暗的灯光下，一些穿军装的人匆匆忙忙，进进出出。只听见有人招呼说：走啦，走啦！另一个声音问：材料拿了没有？有人回答：带了，都带了！一听见这个"都"字，陈明想，丁玲一定也被捕了。押送他的吉普车开到鹤岗火车站的月台，停在一列客车旁边。陈明说："下了吉普车，我看到前面还停着一辆汽车，一个穿军装的人站在车厢门口，探头往我这个方向看，军帽下飘着一绺长发。原来那是个女兵！我不由得一阵惊喜：丁玲肯定就在车上，她比我先进站，先上了车。……过了一会儿，车开了，我有些困倦，靠着铺位打起了盹。忽然，车厢外面传来一阵咳嗽声，那是我熟悉的声音，是老丁在咳嗽，她果然在车上。”他想知道究竟，是她故意咳的还是真的病了。他申请要去厕所，于是两个战士一前一后押着，他去完厕所又回来也没有发现丁玲的踪迹，他有些失望。不一会儿他又听见了丁玲的咳嗽声，也便大声咳嗽了好多声，想让丁玲知道他也在火车上。陈明的判断很准，丁玲和他坐的是同一列火车，去的是同一个地方：北京秦城监狱。

从此两人便杳无音信，断了联系。丁玲和陈明被关进北京秦城监狱单人牢房 5 年零 1 个月。1975 年 5 月，丁玲和陈明被释放出狱，然后被遣送至山西省长治市郊区老顶山公社嶂头村。出狱后陈明曾问丁玲，在火车上你有没有听见我咳嗽？丁玲说：没有。

二十七

夕阳情未了

1975 年 5 月 20 日，是值得丁玲纪念的日子，她在秦城监狱被关押了 5 年零 1 个月之后在这一天获得释放。但这并不是说她的右派问题和历史问题已经调查清楚，能还她以清白了。负责她案件的人向她宣读了对她问题的审查结论，称:“丁玲是叛徒，其问题性质属敌我矛盾，遵照毛主席‘调研从严，处理从宽’和‘给出路’的政策，保留其公民权，养起来，每月发给 80 元生活费。”并告诉说，今晚就送她上火车，已经联系好了，那边有人接。丁玲知道，这是决定，这里也不是申诉的地方，只能听从。

如陈明所言，抓他必抓丁玲，现在释放丁玲也一定会放他，只是比丁玲晚了一天。专案组也找他谈了，“我坐下之后，他就严肃地说:‘中央决定将你释放。对你不提问题，也不定问题。’听到这里我便脱口而出，问:‘丁玲呢?’那人回答:‘丁玲，没有发现新问题，在狱中态度好。因为岁数大了，身体有病，中央决定不再分配工作，安排她到山西省的长治，每月给 80 元生活费，国家养起来。’我还在迟疑，那人接着说：‘你也到长治，你们两个一起。长治在山西，不是陕西。恢复你在农场时的工资，每月工资 129 元。你的具体工作，到长治以后由市委决定。’我说，我在农场还是个双料右派，农场出来时又给我重新戴了右派帽子。他就笑了，说那些问题不提了。”

丁玲比陈明早一天到山西省长治市老山顶公社嶂头村，当陈明被送到这个有近 500 户人家的村子的一家农户门前，看到丁玲迎上来时，心头一热，急步冲上去，紧紧拉住爱妻的手，他们自从宝泉岭农场“牛棚”分手至今，整整 6 年没见面了。他们互相擦着重逢的热泪，所有的一切都在这紧握的双手中融化了……正如丁玲到北大荒去二人相见时，陈明说的第一句话也是：“只要在一起，什么都好！”

到嶂头村不久，丁玲就准备开始继续创作《在严寒的日子里》。她在 7 月 12 日给儿子祖林及儿媳的信中说：“我这几年想得最多的，你们知道我曾有一个长篇小说的计划，这部书，后来没有写作的条件，只好搁在那里，没有写下去。我自己反复思索，认为我可以完成这部著作，我一定要精心的把它写出来。……这本书发表过四万多字，还有两万来字的原稿（全书约八十万字至一百万字）。一九六七年春天，为了怕遗失散落，叔叔把它整理包好交给当时农场的公安局。最近，我已提出要求，索还这份稿子。”

1975 年底，长治市委派人去宝泉岭农场落实丁玲被抄物资发还的事情。在东北的东西，凡是留存的，基本上大部分都取回来了，原来他们在银行的存款约5000元也取来了，还补发了陈明的61个月的工资，两项合计为13000多元。这时市里分给嶂头大队购买一台拖拉机的指标，可村里却拿不出钱来。为帮助嶂头村发展生产，丁玲和陈明商量决定，拿出1万元支援村里买回这台拖拉机，他们自己只留下了一个零头。但是陈明存放在公安局的稿件，却因造反派的打砸抢掠和人员的频繁变动，全部丢失了。

稿件丢失是让丁玲最为懊恼的事，她决心重新写。可她已经年逾古稀，多年的身心折磨损害了她的健康，她患有严重的腰疼病、糖尿病，她的右手关节不允许她奋笔疾书，她的腰椎不准她久坐。可作家的生命是写作，她已经失去了22年，不能再耽搁，她心急如焚！最懂丁玲的是陈明，他知道唯有让妻子继续写作，才能抚平她心灵的创伤。他从画家野外写生得到启发，画家不是常在胸前悬块画板，站在野外写生吗？丁玲称赞他这个建议好。于是，陈明跑了好多地方，弄到一块五合板，涂上一层油漆，下端钉了一片细长的木条，防止稿纸滑下来。木板四个角上打上眼儿，系上两条布带子，套在她的双肩，仿佛画家用的画板。然后放上稿纸和笔，丁玲一试，哈！成了！从此以后，丁玲便以这样的方式重新开始了《在严寒的日子里》的写作。

1976年1月8日，周总理去世，丁玲格外痛心。从陕北到延安到西柏坡，总理给丁玲留下了十分美好的印象。他们把报纸上的总理照片剪下来，贴在屋子的正当中，还买了一张大纸，把邓小平的悼词一笔一笔用正楷字抄下来，也挂起来，好像搞了个小灵堂，以此来寄托对总理的思念之情。不久，丁玲又从友人来信中知道冯雪峰 1976 年 1 月 31 日去世的消息时，她“堕入了深深的迷惘，感到无限的悲怆”。1976 年 9 月毛泽东逝世，丁玲和陈明除参加村子里的悼念活动，陈明还到长治市参加了悼念活动。毛泽东的逝世，使她更感到压抑，甚至有些绝望，她感到一个精神支柱抽掉了，自己的历史问题将更加难以洗刷。

1976 年 10 月，“四人帮”被押上了历史的审判台，长达 10 年的“文化大革命”至此结束。中国的历史从此进入了一个新时期。陈明难抑心中的欣喜，赋诗一首赠丁玲：

满头白发似少年，药不离口心里甜。
泰山压顶步履健，向阳葵花色泽鲜。
太行山麓湘楠木，笑迎春色满人间。
数不尽的风浪险，一部春秋乐晚年。

1978 年根据中央文件精神，老顶山公社党委通知丁玲摘去右派帽子，还组织召开了一个摘帽会。1979 年 2 月，75 岁的丁玲经中央组织部批准，离开嶂头村返回北京。

1979 年 3 月，她写的《牛棚小品》，发表于《十月》第 3 期。《牛棚小品》对十年浩劫作了彻底否定，对“牛棚”内幕作了深刻揭露，表现了作者对理想、信仰及爱情的忠贞不渝。这是丁玲阔别文坛 20 多年后首次公开发表的作品。

1979 年 4 月，中央组织部批准了《关于冯雪峰同志右派问题的改正决定》，为他恢复党籍恢复名誉，人民文学出版社决定补开一个追悼会。丁玲抱病参加，她与陈明合送的挽联是："生为人杰捍卫党的旗帜　死犹鬼雄笔扫尘世妖狐。"追悼会之后，她又写下了《悼雪峰》一文，说："我同雪峰相识近五十年。五十年来，我们的来往可数。但人之相知，贵在知心，雪峰的为人，总是长期刻在我的脑中。我对他的言行从来都是深信不疑的。在延安曾有人问我：你最怀念什么人？我回答：我最纪念的是也频，而最怀念的是雪峰。"在文章的最后，她满怀深情地写道："作家的一生，最可贵的是有人对他的创作表示关心和热情，特别是在经受着冷淡、排斥、压制的命运时。雪峰是最了解我的朋友之一，是我文章最好的读者和老师，他是永远支持我创作的。我们的友谊是难得的，是永远难忘的。"这是丁玲复出后写下的第一篇怀人散文。的确，丁玲对冯雪峰的怀念是刻骨铭心的，不会因时间的流逝而淡漠，即便在她生命的最后时光，病情危重的丁玲在医院里常处于昏睡状态。1986 年 2 月 9 日，是农历的大年初一，她听着外面一阵紧似一阵的鞭炮声说："雪峰就是这个时候死的。"这不是她的梦呓，冯雪峰去世的 1976 年 1 月 31 日，正是那一年农历的大年初一。

1979 年 5 月，丁玲去看望了恩师叶圣陶先生。叶老喜赋《六幺令》词一首，曰：丁玲同志见访，喜极，作此赠之：

启关狂喜，难记何年别。相看旧时容态，执手无言说。塞北山西久旅，所患惟消渴。不须愁绝，兔毫在握，赓续前书尚心热。

回思时越半纪，一语弥深切。那日文字姻缘，注定今生辙。

更忆钱塘午夜，共赏潮头雪。景云投辖，当时儿女，今亦盈颠见华发。

“兔毫在握，赓续前书尚心热”，这是叶先生对丁玲的希望，也是热爱她的读者的期盼。当年，丁玲在桑干河畔以前后不到半年的土改经历，创作完成了具有世界影响的《太阳照在桑干河上》，这是多么高效率的“投入”与“产出”啊。而今，她用了 20 多年的时间，她以特殊的身份、从特殊的角度，去观察社会，去领悟人生，她这巨量的“投入”将要为人们“产出”多少精神财富啊！人们有理由相信丁玲一定会拿出不负时代的作品。

1979 年 6 月 6 日，《人民日报》发表了包括丁玲在内的增补全国政协委员名单，并刊登了她的照片。叶圣陶先生赠丁玲词《六幺令》也刊登在这一天的《人民日报》上。这标志着丁玲正式复出。关心丁玲的人们惊喜地发现：丁玲还活着！

丁玲复出后，非常忙碌。不仅被增补为全国政协委员，还在第四次文代会后当选作协理事、副主席，相关的会议要出席；她经常会见接待中外朋友；重返涿鹿温泉屯和北大荒看父老乡亲；应邀到高校、文艺团体演讲；应邀出国访问，接受中外记者或研究者采访；编辑修改书稿，与朋友书信互动；创办大型刊物《中国》，1980 年 3 月还因乳腺癌做了一次手术……，同时，还要为自己的彻底平反不断申诉。

丁玲在生命的最后 7 年里，以惊人的速度写作，1979 年一年，就写了 10 多万字的作品，平均每月差不多要写 1 万字。这对今天用电脑写作的作家来说，并不算多，但对一位经常要参加各种活动、带着伤残疾病以手写方式写作的老人来说，实在不易！在7年中，她出版了8本书，有:《到前线去》(小说、散文、特写集)《丁玲近作》(散文、论文、特写集)《丁玲散文集》《杜晚香》《魍魉世界》《风雪人间》《访美散记》等，共100万字的作品。其中《杜晚香》以其清新秀丽而又朴实的描写尽显其魅力；而《访美散记》则情溢于辞，美妙无比;《魍魉世界》回忆了她被国民党特务机关绑架并囚禁于南京的经过，读者既可以从中感受到那个时代的腥风血雨，也能够聆听到一个共产党员的正气歌;《风雪人间》和《牛棚小品》都可归入“伤痕文学”，但它们不以凄凄惨惨为格调，重在塑造了一个倔强的灵魂和对爱情、信仰的执着。她缅怀胡也频、瞿秋白、鲁迅、冯雪峰、贺龙、任弼时、史沫特莱、潘汉年、宋庆龄、茅盾、柯仲平、向警予等人的散文，写得情真意切、感人至深，具有珍贵的历史价值；她还写了不少序跋、评论和理论文章，以阐明自己的文艺主张。

但历史加在丁玲身上的风雪不是一下子消失的，丁玲在复出文坛以来，她在文坛上的宿怨新敌并没有因为她所经历的苦难而放过她，关于丁玲历史“没有疑点但有污点”的说法还很有市场。陈明说：“我们还在山西的时候，丁玲的女儿祖慧去看周扬，她和周扬的女儿周密从小就在一起，是好朋友，所以到周扬家里去她也比较随便，她就向周扬问她妈妈平反的消息。周扬对祖慧说：几十年过去了，你妈妈受国民党派遣来延安的疑点可以排除了，但历史上仍有污点。”周扬出狱后恢复名誉并重新走上领导岗位，主持了1979年10月30日在京召开的第四次文代会，并担任了中国文联主席、党组书记等职。在秦城监狱的9年，也给了他换位思考反省人生的机会，复出后曾诚心向多位被他伤害过的人道了歉。丁玲觉得，在经历了历史沉浮之后，周扬应该也对被他伤害最重的人说一声对不起。听说周扬在医院检查身体，她便和陈明约了甘露一起去医院看望他。她以极大的勇气向这个对自己伤害最深的人伸出和解之手，只想听周扬一句真诚道歉的话而从此一笑泯恩仇。但在医院，周扬一直讲他在“文化大革命”中怎样挨打，耳朵也打聋了，他的夫人苏灵扬怎么被剃了阴阳头之类，没有一丝一毫给丁玲道歉之意，这令丁玲既意外又失望。之所以会这样，这恐怕主要还是基于周扬对丁玲的历史问题的认识，他不认为整丁玲错了。

周扬的态度直接影响到给丁玲平反的进程。因为按工作程序，应该先由中国作协党组作出复查结论，然后报中组部批准，而不是中组部直接下文件。就这样，一直拖延到1984年7月14日才给丁玲彻底平反。也就是说，从1975年走出监狱，丁玲还有足足9年的时间是处于被“考验”、被“审查”之中，她头上悬着的那把达摩克利斯之剑不知何时就会落下。

研究丁玲在重登文坛后的文艺观和创作，不能离开这样一个背景。比如有的论者指出，丁玲重返文坛后的演讲和文章中，观念偏“左”；也有的论者认为丁玲在经历了20多年的磨难后只写了《牛棚小品》和《风雪人间》便打住不写“伤痕文学”了，没有拿出更加厚重的作品；热爱她的读者深为她放弃《在严寒的日子里》惋惜等等。这除了丁玲年老体残外，如上的背景一直在起作用。甚至她与沈从文友谊的最终破裂，也能循着这一背景发现内在的原因。

1980年前后，为了让经过十年动乱后的青年人了解“五四”新诗传统，了解二三十年代的诗人诗作，《诗刊》编辑部向丁玲约写一篇谈胡也频的文章，这就是丁玲发表在《诗刊》1980年3月号上的《也频与革命》。文章的开头部分说：

> 四五个月前，有人送了《记丁玲》这样一本书给我，并且对这部书的内容提出许多疑问。最近我翻看了一下，原来这是一部编得很拙劣的“小说”，是在1933年我被国民党绑架，社会上传说我死了之后，1933年写成、1934年在上海滩上印刷发售的。作者在书中提到胡也频和我与革命的关系时，毫无顾忌，信笔编撰，……
>
> 类似这样的胡言乱语，连篇累牍，不仅暴露了作者对革命的无知、无情，而且显示了作者十分自得于自己对革命者的歪曲和嘲弄。

在这里，丁玲对沈从文的指责火气十足，愤怒之情溢于言表。那么到底沈从文的《记丁玲》一书在哪些方面触怒了丁玲，使得她一定要用这公开的方式讨伐旧友呢？这样做的目的是什么呢？

陈漱渝在《干涸的清泉——丁玲与沈从文的分歧所在》一文做过统计，丁玲在读《记丁玲》一书时，做了127条批语。约可分四类：第一类，丁玲认为，该书违反了传记的真实性原则，很多内容纯系编造臆想，一些情节的夸张甚至超过了小说。第二类，丁玲认为，沈从文按照自己的低级趣味，把她描绘成一个向往“肉体与情魔”、与湘西土娼毫无二致的女人，把她跟胡也频的结合写成是单纯肉体的结合，并有意无意地在她的私生活中蒙上一层粉红颜色，为他人制造丁玲的桃色乃至黑色新闻提供了“依据”。第三类，丁玲认为，沈从文笔下的胡也频是不真实的。一个有才华的革命作家被他描写成既无文学才能又无政治才识的庸人，胡也频向革命转变也被他说成是受了蛊惑的非理智行动。第四类，丁玲认为，沈从文在书中把左翼文艺运动说成是“过时的题目”“博注上的冷门”，并断言这一运动“毫无乐观希望”，“到了退休的时节”。这违背了沈从文“不轻视左观左倾，也不鄙薄右翼”的宣言。

如上还可粗分为政治与个人生活两大类。究竟是涉及政治方面的描写还是因对个人生活的展露哪方面的内容使丁玲如此光火？丁昭言在她的《丁玲传》中认为：“一个女人，特别是像丁玲这样在国内外有着影响的著名作家，是很注意自己的公众形象的，更不用说她是个政治性很强的人。丁玲是个感情世界丰富的人，年轻时很正常的会有几个恋人，这是个人隐私，一个心理健康的人，自然不希望将此公布于众。谁知沈从文却通通抖出来，这岂不让人恼火！也许沈从文并不认为这是一件多么了不起的事，反而认为会使人觉得他笔下的丁玲是个可亲、可爱的女作家。看样子，丁玲最恼火的还是关于写她个人生活方面的事。”

但是，如果联系丁玲早期作品中在两性关系上的越轨描写，联系她和冯雪峰的感情纠葛及《不算情书》的公开发表，以及她在《魍魉世界》中对她与冯达关系与沈从文在《记丁玲》中描写的一致性，《记丁玲》中对个人生活方面的描写不应是丁玲恼火的主要原因。李向东、王增如在其所著《丁玲传》中说："但是平心而论，《记丁玲》充溢着敬意、惋惜与深切的爱怜，使读者掩卷沉思。分析丁玲的火气，要查究丁玲彼时的心态，当时因为周扬们死死揪住她的'历史问题'不放，坚持中宣部 1956 年 10 月所作的写'申明书''是一种变节性的行为'的结论，丁玲不同意就不恢复她的党籍、行政级别和工资待遇，她十分愤慨而无处发泄，而《记丁玲》对于冯达的描述可能给她的申诉造成新的困难，此书又被海外认定为重要研究资料，于是她便借了《也频与革命》，把满腔火气发在沈从文身上，同时也是想昭告研究者：此书胡说八道，不足为凭。"或许，李向东两人的论析更加符合丁玲的思想实际。

丁玲的《也频与革命》也使沈从文很生气，以至于他把《记丁玲》和《记丁玲续》从《沈从文全集》中抽出以表达抗议，说她"大致把什么人送她孩子回去的事，全忘了"。从此，丁玲和沈从文的友谊彻底破裂，以至于在劫波度尽之后到死也没有能够修复。

经过丁玲不断的申诉和漫长的等待，终于等来了中央组织部对她右派问题和历史问题的最终结论。1984 年 7 月 14 日，中共中央组织部颁发［1984］9 号文件《关于为丁玲同志恢复名誉的通知》，通知中说："一九五五年、一九五七年定丁玲同志为'丁、陈反党集团'、'右派分子'都属于错划、错定，不能成立。对一九五五年十二月中央批发中国作家协会党组《关于丁玲、陈企霞等进行反党小集团活动及对他们处理意见的报告》和一九五八年一月中央转发中国作家协会党组《关于批判丁玲、陈企霞反党集团的经过报告》应予撤消。一切不实之词，应予推倒，消除影响。""'文化大革命'中把丁玲同志打成'叛徒'，属于污蔑不实之词，应予平反。"明确申明："丁玲同志是一个对党对革命忠实的共产党员。"这一年丁玲已经整整 80 岁。

1985 年 10 月 12 日是丁玲 80 岁寿诞，在京的文研所第一、二期学员公推张志民写了一首诗给她祝寿："江南风雨塞北云，立笔横枪斩世尘。文章有声皆动魄，生涯无字更惊魂。"4 句诗既表达了学生对老师的深情，也高度概括了丁玲不平凡的人生。

1985 年春天，丁玲了却了她多年来的一个心愿：回到了延安！虽然因行程安排她在延安仅停留了一天，只能作匆匆一瞥，但总算是回了一次她 40 年来一直魂牵梦萦的地方。

1985 年 7 月以后，丁玲大部分时间是陈明陪她在北京协和医院度过的。1986 年 3 月 4 日，丁玲带着对这个世界深深的眷恋走了，享年 82 岁。3 月 15 日下午，丁玲的遗体告别仪式在八宝山革命公墓礼堂举行，她身上覆盖着北大荒人敬献的"丁玲不死"的红旗。

孙犁说："一颗明亮的，曾经子夜高悬，几度隐现云端，多灾多难，与祖国的命运相伴随，而终于不失其光辉的星，陨落了。"

丁玲的一生历尽坎坷，但无论是在母亲呵护和向警予影响下的少女时代，还是在“五四”新潮影响下求学的上海时期，无论是在群魔乱舞的魑魅世界，还是在延安宝塔下的革命熔炉里，无论是在新中国成立前后的辉煌时刻，还是在“文化大革命”前后沉冤莫白的风雪人间，她始终如瞿秋白所说：“冰之是飞蛾扑火，非死不止！”她像一只扑火的飞蛾，向着光明振翅飞翔，至死不渝。她活出了个性，活出了精彩，活出了一个不一样的女性人生。